KB090022

Trauma Stewardship
An Everyday Guide to Caring for Self While Caring for Others

트라우마 관리하기

타인과 자신을 함께 돌보는 연습

Laura van Dernoot Lipsky · Connie Burk 공저 | 김덕일 · 김미숙 공역

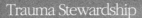

학지사

역자 서문

저는 이혼 위기 상담을 전공한 상담전문가로서 지난 20여 년간 많은 위기 가정을 만나서 상담을 했습니다. 위기 가정은 가정폭력 문제가 있었고, 더러는 성폭력 문제도 있어서 적지 않은 학대 행위자와 피해자를 만나 왔습니다.

이 책을 처음 읽었을 때, 참 힘들고 고통스러웠던 저의 지난날이 떠올랐습니다. 믿고 의지하고 사랑했던 남편에게 폭력과 학대를 당한 여성들을 상담하면서 가슴이 터질 것처럼 아프기도 했고, 분노가 머리끝까지 치밀어 오르기도 했습니다. 성폭력 피해자 심리치료 훈련을 받을 때에는 훈련임에도 불구하고, 마음이 너무 아파서 훈련을 잠시 중단하기도 했던 기억이 떠올랐습니다. 그때 그 아픔, 고통, 그리고 분노가 2차 트라우마 때문에 생긴다는 것을 알았더라면 얼마나 좋았을까 하는 생각도 들었습니다. 폭력과 학대를 근절하고 예방하기 위해 함께 노력했던 동료들 중에 2차 트라우마를 감당하지 못해서 상담전문가의 길을 포기해야 했던 동료들의 얼굴이 스쳐 지나갔습니다. 그래서 이 책을 한국에 소개해야겠다는 생각을 하게 됐습니다.

꼭 상담전문가는 아니더라도 트라우마를 경험한 이들을 돕는 일을 하는 사람이라면 이 책이 도움이 될 것이라고 생각했습니다. 비록 문화적인 차이가 있을 수 있고, 종교적인 관점이나 철학적인 관점의 차이 때문에 다소 어려움이 있을 수는 있겠지만, 큰 관점에서 넓게 보면 도움을 얻을 수 있을 것이라고 생각했습니다.

번역을 함께한 김미숙 교수님은 20여 년간 가정폭력 가해자 및 피해자 상담을 하다가 최근에 대학교 상담센터로 자리를 옮긴 베테랑 상담자입니다. 폭력과 학대 근절 및 예방을 위해 저와 함께 일했던 시간만도 15년이 넘는 것 같습니다.

우리는 전문 번역가가 아닙니다. 원문에 충실하게 번역을 하기보다는 현장에서 일해 온 전문가의 관점에서 한국의 독자가 이해하기 쉬운 방향으로 번역을 하려고 최대한 노력했습니다. 또 한국 상황에 맞지 않는 내용은 일부 바꾸거나 삭제하기도 했습니다. 영문에 능통하신 분이라면 번역서보다는 원서를 읽어 보시길 추천합니다.

이 책이 세상에 나올 수 있도록 수고해 주고 도와주신 김민정 선생님께 지면을 빌려 감사의 마음을 전합니다. 또 시간이 지체됨에도 불구하고 기다려 주고 많은 도움을 준 학지사 소민지 선생님, 유은정 선생님, 그리고 출판을 허락해 주신 학지사 김진환 사장님께 깊은 감사의 마음을 전합니다.

2021년 1월
역자 대표
김덕일 박사

서문

저의 친구이자 동료인 로라(Laura van Dernoot)가 트라우마에 대한 책을 기획 중이라고 처음 얘기했을 때, 저는 마음속으로 '세상에서 가장 쓸모 없는 일'이라고 생각했습니다. 로라는 분명히 제가 가진 생각이 다 표현되었다고 말할 것입니다(여러분은 이 책을 읽어 가면서 로라가 애정을 가지고 진실되게 말하는 사람이라는 것을 알아차리게 될 것입니다).

소리 내어 말했든, 속으로만 생각했든 많은 문헌에서 언급되는 대리 외상의 개념들(다른 말로는 공감 긴장, 온정적 피로, 2차 트라우마, 소진 등)이 그 의미나 마땅히 가져야 할 관심에 비해 주목받지 못하고, 진지하게 받아들여지지 않은 채 쉽게 사용되고 있다는 것이 제가 염려하는 부분입니다(증거 기반 치료나 문화적 유능성, 그리고 진정성(authenticity)과 같이 의미 있는 개념들도 마찬가지입니다). 오늘날 실무현장에서 일어나는 서툰 치료와 실수, 직원을 대하는 기관의 배려 없는 행동, 동료 간의 무례함, 지각, 무성의함, 그리고 크고 작은 사건들이 '2차 트라우마' 때문이라는 변명 아래 허용되고 있습니다. 또 일과 관련된 다양한 스트레스와 직장의 요구에 대한 정서적·행동적 반응, 그리고 다른 업무 관련 상황들 역시 '2차 트라우마'라는 식으로 과장되기도 합니다.

이 책은 트라우마와 그 반응에 대한 저자의 예리한 통찰을 보여 줍니다. 저자는 트라우마가 초래하는 결과가 무엇인지, 그리고 그것을 극복하기 위해서는 무엇을 해야 하는지를 잘 알고 있으며, 실제로 트라우마를 극복했습니다. 그녀의 솔직함과 유머, 그리고 진정성 있는 접근은 2차 트라우마를 우리 모두에게 적용할 수 있는 중요한 주제로 만들었습니다. 숙련된 트라우마 치료자도 이 책에서 새로운 관점을 얻게 될 것입니다. '트라우마 관리하기'라는 아이디어는 이 분야에 있어 큰 선물과도 같습니다. 이 책은 트라우마로 고통받는 사람과 치료자를 따로 구분하지 않습니다. 그리고 지금까지 영향을 주었던 트라우마를 알아차리고 관리할 수 있게 될 것입니다. '트라우마 관리하기'는 트라우마에 노출된 방법(직접적, 간접적, 직접 노출된 사람들과의 관계를 통해)이 트라우마에 어떤 영향을 주는지에 대해 의문을 갖게 합니다. 무엇보다 '트라우마 관리하기'를 통해 사람들이 트라우마를 극복할 때 함께 있어 주는 것은 선물이며, 다른 사람을 돌보는 것과 다른 사람을 돌보는 능력을 키울 책임이 우리에게 있다는 것을 기억하게 될 것입니다.

저자는 이 같은 소명에 새로운 지식을 더하지 않았다고 주장하지만 여러분은 곧 이 말은 사실이 아님을 알게 될 것입니다. '트라우마 관리하기'는 이제까지 그 어떤 책이나 트레이너가 써 왔던 방법과 전혀 다른 새로운 방법입니다. 저자는 트라우마에 반응하는 핵심 구성 요소들을 아주 자연스럽게 연결합니다. 이 책에서 우리는 억압과 트라우마와의 관계, 자신과 다른 사람들을 보호하기 위한 목적이 있는 행동의 중요성, 우리뿐만 아니라 내담자와 친구들의 삶에 충격을 준 트라우마로부터 자신을 보호하고 유지하는 영성의 역할을 이해하게 될 것입니다. 저는 저자가 삶의 여정을 지나오면서 영성의 역할을 음미하고, 더욱이 2차 트라우마 연구에까지 미치게 되었다는 점에 흥미를 느꼈습니다.

저자는 우리의 트라우마 극복을 돕고, 그것을 지켜본 사람들에게 그 트라우마가 미치는 영향을 알려 주었습니다. 한 번 혹은 그 이상의 트라우마 증상을 경험한 사람들을 병리적으로 보기보다는 인간이기에 경험하게 되는 자연스런 감정과 행동으로 이해할 수 있게 해 주었습니다. 화가의 옷에 유화물감이 묻고 정원사의 손톱에 흙이 끼는 것처럼 트라우마 치료 작업은 흔적을 남깁니다. 심리치료사로서 우리가 불안의 근원을 알지 못하면 불안을 치료할 수 없습니다. 이 경우, 내담자뿐만 아니라 상담자도 불필요한 고통을 겪게 됩니다. 저자는 우리에게 트라우마 치료 작업이 줄 수 있는 정서와 사고, 그리고 행동의 피해 범위를 알려 주었습니다.

아마도 이 책의 가장 큰 선물은 방향 찾기 부분일 것입니다. 따라 하기만 하면 되는 방법을 알려 주기보다는 자신의 모험(journey)으로 우리를 안내합니다. 트라우마 치료 작업을 할 때 내면에서 외면으로 향하는 한 가지 방향밖에 없다고 생각하는 우리에게 5가지 방향을 알려 줍니다. 저는 이 부분을 읽으면서 로라에게 화가 났습니다. "로라. 제발 좀!" 아마도 실제로는 더 강한 표현이었을 것입니다. "뭘 하면 되는지만 알려 줘요!" 저는 저자가 찾은 답이 나에게 똑같은 답이 될 수 없다는 것을 이해하고 나서야 안도의 한숨을 내쉴 수 있었습니다. 저자는 우리에게 나침반을 주었고, 각자 자신의 길을 찾게 했습니다.

이 책을 읽고 있는 여러분은 자기 자신 및 여러분의 일과 그 일을 통해 특별한 혜택을 누릴 고객(또는 내담자)을 위한 위대한 약속을 붙잡고 모험을 시작하게 될 것입니다. 의미 없는 생각이 반복해서 맴돌 때, 이 책이 새로운 아이디어를 줄 것입니다. 이 책이 요리책이나 매뉴얼처럼 따라 하기만 하면 되는 정해진 답을 주지는 않지만, 우리를 삶의 모험으로 안내할 것입니다. 그 여정 동안에 우리는 새로운 관점으로 우리가 왜 트라우마 관리를 하는지, 그리고 어떻게 하면 상황에 맞게 억압과 특권(privilege)을 끊어 낼 수 있는지를 보게 될 것입니다. 트라우마 관리가 주는 유익과 함께 피할 수 없는 도전이 있습니다. 단지 고객(또는 내담자)의 삶에 관여하는 전문가가 아니라 도움을 줄 수 있는 역량을 가진 사람, 내면적으로 또 외부적으로 사려 깊게 연결되어 있으며, 트라우마 관리 작업을 지속할 수 있도록 허락받은 '관리자'가 되어야 합니다.

우리 모두는 트라우마를 관리하는 일을 함께하고 있습니다. 우리가 가장 바라는 것은 이 일이 긴 모험이라는 것을 이해하는 것입니다. 우리는 우리 자신을 돌보고, 또 서로가 서로를 돌보아야 합니다. 로라는 우리의 여정을 도울 수 있는 위대한 나침반과 지도를 주었습니다.

위싱턴 시애틀에서

존 콩트 박사(Jon R. Conte, Ph. D)

추천의 글

"이 책을 읽는 것은 거울을 보는 것과 같습니다. 우리는 우리 자신을 좀 더 명확하게 바라보고 이해하게 될 것입니다. 그리고 더 나은 방법으로 존재하며 대처하고 행동하게 될 것입니다. 연민(compassion), 바로 연민 자체가 행복입니다. 즐거운 독서가 되길 바라며."

— 틱낫한(Thich Nhat Hanh), 선불교 승려, 평화활동가

"트라우마를 경험한 사람들은 불안과 과민함 또는 주체 못할 슬픔에 사로잡힐 수 있습니다. 이런 감정들을 피하다 보면 결국 무감각해져 버립니다. 지혜와 새로운 관점을 원한다면 그리고 마음을 이해하고 싶다면, 이 책에서 답을 얻을 수 있을 것입니다. 이 책은 당신이 힘든 시기를 극복해 내도록 도와줄 것입니다. 일을 할 때 기분이 좋아지도록, 그리고 더 현명할 수 있도록 도와줄 것입니다. 트라우마를 다루는 실무자들에게 반드시 필요한 책입니다."

— 지니 니카티(Ginny NiCarthy), 상담가, 교육가,
『자유롭게 되기: 학대를 끝내고 삶을 되돌리기(Getting Free: You Can End Abuse and Take Back Your Life)』의 저자

"트라우마 관리하기는 우리가 공유하는 사회와 환경을 개선하기 위해 수고하는 모든 사람에게 가치 있는 조언을 제공합니다. 자신의 삶을 대의를 위해 헌신하는 사람들에게 저자가 평생토록 해 온 돌봄과 섬김은 강력한 통찰을 줍니다. 저자는 우리가 소중히 여기고 돌보는 사람들과 세상이 서로 함께 연결되는 기쁨을 누릴 수 있다는 사실을 다시 한번 일깨워 줍니다."

— 존 플리커(John Flicker), 국립야생동물 보호협회 회장 및 CEO

"로라(Laura)는 상처받은 세계를 위해 씨름하는 감정노동자들에게 도움이 될 수 있는 '트라우마 관리하기'라는 훌륭한 방법을 알려 주었습니다. 저자의 실제 삶의 이야기는 정곡을 찌르고 우리가 직장에서 경험하는 충격적인 상황들이 우리의 개인적인 세계에 어떻게 영향을 미칠 수 있는지를 분명히 보여 줍니다. 로라는 트라우마에 대한 우리의 반응을 이해하고 회복의 방법을 알려 줍니다. 우리가 직장에서 더 효과적으로 일하면서 동시에 가족과도 잘 지내는 균형을 잡을 수 있고, 더 중요한 마음의 평안을 얻을 수 있는 방법을 알려 줍니다."

– 마이클 엘 터기 의사(Michael L. Tuggy, MD), 스웨덴 의학 센터 가정의학 레지던시 프로그램 책임자, 스웨덴 퍼스트 힐 가정의학과 원장, 미군 브론즈 스타 훈장

"로라와 '트라우마 관리하기'는 세 번의 이라크 전쟁 참전 경험과 전쟁의 상처를 치료하기 위해 고군분투하던 의료진의 후속 작업을 보고 경험했던 나의 감정들을 설명할 수 있는 언어를 주었습니다. 이 책은 나의 고통이 억압해야 하는 나약함이 아니라 2차 트라우마였다는 것을 알게 해 주었습니다. 그러나 아마도 가장 중요한 점은, '트라우마 관리하기'가 더 나은, 그리고 더 건강한 삶을 향해 나가야 할 방향(쉽지는 않지만 확실한)을 보여 주었다고 생각합니다."

– 브라이언 팔머(Brian Palmer), 언론인

"변호사로 일한 지 2년 만에 내가 2차 트라우마의 증상들을 경험하고 있다는 사실을 발견하고 놀라기도 했고, 한편으로 안도하기도 했습니다. 국선 변호사가 하는 일의 충격을 전혀 예상하지 못했다는 사실에 놀랐었고, 같은 이유로 안도했습니다. 이 책을 통해 냉혹한 인간의 비극처럼 느껴지는 감정의 무게를 견딜 수 있는 방법을 찾았습니다. 이 책에서 알려 주고 격려하는 방법들을 실천함으로써 내 영혼이 충격을 견딜 수 있었습니다. 이 책에서 알려 준 방법을 사용하면서 사람들을 더 잘 변호할 수 있었습니다. 모든 국선 변호인과 법대생에게 이 책을 추천합니다."

– 엘리자베스 라티머(Elizabeth Latimer), 국선 변호사, 브루클린 변호사협회

"다른 사람을 돌보는 이들은 정작 자기 자신을 잘 돌보지 않습니다. 로라는 '트라우마 관리하기'를 통해 우리를 힐링 여행으로 인도합니다. 우리에게 웃음을 주고, 우리가 온전해질 수 있도록 도움을 줍니다. 다른 사람을 돕는 일을 할 때, 우리가 하는 일이 도움을 받는 사람들뿐만 아니라 우리 자신에게도 깊숙하게 영향을 끼친다는 것을 알려 줍니다. '트라우마 관리하기'는 우리 자신과 공동체, 그리고 우리의 일에 더 이상 도움이 되지 않는 습관과 느낌에 빠지지 않는 않도록 도와줍니다. 우리가 하는 일이 신성하다고 생각한다면 이 책을 반드시 읽어야 할 것입니다."

– 카니타 테일러–머피(Kanita Taylor–Murphy), 지역사회활동가

"로라는 베를 짜는 사람입니다. 그녀는 자기 자신을 포함해서 트라우마 생존자들과 실무자들의 이야기, 너무나도 힘들었지만 잘 견뎌 냈던 그 이야기들을 공감이 되는 조언과 함께 잘 꿰매어 따뜻하고 부드럽고 포근한 담요를 만들었습니다. 이 책은 여러분이 다른 사람들을 돌보면서 동시에 자기 자신을 잘 돌볼 수 있는 실질적인 도구를 제공하는 중요한 책입니다. 제가 가정폭력 피해 여성들과 아이들을 처음으로 돕기 시작했을 때 이 책이 있었다면 얼마나 좋았을까요."

– 그레첸 테스트(Gretchen Test), 애니 E 케이시 재단 아동복지 프로그램 협회

"트라우마를 관리하는 이 획기적인 안내서는 다른 사람을 돕는 전문직을 가진 치료자들에게 새로운 시각을 제공하고 있으며, 다른 사람을 돌보는 만큼 자기 자신도 돌보는 능력을 개발할 수 있는 유용하고 사랑스러운 지침을 제공합니다. 다른 사람을 돕는 전문직 종사자라면 누구든지 이 책의 심오한 통찰로부터 유익을 얻게 될 것입니다."

– 미아 아이젠슈타트(Mia Eisenstadt), 컨설턴트, 활동가, 인류학자

C O N T E N T S **차례**

깨달음의 절벽 위에서

"트라우마 관리라는 일이 널 망쳐 버린 것은 아니니?"라고 시아버지께서 물어보셨다.

우리는 카리브해 지역에 사는 친척집을 방문 중이었다. 가족 모두가 작은 섬 위에 있는 절벽에 올라가 아무 말도 없이 경이로움에 빠져 바다를 보며 잠시 서 있었다. 아름다운 광경이었다. 시선이 닿는 끝까지 숨쉬기조차 어려울 정도로 구름 한 점 없는 광활한 하늘과 공기, 청록색의 바다가 펼쳐져 있었다. 절벽의 끝에 다다랐을 때 처음 든 생각은 '믿지 못할 정도로 아름답군!'이었고, 다음으로 든 생각은 '얼마나 많은 사람이 이 절벽에서 뛰어내려 자살을 했을까?'였다.

그곳에 있는 사람들도 나와 같은 생각을 하지 않을까 하면서 그 생각을 입 밖으로 꺼냈다. 시아버지는 나를 향해 천천히 몸을 돌리더니 진지하게 질문을 하셨다. 결국 나는 시아버지의 질문을 이해하게 됐다. 사실 나는 소진되어 있었다. 나는 생각하고 있던 질문을 시아버지께 말하지 않았다. '헬리콥터 착륙지는 어디에 있지? 가까운 1단계 트라우마 센터는 어디일까? 이 섬에서 병원까지 이송이 가능할까? 시간이 얼마나 걸릴까? 카리브해 지역에 사는 모든 사람이 한 곳의 트라우마 센터를 이용할까?' 등 나름대로 순차적인 질문들이었다. 나는 그때까지 나 스스로를 자기 인식이 있는 사람이라고 생각해 왔지만, 그 순간 처음으로 내가 하는 일이 이 세상에 얼마나 깊이 관여하고 있는지를 깨달았다.

1997년의 일이었다. 나는 사회적 변화를 위해 내 의지에 따라 10년도 넘는 시간을 트라우마 관리에 쏟아부었다. 나는 직업을 통해, 노숙자, 아동 학대, 가정폭력, 약물 남용, 사회적 비극, 자연재해 등으로 인한 극심한 트라우마의 다양한 형태를 실제로 겪거나 옆에서 경험한 사람들과 친밀한 관계를 유지했다. 일을 하면서 나의 역할은 점점 커져만 갔다. 나는 응급실의 사회복지사였고, 지역사회 조직가, 이민자와 난민을 위한 활동가이자 교육자였다. 나는 현장 제일선에서 일하는 활동가인 동시에 관리자였다. 지역사회에서, 미국 안에서, 국제적으로 어느 곳에서든 밤낮없이 일했다.

이런 삶이 지속되자 많은 친구와 가족, 심지어 나의 내담자들까지도 내게 "좀 쉬어야 한다." "다른 일을 생각해 봐라." 또는 "모든 일을 그렇게 심각하게 받아들이지 마라."라며 충고했지만, 내 귀에는 그들의 이야기가 들리지 않았다. 선택적 맹목성이라고 할 수 있을 정도로 나는 열정에 가득 차 있었다. 나는 나의 길에 대해 모든 힘을 쏟아부었고, 다른 사람들은 이 일을 할 수 없을 것이라고 믿었다. 이 일이야말로 나의 사명이자 내 삶의 과업이라고 확신했다. 나는 교만했고, 독선에 차 있었다. 나는 내가 괜찮다고 확신했다.

"종소리가 들리는 증상을 도와줄 수 있을 것 같군요."

절벽 위에 있는 순간 내 일이 나의 삶에 얼마나 많은 영향을 주고 있는지를 명확히 깨달았다. 시간이 지나면서 나는 서서히 연관성을 찾게 되었다. 모든 사람이 절벽 위에 섰을 때 얼마나 많은 사람이 이곳에서 뛰어내렸을지 궁금해하지는 않는다. 모든 사람이 테이크아웃 커피를 가진 사람들로 가득 찬 사무실을 보면서 울고 싶다는 생각을 하지도 않고, 모든 사람이 데이트를 할 때 상대방의 신원 조회를 하거나, 청첩장을 받았을 때 안됐다는 생각부터 하는 것은 아니었다.

여러 해 동안 학대, 죽음, 비극적인 사건, 불행에 대한 이야기를 들으면서, 범죄 현장과 실종된 어린이들, 강제 추방을 당한 사랑하는 가족의 사진을 보면서, 도움을 주기 위해 사람들의 집을 방문하면서—다른 사람들의 고통을 목격하면서—사람들의 트라우마에 노출된 경험이 근본적으로 나를 바꾸어 놓았다는 것을 알게 되었다. 나는 서서히 영향을 받고 있었다. 내가 간접적으로 경험한 트라우마들이 축적되어 나의 일부가 되어 있었고, 세상에 대한 관점도 변해 있었다. 나는 마침내 깨달았다. 불타는 열정과 엄청난 책임감, 내 안의 얼마 안 되는 힘으로 이 일을 겨우겨우 해내고 있었던 것이다. 다들 알겠지만, 불타고 있는 동안에 계속 타오르도록 하는 것은—많은 시간과 노력을 요하는—연료다. 그런데 나에게는 연료가 전혀 남아 있지 않았다. 나는 나의 경험들을 정서적으로, 인지적으로, 영적으로, 신체적으로 통합시킬 수 있는 능력이 거의 없는 상태로 오랫동안 그 일을 했다.

고통을 당하는 사람들을 볼 때마다 나는 그들의 상처받은 마음과 함께 머무르지 않고 반복해서 나만의 벽을 쌓고 또 쌓았다. 나의 경우에 벽이 높아지는 것은 교만이 점점 더 커지는 것을 의미했다. 나는 정직하게 나의 내면세계를 돌볼 필요가 있다는 것을 겸허히 받아들이지 못했다. 내가 통제할 수 없는 것에 직면했을 때, 고통과 무력감을 인정하는 대신 잠재적인 외부 원인으로 나의 분노를 돌렸다. 조직과 사회에 대한 비판은 더욱 날카로워졌다. 나는 이전보다 더 독단적·독선적이 되었고, 사람들의 의견을 용납하지 않았다. 나는 분노가 고통에 대한 방어 기능을 가지고 있다는 것을 한 번도 생각해 본 적이 없었다. 나는 괴로움을 피하고 있었다. 나는 사람들이 옳은 일을 해야만 세상의 모든 일이 잘될 것이라는 강한 믿음을 가지고 있었고, 만약 이 오랜 신념을 잃어버린다면 삶을 지탱하기 어려울 것이라는 두려움을 느끼고 있었다. 나는 그 사실을 전혀 알아차리지 못했고, 내가 열정을 쏟아부은 이 일은 나를 거친 광야 속으로 이끌고 갔다. 나는 완전히 지쳐 버렸고, 일을 지속하기 위한 최소한의 열정도 체력도 남아 있지 않았다.

절벽 위에서 얻은 깨달음을 무시할 수도 있었다. 그동안 내가 일하는 분야에서는 충분히 강하고, 쿨하고, 헌신적인 사람만이 이 일을 지속할 수 있다는 통념이 있었다. 자신을 스스로 돌보는 것은 나약한 사람들이나 하는 일이었다. 나도 이런 생각을 대부분 받아들였다. 하지만 트라우마 노출에 대처하는 방법이 내 삶에 깊은 영향을 미치고 있다는 것을 깨달은 순간, 나는 더 이상 예전처럼 일할 수가 없었다.

대신에 나는 변화를 만들기 위한 노력을 시작했다. 변화에 필요한 기술과 통찰력, 그리고 에너지를 내 삶에 적용하려면 나만의 방식으로 바꿔야 했다. 나는 길을 찾는 새로운 기술을 배워야 했다. 첫째, 트라우마 노출로 인해 내가 영향을 받고 있다는 것을 인정해야 했다. 둘째, 내가 선택한 일을 지속하기 위해 필요한 것을 찾고 나 자신을 치료하기 위한 공간, 즉 나의 내면 세계를 위해 마음의 여유를 만드는 방법을 배워야 했다. 온전하게 살아갈 수 있는 힘을 키우고, 트라우마를 지켜보면서도 견뎌 낼 수 있는 방법을 찾아야 했다. 새로운 사고방식이 필요했고, 나는 나중에 이것을 '트라우마 관리하기(trauma stewardship)'라고 이름 붙였다.

관음선종의 창립자인 숭산(Seung Sahn) 스님은 "참된 가르침은 쉽다. 네가 해야 할 것은 네가 가진 모든 생각, 의견, 그리고 좋아하는 것을 버리는 것이다."라고 했다. 숭산 스님의 가르침에 따라 나는 나 자신과 재연결하기 시작했다. 매 순간 내가 어떻게 행동하고 있는지에 대해 솔직해지는 방법을 배웠다. 많은 훌륭한 교사, 의료진, 치유자, 뛰어난 사람, 심지어 사랑하는 가족 앞에서까지 나를 내려놓았다. 그들에게 도움을 요청했다. 나는 집 주위의 자연과 조화를 이루고, 생명의 소중함을 생생하게 느끼게 하는 아름다움과 무자비함이 끝없이 반복되는 대자연을 배우기 시작했다. 나는 온전함을 유지하면서 최선을 다해 일을 하고, 또 동시에 행복한 삶을 살아갈 수 있도록 매일매일 연습하기 시작했다.

궁극적으로 피해자들과 나 자신에게 나를 완전히 내어 주는 것을 멈춘 후에야 비로소 스스로에게 동기 부여를 했던 것이 나의 자만심이었다는 것을 인식하게 되었다. 여러 해가 지나면서, 나는 점차 겉모습을 벗고 타인의 고통에 노출되는 것이 사람들에게 개인적으로 또 직업적으로 어떤 대가를 치르게 하는지를 깊이 이해할 수 있었다. 사람들마다 깊이와 범위, 그리고 원인은 다르겠지만 한 가지 분명한 사실은 타인의 고통이나 지구의 고통이 사람에게 영향을 끼친다**(트라우마 노출 반응)**는 것이며, 이것은 보편적인 사실이다.

트라우마 노출 반응은 단순히 한 개인의 문제가 아니라, 사회적 문제로 대두되고 있다. 트라우마 노출 반응은 10여 년 전에 처음으로 홀로코스트 생존자들의 가족과 참전용사들의 배우자들 사례를 통해 인정되었으나 최근에 이르러서야 사회적 영향을 평가하는 연구자들이 관심을 갖기 시작했다. 한 가지 예를 인용하자면 다음과 같다. 2007년 3월 『뉴스위크』에 따르면, 2006년 이라크에 파병되었던 미군의 건강보고서에서 행동치료사의 33%, 응급의료진의 45%, 종군 성직자의 27%가 높은 수준 또는 매우 높은 수준의 '제공자 피로(provider fatigue)'를 느끼는 것으로 나타났다. 이 기사는 다음과 같은 솔직한 평가로 결론 맺었다. "이제 미군은 파병된 병사들이 돌아왔을 때 부차적인 손실, 즉 트라우마에 노출된 치료자들도 돌보아야만 한다."

2007년 CNN에서는 '소진, 돌보는 사람의 분노를 일컫다'라는 제목의 안드레 르로이 박사(Andree LeRoy, M. D)의 기사를 실었다. "당신의 가족 중 만성 질환을 앓고 있거나 치매가 있는 환자를 돌보고 있습니까? 그때 우울함이나 분노, 죄책감을 느낀 적이 있습니까? 간병을 시작하면서 건강이 더 나빠진 적이 있습니까? 만약 '그렇다'는 답변이 하나라도 있다면 당신은 간병인 스트레스(caregiver stress)를 받고 있는 것일 수 있습니다." 미국 노인정신과의사학회에 의하면, 미국의 4인 가족 중 한 사람은 50세 이상의 환자를 돌보고 있는데, 그 수가 미국 노인 인구에서 급격하게 증가하고 있다. 또 다른 출처는 워싱턴 대학교의 노인정신과 교수이자 간병 전문가인 피터 비탈리아노(Peter Vitaliano)의 보고서다. 비탈리아노는 환자를 돌보는 사람들이 고혈압, 당뇨병, 면역 기능 저하 및 다른 증상으로 인해 받는 고통이 장기간에 걸쳐 스트레스 호르몬이 과다 분비되는 것과 관계가 있다고 했다. 안타깝게도 많은 사람이 "도움이 필요한 상태임을 깨닫지 못하기 때문에 도움을 요청하지 않는다."라고 했다. 또한 비탈리아노는 "환자를 돌보는 사람들은 보통 자신의 역할에 몰두하여 자기를 돌보지 않는다."라고 했다. 기사에는 환자를 돌보는 사람들끼리 나누었던 온라인 대화가 인용됐는데, 자신의 감정을 알고 있는 상태에서는 사랑하는 가족(환자)을 잘 돌보지 못한다는 것이다.

지금까지의 연구는 인간의 고통을 지켜보는 사람에게 트라우마 노출이 끼치는 영향에 집중되어 있지만, 우리는 다른 종의 비극을 지켜보는 사람들(수의사, 동물 구조사, 생물학자, 그리고 생태학자들)의 트라우마 노출 또한 심각하다는 것도 알게 되었다. 환경 운동—지구 온난화를 막으려는 사람들, 증가하는 '멸종'에 직면하면서 수많은 식물과 동물의 멸종을 막기 위해 고군분투하는 사람들도 심각한 수준의 트라우마 노출을 경험하고 있다고 한다.

선구자적인 연구자들은 타인의 고통에 영향을 받는 사람의 경험에 대해 여러 가지 이름을 붙였다. 이 책에서는 '트라우마 노출 반응'이라고 이름을 붙였다. 찰스 피글리(Charles Figley)는 '온정 피로감(compassion fatigue)'이라는 용어와 '외상 후 스트레스 장애'라는 용어를 사용했다. 로리 앤 펄먼(Laurie Anne Pearlman), 카렌 사크빈(Karen W. Saakvitne), 아이 리사 맥칸(I. Lisa McCann)은 '대리 외상'이라고 했고, 존 콩트(Jon R. Conte)는 '공감적 긴장'이라는 용어를 사용했으며, '2차 트라우마'라고도 했다.

'트라우마 관리하기'는 우리가 트라우마를 어떻게 다루어야 하는지, 사람들이 트라우마로 인해 어떤 영향을 받는지, 그리고 그러한 경험으로부터 어떤 영향을 받게 되었는지에 대한 전체적인 내용을 포함한다. 사전적으로 **관리하기**(stewardship)는 '누군가에게서 위임한 일에 대해 신중하고 책임 있게 관리하는 것'을 의미한다. 최근 이 용어는 환경 보존 및 천연자원 관리와 연관되어 널리 사용되고 있다. 2000년 1월에 발행된 '농업과 환경윤리 저널(Journal of agricultural and environmental ethics)'에서 리차드 워렐(Richard Worrell)과 마이클 애플비(Micheal Appleby)는 **관리하기**를 "개인의 욕구, 사회의 중요한 책임에 대한 수용뿐 아니라 사회의 관심, 미래 세대, 그리고 다른 종에 대해 전체적이고 균형 잡힌 방식으로 돌보는 것"이라고 정의했다.

관리하기의 측면에서 트라우마를 얘기할 때, 우리는 다른 사람의 이야기, 그들의 인생, 동물의 복지, 지구의 건강이 우리에게 위임되었음을 기억해야 한다. 이것은 대단한 영광인 동시에 막중한 책임이다. 관리자로서 우리는 타인의 어려움과 고통을 존중하면서 치료를 위한 공간을 만들지만, 그렇다고 그 고통을 내 것으로 만들지 않아야 한다. 우리는 그들의 삶을 우리의 삶에 이입시키지 않은 채 할 수 있는 최선을 다해 그들을 돌봐야 한다. 우리는 국제적인 기후 변화의 심각성에 몰두하기보다는 환경에 대한 진정성을 가지고 행동해야 한다. 거대한 위험 속에 있는 사람들과 환경을 돌볼 수 있는 온전하고 유용한 장기적인 전략을 개발하고 유지해야 한다. '트라우마 관리하기'에 동참하려면 돕는 자로서의 소명을 받았다는 신성함과 특권을 늘 기억해야 한다. 그것은 트라우마를 치료함에 있어 가장 높은 수준의 윤리성, 진정성, 그리고 책임감을 유지한다는 것을 의미한다. 나는 이 책을 통해 독자에게 트라우마 관리자가 되기 위한 중요한 지침을 제공하고자 한다.

수필가 엘윈 브룩스 화이트(Elwyn. B. White)는 초기 미국 작가이자 자연주의자, 그리고 철학가였던 헨리 데이비드 소로(Henry D. Thoreau)가 "두 개의 강력하고 반대되는 욕구—세상을 즐기려는 욕구와 세상을 바로 세우려는 욕구—로 분열된 것처럼 보인다."라고 쓴 것을 본 적이 있었다. 『트라우마 관리하기』는 세상을 좀 더 지속 가능하고 희망적(대체로, 더 나은 세상)으로 만들기 위해 노력하는 사람들을 위한 책이다. 또 지구를 돕거나 다른 사람을 돕기 위한 과정에서 고난에 빠지고, 고통을 느끼고, 위험과 트라우마에 노출되어 있는 사람들을 위한 책이다. 그리고 이전과 달라졌다는 것을 깨달은 사람이나 가족, 친구, 동료 혹은 애완동물로부터 무엇인가가 달라졌다는 말을 듣는 사람들을 위한 책이다.

"네 별에 인간이 살고 있다는 게 염려가 돼."

만약 소수의 사람이라도 트라우마를 관리하는 능력을 향상시킬 수 있다면 개인의 범위를 넘어 조직, 사회운동, 지역사회, 그리고 궁극적으로는 사회 전반에 크든 작든 영향을 미칠 것이라고 기대한다. 제1부에서는 '트라우마 관리'가 무엇인지, 그리고 우리가 어떻게 변화를 시작할 수 있는지를 설명한다. 치료를 위한 첫 번째 단계는 문제가 무엇인지를 이해하는 것이다. 제2부는 '트라우마 노출 반응 지도 만들기'다. 많은 독자는 4장에서 묘사한 16가지 위험 신호에 대해 이미 오래전부터 알고 있었을 것이다. 어쩌면 이런 감정이나 행동을 경험한 적이 없는 사람도 있겠지만, 지인들 중에 트라우마에 노출된 경험을 한 사람을 알고 있을 것이다.

트라우마 노출 반응과 함께 자주 동반되는 속박감과 고통을 어떻게 피할 수 있을까? 제3부에서는 '현재'에 머무는 것이 얼마나 중요한지 면밀히 살필 수 있는 일반적인 팁을 제공한다. 제4부에서는 5가지 방향으로 자기 자신, 다른 사람들, 그리고 세상을 돌보는 능력을 크게 향상시킬 수 있는 실제적인 조언과 개인적 탐구를 위한 지침을 결합한 안내를 제공한다. 각자 자신만의 일일 연습을 개발할 수 있도록 간단한 연습 과제들을 많이 소개했다. 나는 이 책 전반에서 영감을 주는 사람들을 소개하려고 한다. 그들은 헌신적이며, 일이 주는 어려움을 보람으로 극복하려고 노력했다. 어쩌면 당신 같은 사람일 수도 있다. 트라우마를 관리하는 방법을 알아 가면서 더 큰 맥락에서는 고통과 상호작용하는 방법을 터득하게 될 것이다. 어떻게 하면 우리에게 맡겨진 일을 조심스럽고 책임감 있게 관리할 수 있는지 그 방법을 깊이 있게 탐구할 것이다.

이 책은 인생의 모든 단계에서 취할 수 있는 선택들이 나에게 있다는 것을 기억하게 하는 탐색 도구다. 우리는 각자 자신만의 길을 선택한다. 우리는 고통을 당하지 않고도 변화를 만들 수 있다. 우리는 우리가 돕는 사람들과 우리 자신에게 도움이 될 수 있는 방식으로 의미 있는 일을 할 수 있다. 우리는 세상을 즐길 수 있고 세상을 바로 세울 수 있다. 우리는 몸부림과 절망으로 소진되는 것이 아니라 깊은 지혜와 큰 선물이 담긴 유산을 남길 수 있다.

이 책의 저자로서 나는 내가 새로운 정보를 전달하고 있다고 생각하지는 않는다. 오히려 다양한 사람, 다양한 문화 전통과 수천 년 동안 이어 온 영적 수행으로부터 구전된 지식을 이야기하려고 한다. 북미 원주민의 가르침에 따르면 세상에 나온 아기는 자기 삶에 필요한 모든 것을 다 알고 태어난다. 하지만 긴장되고 혼란스러운 세상이 주는 어려움이 아기가 타고난 지혜를 잊어버리게 만든다고 한다. 그래서 원주민들은 이미 알고 있던 지혜를 다시 기억하기 위해 노력하며 평생을 보낸다. (어떤 사람은 노인과 신생아가 마법 같은 연결성을 갖고 있다고 말한다. 노인은 아이가 지금 막 떠나온 곳으로 돌아가기 때문이다.) 이 책의 목적은 독자 여러분을 자기 자신으로 가는 길로 안내하는 것이다. 당신이 이미 알고 있었던 모든 지혜를 곧 만나게 될 것이다. 이 글은 단지 당신이 기억을 할 수 있도록 도울 뿐이다.

제1부
트라우마 관리하기의 이해

공동 저작물의 새로운 비전

트라우마 관리하기는 상담자, 사회복지사, 생태학자, 교사, 소방관, 의료인, 경찰관, 환경학자, 재택 건강 보조원, 군인, 가정폭력 실무자, 생물학자, 동물보호소 직원, 국제 구호활동가, 시민사회단체 활동가, 연로하신 부모님이나 어린아이를 돌보는 사람들, 즉 고통, 아픔, 다른 사람이나 지구의 위기 등과 연관된 일을 하는 모든 사람을 위한 것이다. 우리가 마주하게 되는 트라우마가 두드러지든 감지하기 힘들든, 갑작스럽거나 오래 지속되어 온 것이거나, 한 번이든 반복적이든, 널리 인식되었거나 거의 인지되지 않았거나 간에 '트라우마 관리하기'는 모든 상황에 동일하게 적용되는 접근 방식이다. 우리가 관리하는 것은 자신이 선택한 일에만 국한되는 것이 아니다. 사람을 돕는다는 의미에서 우리가 가진 철학과 돌봄의 깊이, 그리고 우리가 어떻게 삶을 살아갈지 매일매일 결정하는 문제까지 관리한다.

트라우마 관리하기는 단순한 하나의 개념이 아니다. '트라우마 관리하기'는 사람이나 다른 생물 또는 지구에 의해 개인, 조직, 사회가 경험하게 되는 어려움, 고통 혹은 트라우마를 돌보는 매일의 연습이라고 정의할 수 있다. '트라우마 관리'를 지지하는 사람들은 기쁨과 고통이 현실이라고 믿는다. 큰 고통을 마주할 때도 현존의 질이 향상되고 유지된다면 고통은 의미 있는 성장과 치료로 변화될 수 있다고 믿는다.

'트라우마 관리하기'를 통해―직장에서든 개인적인 삶에서든 간에―고통받는 사람들을 돌보고 보살피다 보면 압박감을 경험하게 되고, 그로 인해 트라우마를 접하게 된다고 본다. 따라서 우리는 타인의 고통을 내면화하거나 자신의 트라우마인 것처럼 여기지 말아야 한다. '트라우마 관리하기' 실무자들은 장기적으로 다른 사람들과 세상의 고통을 완화시키려면 가장 위급한 사람이나 긴박한 환경의 변화를 다룰 때에도 지속 가능하고 계획적인 절차대로 대응해야 한다고 믿는다. 다른 사람과 세상을 돌보는 동시에 나 자신도 함께 돌봐야 한다는 인식을 갖게 된다면 다음 세대를 위해 윤리적이고 진정성 있는 변화를 가져올 수 있는 우리의 잠재력을 크게 향상시킬 수 있을 것이다.

타인과 자신을 동시에 돌보는 연습을 한 것에 대한 보상은 명확하겠지만, 그것은 매우 어려운 일이기도 하다. 효과적으로 트라우마를 관리하기 위해서는 내면 깊숙이 가지고 있는 일과 삶에 대한 신념을 바꿔야 하는 경우도 있다. 우리 중 많은 사람이 은연중에 혹은 드러내 놓고 우리의 일에 대한 헌신이 우리가 얼마나 희생하는가에 따라 평가될 것이라고 믿는다. 변화를 통해 자신을 존중하게 되고 더 건강해지기 위해 그러한 변화가 필요하다는 것을 잘 알고 있음에도 불구하고, 본인이 가진 내적인 신념들에 반하는 행동이나 사고방식을 바꾸는 데에는 많은 노력이 필요할 수도 있다.

트라우마를 관리하는 작업은 우리에게 높은 의식 수준을 요구하기 때문에 스스로 변화하기 위한 토대를 마련하는 것이 중요하다. 따라서 공동 저작물에 대한 우리의 새로운 접근에 대해 설명하고자 한다.

트라우마 관리를 위한 가장 중요한 기술은 현재에 머무는 것을 배우는 것이다. 아무리 힘들더라도 자신의 경험 안에서 온전히 머무르는 것이다. 초기 미국 수필가이자 시인이었던 랠프 월도 에머슨(Ralph Waldo Emerson)은 "얇은 얼음 위에서 스케이트를 탈 때, 우리의 안전은 우리의 속도에 달려 있다."라고 했다. 그러나 우리의 목표는 정반대다. 무서운 장소에 도착했을 때, 내 안에서 무슨 일이 일어나고 있는지 충분히 생각해 보는 시간을 가져야 한다. 자기 자신과 함께 '현재'에 머무르는 것을 이 책에서는 '마음챙김'이라고 할 것이다. 의학 치료에서 명상에 대해 많은 연구를 한 과학자이자 작가이며 교육자인 존 카밧진(Jon Kabat-Zinn)에 따르면, 마음챙김이란 "지금 이 순간 비판적인 마음을 버리고, 목적을 가지고 특별한 방법으로 주의를 기울이는 것"이다. 그리고 의사이자 연구자이며 교육자인 대니엘 시겔(Daniel Siegel)은 마음챙김을 "자신의 자각을 깨닫고, 자신의 의도에 주의를 기울이는 것"이라고 정의했다.

자신을 들여다보기 시작할 때, 마음을 다하고, 호기심을 가지고, 자신을 비난하지 말아야 한다. 옳고 그름, 선과 악, 병적인 것과 건강한 것을 양분하는 방식의 생각을 피해야 한다. 몸에 밴 이분법적 사고를 버리면 마라톤 선수에게 코치가 말하는 것처럼 마음의 태도를 가질 수 있다. 가슴을 펴고, 어깨를 내리고, 긴장을 풀라. 이것을 실천하면 보다 깊이 자신을 탐색할 수 있다.

이런 질문을 할 수 있다. 만약 내가 잠깐 동안 고통에 노출되었거나, 또는 장시간 노출되었다면 그 노출로 인해 어떤 영향을 받게 될 가능성이 있는가? 아직 결론을 내리지 말고, 판단도 하지 말고, 방어도 하지 말고, 순수한 호기심만 가져 보자. "나는 이전과 어떻게 달라졌는가?" 어떤 작은 변화에 대한 자각은 자신을 고양시키고 진정한 가치에 보다 가까이 다가서게 한다. 때로는 서먹하고, 화가 나거나 혼란스러운 감정을 느끼게 할 수도 있지만, 호기심이라는 도구를 활용하면 자기 안의 변화, 인간관계 안의 변화, 그리고 일하면서 생기는 변화를 관찰할 수 있다. 사토 젠 불교의 스즈키 순류(Suzuki Roshi) 스님은 "여러분 모두는 완벽하다. 그리고 여러분은 조금 더 나아질 수도 있다."라고 했다.

"이 지점에서 나에 대한 비난이 다른 사람으로 옮겨가면 좋겠군!"

　자신과 타인에 대한 연민을 유지하는 것은 우리가 트라우마 노출 반응을 자각하는 것만큼이나 중요하다. '트라우마 노출 반응'이란 우리 삶의 현장에서 목격하고 경험했던 트라우마와 싸우기 위해 의식적으로 또는 무의식적으로 발달시켜 온 다양한 전략을 지칭하는 용어다. 이 반응들에 대해서는 2장에서 자세히 살펴볼 것이다. 현재에 머무르지 않음으로써 자신을 보호하려고 할수록 트라우마 노출 반응은 더욱 심해진다. 이 사실을 받아들이게 되면 자기를 비하하거나 타인을 원망하는 데 시간을 낭비하지 않게 되고, 당신의 마음과 생각이 크게 열리게 된다. 하지만 연민을 잃어버리는 만큼 생각하고 느낄 수 있는 능력도 줄어들게 된다. 모험을 정말 잘하고 싶다면 당신은 많은 생각을 해야 하고, 풍부한 감정을 느껴야 한다. 이 책을 읽어가면서 많이 웃을수록 더 좋은 것이다.

　우리의 삶의 경험을 변화시키기 위해 반드시 바꿔야 하는 것은 없다. 어떤 사람은 여러 차원에서 사회를 변화시키는 일에 헌신하고 있을 수 있다. 어떤 사람은 정의와 평등, 그리고 자유와 같은 큰 주제들을 우리가 하는 일과 연결시켜 생각하기도 한다. 그래서 아무것도 할 필요가 없다는 말을 받아들이기가 어려울 수도 있다. 우리가 자기 자신에게 집중하는 것이 마치 우리의 사명을 포기하는 것처럼 느낄 수도 있다. 하지만 사실 우리는 삶 속에서 일어나는 대부분의 일을 통제할 수 없고, 시시때때로 일어나는 상황과 상호작용을 할 수 있을 뿐이다. 만약 행복과 성취감이 나 자신이 아닌 외부 요인에 달려 있다면 우리는 행복을 영원히 기다려야만 할 것이다. 예를 들면 다음과 같다. "상사가 직장을 떠난다면 기분이 날아갈 듯 좋을 것 같아." "투자를 더 받게 된다면 일이 순조로워질 거야." "연구 프로젝트만 마무리된다면 난 행복해질 거야."

많은 전통적인 가르침은 우리가 외부 요인과 상관없이 자신의 관점을 바꿈으로써 감정과 세계관, 그리고 경험을 창조하거나 재창조할 수 있다고 한다. "나의 관점을 어디에 둘 것인가?"라는 질문을 할 수 있다. 두려움을 잠시 내려놓고 오직 눈앞에 있는 것만 단순하게 바라볼 수 있다면 그곳에는 매 순간 경외할 만한 무엇인가가 있을 것이다. 홀로코스트 희생자인 안네 프랑크(Anne Frank)는 "더 나은 세상을 만들기 위해 한순간도 기다릴 필요가 없다는 것은 얼마나 멋진 일인가!"라고 했다.

우리에게는 자신만의 길을 선택할 수 있는 자유가 있다는 것이 이 책의 핵심 원리라는 것을 기억하자. 우리는 트라우마를 잘 관리할 수 있는 지도를 그릴 것이다. 내가 어디에 있는지 잘 알수록 어디로 가야 하는지를 더 잘 선택할 수 있다. 첫 번째 단계는 속도를 늦추고 지금 당신이 어디에 있는지 살펴보는 것이다. 당신이 가고자 하는 길을 스스로 결정할 수 있다는 것을 꼭 명심하자. 자신이 하는 일을 존중하면서 눈앞에 펼쳐진 문제들을 원만하게 해결할 수 있도록 선택할 수 있다. 이런 선택은 장기적으로는 의미와 목적을 가진 인생을 살아갈 수 있게 한다.

친구와 가족, 그리고 반려동물과의 소통을 하다 보면 우리가 어떻게 변해 왔는지를 알 수 있을 것이다. 다양한 이유가 있겠지만, 소통을 하다 보면 때로는 방어적이 되기도 하고, 소외감이 들기도 한다. 자신의 변화를 자각하는 수준을 높인다면 자기 자신뿐만 아니라 타인에게도 좀더 책임감 있게 행동할 수 있을 것이다. 자기공감이라는 내적인 기초 작업을 하면 보다 열린 마음으로 타인의 걱정이나 피드백, 그리고 생각을 들을 수 있게 된다.

트라우마 관리하기는 우리가 어디에 초점을 두어야 할 것인지를 선택할 수 있다. 그렇다고 해서 행복한 감정에만 집중하라는 의미는 아니다. 우리는 역설을 수용해야 할 필요가 있다. 우리가 기쁨을 온전히 느낄 수 있다면 고통을 피하려고 마음을 차단할 필요가 없어진다.

어떤 사람들은 세상에 고통받는 사람들이 많다는 사실을 감추고 싶어 한다. 르완다 집단학살이 발생했을 때 투트시 부족은 국제 사회에 필사적으로 도움을 요청했지만, 사람들은 골치 아픈 일을 피하려고 했고, 그들의 요청은 관심을 받지 못했다. 나중에 집단학살이 알려지게 되자 전 세계의 많은 사람은 충격을 받았다. 세계 공동체가 집단학살을 인식하지 못하고 있는 동안에 누군가는 폭력을 저질렀고, 누군가는 폭력으로 인해 고통을 당했다는 사실에 경악했다. 결국 신문의 헤드라인을 장식한 것은 집단학살이 아니라 '어떻게 이런 사건이 알려지지 않을 수 있었는가?'였다.

트라우마를 치료하거나 사회운동이나 환경운동의 최전선에서 일하는 사람들은 고통을 견디면서 목소리를 높이고, 옳은 행동을 하는 것이 자신이 해야 할 가장 중요한 업무라고 생각하는 경향이 있다. '어떤 목소리를 높여야 하나?' '무엇이 옳은 행동일까?' 늘 이런 질문들을 하면서 살아가는 와중에 우리는 종종 고통스럽고 압도되는 감정을 불러오는 선택을 해야 할 때가 있다. 어떤 현실에 집중해야 할까? 트라우마 그 자체에 집중해야 하는가? 고군분투하는 여성과 남성, 그리고 어린이의 용기에 집중해야 하는가? 폭력적이고 파괴적인 위협을 초래하는 과거와 현재의 정치, 경제, 그리고 환경의 문제에 집중해야 하는가? 아니면 인간의 생존능력이나 타인을 돕는 능력 또는 사랑하고 반성하는 능력에 집중해야 하는가? 만약 우리가 잘못 선택해서―아니 더 나쁜 선택을 해서 우리의 관심의 초점이 흐려져서―아무도 모르는 사이에 더 끔찍한 일들이 벌어지지는 않을까?

이러한 질문들에 대한 정답을 찾기란 쉽지 않다. 우리가 유용한 해답을 찾기 위해 노력할수록 더욱 날카로운 철학적인 문제들이 대두된다. 지난 수천 년간 신학자, 예술가, 정치가, 치료사, 시인, 그리고 활동가가 답을 찾으려고 애써 왔다. 도움이 필요한 사람과 그 필요를 만들어 내는 세상과 그들을 돕는 사람의 관계에 대해 고민하는 사람의 수만큼이나 많은 이론이 존재한다.

물론 너무나 자주 끔찍한 일들은 아무도 모르는 사이에 벌어지고, 그 누구의 관심도 받지 못한다. 고통받는 사람을 돕거나 고통을 막기 위해 세상을 변화시키려는 사람들은 세상에 피할 수 없는 고통이 존재한다는 것을 받아들이고 어떻게든 그들 자신만의 즐거움(삶이 주는 진정한 경이로움과 기쁨)을 회복해야 한다.

어쩌면 힘겹게 살고 있는 수많은 사람과 생물, 환경 앞에서 행복감이나 홀가분함을 느끼는 것이 '배신'이라고 느낄 수 있다. 어떤 사람들은 고통에 동참하는 것이 유대감을 표현하는 방법이라고 생각하고 그렇게 행동하기도 한다. 선한 의지를 가진 고결하고 책임감 있는 사람이라도 개인적으로 또 지구적인 차원에서의 질병과 고난, 그리고 고통을 모두 감당할 수는 없다. 그러다가 무기력감에 빠지면 머리를 숙이고 최선을 바라는 것 외에는 아무것도 할 수 있는 것이 없다고 생각하게 된다.

우리가 트라우마를 관리하는 일을 지속하기 위해서는 마음 한편에 순교자처럼 헌신하는 마음을 갖고, 다른 한편에는 끊임없이 발생하는 위기를 어느 정도 적당히 무시하는 마음을 가져야만 한다. 이처럼 마음의 균형을 갖게 되면 지속적인 트라우마 관리를 할 수 있게 된다.

트라우마 관리는 개인적인 것으로부터 시작된다. 나는 사람이 타인을 도우려고 하고, 도울 수 있고, 또 스스로 도움을 받으려고 할 때, 타인과 환경을 도울 수 있는 능력이 더욱 커진다고 생각한다. 내 삶의 경험도 그랬고, 전문적인 직업 활동과 수년간의 연구를 통해 얻은 생각이다. 인도의 정치적·정신적 지도자인 마하트마 간디(Mahatma Gandhi)는 독립 운동을 하면서 "세상에서 보고 싶은 변화가 있으면 스스로 그 변화가 되라."라고 했다.

개개인이 트라우마를 관리하는 책임감을 가져야 한다고 해서 모든 것을 혼자서 해결해야 한다는 것은 아니다. 이 책은 트라우마 노출 반응을 극복할 때, '남의 도움 없이 스스로 역경에서 일어서라'는 접근 방식을 제안하지 않는다. 효과적으로 트라우마를 관리하는 능력은 직접적으로는 직장 조직의 영향을 받고, 크게는 사회에 만연한 태도와 체계의 영향을 받는다. 사회 조직은 조직을 위해 일하는 사람들뿐만 아니라 도움이 필요한 사회 구성원도 돌볼 의무가 있다.

"안됐네만, 나는 길을 가고 있는 중인데다 당신에게 쥐덫에 걸려 달라는 요청을 하지 않았거든."

동시에 우리 각자는 우리가 참여하는 조직이나 사회 시스템을 구성하기 위해 맡은 역할이 있다는 것을 인식해야 한다. 누군가 고요한 연못에 돌을 던질 때처럼, 트라우마는 언제나 파급 효과를 가져온다. 초기의 영향은 거의 무한하게 확장되어 직접적으로 경험하지 않은 사람들에게까지 영향을 미치게 된다. 그 여파는 곧 돌보는 사람 개개인을 넘어 조직과 시스템에 영향을 주고, 무한하게 확장되어 전체 사회로 퍼져 나간다. 트라우마 노출 반응의 피해가 퍼져 나가듯, 트라우마 관리의 유익함도 퍼져 나갈 수 있다.

개개인이 그러하듯 조직과 기관도 트라우마에 노출될 수 있고, 이 경험은 우리가 서로 도와야 한다는 사명감을 완전히 깨닫지 못하게 방해할 수 있다. 사명감을 깨닫기에는 자원과 동기가 부족할 수 있는데, 그러면 실무자들이 더 힘들게 일하게 되고 고객(또는 내담자)들은 더 많은 스트레스를 받을 수 있다.

사회적 차원에서도 마찬가지다. 큰 조직들은 트라우마를 완화시키기 위해 노력함에도 불구하고, 고통의 원인이 되기도 한다. 이런 역동은 미국의 의료 산업과 사법제도만큼이나 다양한 사례를 볼 수 있다. 의료 산업은 환자의 고통을 줄이려고 하지만, 반대로 환자나 의료진 그리고 관련 기관이 트라우마에 노출되는 일이 발생하기도 한다. 유사하게 선의의 수사 협조나 법정 진술이 의도치 않게 범죄 희생자를 더욱 고통스럽게 만드는 경우도 생긴다. 기관에서 산전수전 다 겪으면서 배운 교훈을 가지고 문제 해결을 위해 노력했음에도 불구하고, 나 또한 다른 문제를 일으켰던 적도 있었다.

실무자로서 일을 할 때 우리가 이런 역동에 많은 기여를 하고 있다는 것을 알아차리지 못할 수도 있다. 그러나 트라우마 관리를 배워 가면서 우리는 우리가 속한 조직, 기관, 그리고 사회 시스템에 중대한 결함이 있다는 것을 인식하려고 노력해야 한다. 이 결함은 우리 자신에게 영향을 주고 일하는 방식에도 영향을 준다. 우리는 다음 장에서 트라우마 관리의 3단계를 소개할 것이다. 트라우마 관리가 조직과 사회에 주는 파급 효과를 완전히 파악하는 것은 이 책이 다루고자 하는 요지는 아니지만, 우리가 하는 모든 논의와 개인적인 변화는 이 큰 틀의 맥락 안에서 이루어진다.

만약 변화가 절실한 기관이나 공동체 또는 사회를 돕는다면 무엇보다도 먼저 발생하는 모든 문제와 함께 현존할 수 있는 능력을 키워야 한다. 자기 중심을 지키면서 자기를 통합하고 유지하는 숙련된 기술을 가지고 있어야 한다. 가수이자 사회운동가인 스티비 원더(Stevie Wonder)가 "자기 문제를 잘 관리하라."라고 했는데, 우리는 매일 이 말을 실천할 필요가 있다. 우리의 목표는 날마다 모든 상황에서 윤리성과 진정성을 가지고 자기 삶을 잘 살아가는 것이다. 이렇게 살아가는 목표를 더 많이 성취할수록 트라우마 관리의 각 단계에서 우리가 가야 할 길이 더욱 명확해진다.

트라우마 관리의 3단계

"왕국을 지배하는 것은 내 관심사가 아니다. 곤도르뿐만 아니라 그 어떤 왕국
도, 위대한 왕국이든 작은 왕국이든 상관없이 말이다. 하지만 나는 이 세상에서
위험에 빠진 모든 고귀한 것에 관심을 갖고 있다. 곤도르가 멸망한다고 하더라
도, 그 누구라도 이 어두운 밤을 이겨 내고 자라서 꽃을 피우고 열매를 맺는 자
가 있다면 내 임무는 실패한 것이 아니다. 나 또한 관리인(steward)일 뿐이다. 당신
도 (자신이 관리인이라는 사실을) 알고 있지 않은가?"

—간달프 [존 로널드 로얼 톨킨(J. R. R. tolkien)]의 작품인 〈반지의 제왕: 왕의 귀환〉에서

* 왕위 계승자 아라곤의 귀환을 반기지 않는 곤도르 왕국의 섭정(steward)에게 간달프가 했던 말

　　다음에서 개인적·조직적·사회적 단계의 고통에 대해 구체적으로 살펴볼 것이
다. 인간과 동물, 그리고 지구가 경험하는 고통에 대한 반응, 즉 트라우마 노출 반
응은 각각의 단계에서 매우 다르게 나타난다. 직접적인 트라우마의 고통과 괴로움
을 가중시키는 실수를 저지르는 가능성도 언제나 존재한다. 이 사실을 깊이 이해
하면 그만큼 '트라우마 관리하기'의 잠재력과 필요성도 깨닫게 된다. 이 책을 읽는
동안 개인·조직·사회의 3단계를 기억하고 있기를 바란다. 자기 자신을 변화시킬

수 있다면 세상을 바꿀 수 있는 잠재력을 갖게 될 것이다.

개인적 변화

트라우마를 관리하는 데 가장 큰 영향을 미치는 것은 자기가 누구인지 아는 것, 즉 자기 정체성이다. 그동안 트라우마와 고통, 그리고 괴로움과 힘든 일을 어떻게 다루어 왔는가? 자신을 돕는 자원은 무엇이 있었는가? 견딜 수 있는 동기를 준 것은 무엇인가? 어쩌면 이 질문들에 대한 정보가 많을수록 트라우마 관리도 더 잘 될 수 있을 것이다. 동시에 트라우마 유형에 대해 잘 알수록 트라우마가 주는 충격이 더 커지는 경우도 있다.

"당신은 왜 길을 건넜다고 생각합니까?"[1]

교도소 상담은 상담자마다 다른 영향을 준다. 교도소에 한 번도 수감된 적이 없는 사람과 한 번이라도 수감된 적이 있는 사람은 다르고, 교도소에 수감된 적이 있

---

1 역자 주: '닭은 왜 길을 건너갔을까?'라는 서양의 허무개그. 답: 건너편으로 가려고

는 친구나 친척이 있는 사람과 이웃 주민의 40%가 전과자인 마을에 사는 사람의 경험도 다를 것이다. 내담자의 고통에 대한 개인적인 경험이 전혀 없는 상담자는 적당한 거리를 잘 유지하면서도 트라우마를 잘 치료할 수 있을 것이다. 이렇게 거리를 유지하는 것은 치료에 대한 통찰을 제한할 수도 있지만, 비슷한 상처로 인한 고통을 다시 경험하지 않기 때문에 정신적인 힘을 잘 유지할 수 있게 된다.

반대로, 내담자와 비슷한 경험이 있는 상담자는 내담자의 고통을 생생하게 느낄 수 있다. 이 생생함은 상담자가 트라우마를 이해하고 관리하는 작업을 능숙하게 할 수 있도록 돕는다. 물론 타인의 상처를 완벽하게 이해할 수는 없지만, 역지사지의 심정으로 내담자의 입장에서 공감할 수 있다. 상담자가 내담자의 고통을 잘 이해할수록, 상담자 자신의 상처도 생생하게 재생될 수도 있는데, 이때 자신의 취약한 부분이 급격히 증가할 수도 있다.

타인을 돕는 일을 하는 실무자들은 공사 구분의 명확한 선을 잘 인지하지 못한다. 이는 개인적인 아픔과 완전히 중첩되는 사람들만의 이야기는 아니다. 많은 실무자가 각자의 트라우마 경험이 있고, 자기가 하는 일에 어느 정도의 영향을 받는다. 효과적으로 트라우마 관리를 하려면 자신의 자기(Self)의 끝과 타인의 자기(Self)의 시작이 어디인지를 아는 것이 중요하다. 이것은 함께 일하는 성인들과의 관계 속에서 어려운 일일 수 있다. 역설적이게도 방어적이지 않은 대상을 위해 일할 때 더욱 어려울 수도 있다. 예를 들면, 어린아이나 유기 동물 또는 멸종 위기 종과 같은 대상들이 있다. 스스로 자기 목소리를 높일 수 없는 사람이나 생물과 환경을 대신해서 목소리를 높일 때, 사람들은 점차 자기 자신과 상대방의 목소리를 구분하지 못하게 된다. 만약 주의를 집중하지 않으면 몸과 마음은 지쳐 가고, 공감과 책임감은 어느덧 변질되어서 대상의 괴로움을 마치 자기 것처럼 느끼게 된다. 장기적인 관점에서 보면 이런 감정은 결국 효과적인 도움을 방해한다. 개인적인 통찰과 마음챙김의 노력을 공감 능력과 함께 결합시켜야만 트라우마 관리를 장기적으로 할 수 있다. 이는 길이 보이지 않는 험난한 곳에서 길을 찾아가는 것처럼 어려운 일이다.

조직의 성향

솔직히 말하면 우리 부서 사람들은 다 우울증 약을 먹고 있는 것 같아요.
여기 있는 모든 직원이요.

— 아동보호서비스 사회복지사

기관은 트라우마 관리에서 다양한 역할을 한다. 조직에서 일하는 사람들은 그 조직의 문화를 만들고, 각 조직은 자기 조직의 구성원이 트라우마를 관리하는 집단적인 능력을 반영한다. 동시에 각 조직은 직원들이 경험하는 트라우마 노출의 영향을 완화시킬 수도 있고, 반대로 악화시킬 수도 있는 잠재력을 가지고 있다. 직원들의 트라우마 관리 방식은 이미 트라우마를 경험한 서비스 대상자들에게 영향을 준다. 이스턴 워싱턴 대학교(Eastern Washington University)의 골리 얀센(Golie Jansen) 부교수는 최근 연구결과에서 "직원들은 조직이 지지적이라고 인식할 때 2차 트라우마의 피해가 적다."는 사실을 발견했다.

조직은 해야 할 일이 많다. 자원은 부족하고, 어려움도 많다. 그래서 적절하게 직원들과 자원봉사자들을 지원해 주지 못하면서도 그들이 성과를 내주기 바란다. 그 결과, 사람들은 원하는 만큼의 성취를 이룰 수 없게 된다. 예를 들면, 미국의 교사들은 학생들에게 법이 정한 시험을 통과할 수 있도록 가르치면서 동시에 학생들의 정서적 필요를 돌보는 것을 어려워한다. 학생의 정서적 필요를 돌보는 것은 좋은 학습 환경을 만드는 필수 요소임에도 불구하고, 동시에 두 가지를 하는 것을 어려워한다. 의사들은 진료 시간을 제한하는 병원 정책 때문에 환자의 심리사회적 필요를 돌보지 못한다.

"나도 어떻게 시작되었는지는 모르겠어. 내가 아는 건 우리 기업 문화의 일부라는 것뿐이야."

이런 현상은 서비스 배급(service rationing)에 대한 요청으로 이어졌다. 정치과학자이자 『일선관료제(street-level bureaucracy)』의 저자인 마이클 립스키(Michael Lipsky)가 이름 붙인 서비스 배급이란 실무자들이 매일 다리를 건너듯 통과해야 하는 하나의 과정을 의미한다. 이 다리의 한쪽에는 자기 능력을 최대한 발휘해서 일할 수 있게 되는 '이상'이 있고, 다른 한쪽에는 수많은 장애물을 극복하며 일을 해야 하는 '현실'이 있다. 서비스 배급의 한 가지 효과는 지속적으로 업무를 정의하고 재정의하는 것이다. 지금 하고 있는 일이 원래 하고 싶었던 일이 아니라면 커져 가는 모순을 해결하기 위해 여러 방법으로 업무를 마음속으로 재정의할 것이다.

인식의 전환이 필요하다. 정말 많은 조직과 정책, 그리고 관리자에게 인식의 전환이 필요하다. 여전히 많은 실무자는 자신이 할 수 있는 것과 주어진 업무 사이에서 만족스러운 절충안을 찾기 위해 노력한다. 서비스 배급의 예를 들어 보자면, 법률구조 변호사가 호전적인 사람보다는 유순한 사람에게 동정심을 갖게 되거나 노숙자 보호소 직원이 자살 충동을 큰소리로 호소하는 사람을 심하게 우울하여 까다롭게 구는 사람보다 우선순위에 두는 경우가 있다.

사람들은 처음 일을 시작할 때 이런 선택이 순리에 어긋난다고 생각한다. 진심으로 모든 사람을 동등하게 돌보기를 원한다. 하지만 시간이 지나면서 한편으로는 이런 행동을 후회하지만, 다른 한편으로는 자신이 하는 일에 대한 만족감을 지키는 유일한 방법이 되었을 수도 있다. 인도의 어린이 복지 센터에서 28년간 근무했던 한 사회복지사는 "1년 동안 3명의 감독관과 1명의 동료가 자살한 적이 있었다. 그때 나도 과부하에 걸려 있었다. 아이들을 지속적으로 잘 돌보면서도 내가 살아남기 위해서는 꼭 해야 하는 업무량이 얼마인지 알아내야만 했다."라고 했다.

서비스 배급은 역설적이다. 사기를 저하시키고 업무의 질을 약화시킬 수도 있지만 동시에 필수적인 대응기제(coping mechanism)이기도 하다. 서비스 배급이 없으면 사람들은 일을 지속할 수 없게 된다. 립스키의 연구에서 볼 수 있듯이, 타협이 불가피할 때라고 할지라도 사람을 돕는 좋은 일을 하면서 동시에 개인적으로도 만족감을 느낄 수 있는 환경을 만드는 것이 반드시 필요하다. 효율적이고 적절한 정책이 제공된다면 직접적인 서비스 전달과 함께 전체적인 사회 변화를 위한 노력들이 강화될 것이다. 반대로, 실무자들에게 필요한 환경이 주어지지 않는다면 윤리적인 업무 처리를 기대하기는 어려울 것이다.

립스키는 **일선관료제**라는 용어를 만들었다. 이것은 중립적인 용어로, 일선의 경찰관, 1심 법원의 판사들, 사회복지사들, 그리고 수많은 일선의 공무원을 지칭한다. 일선관료라는 용어는 사람의 성격을 말하는 것이 아니라 업무의 특성을 나타낸다. 일선관료는 시민들의 삶에 상당한 영향을 끼치면서 그들과 교류하며, 폭넓은 의사결정권을 가지고 있다. 그들에게는 최선을 다해 일할 수 있게 해 주는 충분한 자원이 주어지지 않는다. 그리고 재량권의 범위가 넓어서 정량적 평가가 불가능한 애매한 위치에 있다.

어떤 일선관료는 거만하지만 윤리적 문제없이 업무를 잘 수행하고 자신의 노력에 만족한다. 다른 어떤 관료는 과중한 업무에 치여 좋지 않은 선택을 하고서는 그 책임을 회피한다. 일선관료는 서비스 배급을 대응기제로 사용할 수 있는 가장 적합한 후보다. 극복하기 힘든 어려운 문제들에 직면하면 희망을 가질 수 있도록 목표를 낮추어서 직업적 만족을 얻으려고 한다. 가르쳐야 할 학생이 너무 많은 고등학교 수학교사는 우수한 학생들에게만 집중하여 직업적 만족을 지키려고 한다. 우수한 학생들은 대체로 남학생들인데, 중학교 때 여학생들은 수학과 과학에 대해 충분한 격려를 받지 못한 결과 성적이 좋지 않은데, 고등학교에서조차도 따라잡을 수 있도록 격려받지 못한다. 장기적으로 보면, 이런 대응기제는 사회에 해로운 정책을 더하게 된다.

정치적이면서 개인에게도 좋은 정책은 서비스 배급이 필요한 현실을 반영한다. 유능한 정책개발자는 자원의 부족이 실무자들에게 지름길을 찾게 할 것이라고 생각하지만, 우리는 지름길이 필요 없는 정책을 추구해야 한다. 그리고 피할 수 없다면 사회가 원하는 것과 최대한 가까운 결과를 얻기 위해 노력해야 한다.

트라우마 노출에 대한 반응은 일터를 방어적이고, 독점적이고, 희망이 없는 문화를 가진 곳으로 만들 수 있다. 직장에서 동료들이 어떻게 느끼는지 생각해 보자. 에너지 수준은 어떠한가? 분위기는 어떠한가? 이런 특성들은 업무의 강도와는 무관하다. 대신 조직의 구조, 정책, 그리고 태도가 임무를 완수하고자 하는 실무자들의 노력을 지원하는지 또는 방해하는지의 정도와 관계가 있다.

시애틀에서 에이즈가 발견된 초기에 유색인종 AIDS 네트워크라는 기관이 있었다. 이곳은 내가 일했던 곳 중에서 가장 아름다운 장소 중 하나였는데, 일을 마치고 퇴근할 때마다 일터로 되돌아가고 싶을 정도였다. 물론 업무 강도는 높았고, 힘들었고, 그래서 매우 슬펐지만, 동료와 함께 일하면서 경험한 감정은 놀라웠다. 빛이 나는 사람도 있었고, 노래를 하면서 일하는 사람도 있었고, 시간을 들여 서로서로 가족의 안부를 묻는 사람도 있었고, 연락을 주는 모든 사람을 따뜻하게 맞아 주는 사람도 있었고, 주변의 절망에도 불구하고 오히려 영감을 주는 사람도 있었다.

반면, 퇴근하자마자 일하면서 경험했던 감정들을 잊어버리기 위해 샤워를 했던 직장도 있었다. 사무실 환경의 문제가 아니었다. 얼마나 많은 다문화 포스터가 걸려 있느냐에 관한 것도 아니었다. 조직 문화가 빛이나 희망, 가능성의 느낌을 주는지 아니면 부정적이고, 배타적이고, 절망감을 주는지의 문제였다. 조직 문화에 영향을 끼치는 많은 요인이 있는데, 비합리적인 규칙, 비상식적인 인사 정책, 그리고 비효율적인 리더십까지 다양하다.

가정폭력 추방 운동을 오랫동안 이끌어 온 베스 리치(Beth Richie)는 시간이 지나면서 점차 조직 문화가 변질된 사례를 들려 주었다. 리치는 여성과 어린이를 위한 쉼터에 갔다가 우연히 부엌에서 실무자가 어린이에게서 바나나를 빼앗는 것을 보게 되었다. 실무자는 "미안하지만 어린이에게 줄 바나나는 없어."라고 말했다. 이해할 수 없는 순간이었다고 리치는 말했다. 예산이 부족해서 항상 음식이 부족했을 것이고, 그때문에 조직 문화는 본래의 목적과 근본적으로 다른 정책을 강요하도록 변질되었던 것이다.

직장에서의 트라우마 노출 반응은 종종 두 가지 모습으로 나타난다. 책임감 결여와 비윤리적 행동이 그것이다. 『뉴욕타임스』는 2000년에 케리 샌더스(Kerry Sanders)의 이야기를 소개했다. 정신병력이 있던 케리 샌더스는 법원의 실수로 같은 성을 가진 탈주자로 오인되어 공원 의자에서 잠을 자다가 체포되어 무고하게 2년 동안 복역하게 되었다. 기자는 경찰관, 상담자, 교도관, 보호관찰관, 변호사 등을 취재하면서 충격적인 이야기의 전 과정을 추적했다. 최종적으로 20명이 넘는 전문가가 어떻게 이 일이 있어날 수 있었는지, 왜 샌더스가 부당하게 감옥에서 시간을 보냈는지 증언했다.

기자는 납득할 수 있는 대답을 듣지 못했다. 검사부터 교도관, 레크리에이션 치료전문가, 정신과 의사, 간호사에 이르기까지 모든 사람이 자신의 책임을 부인했다. 그들은 샌더스의 도움 요청에 "제가 해 줄 수 있는 일은 없군요." "저는 법률구조협회가 아니에요." "그건 제 일이 아니에요. 전 그런 일을 하지 않아요"라고 대답했다. 샌더스를 치료한 교도소의 정신과 의사는 샌더스의 정신적인 문제와 노숙자 생활을 감안할 때 감옥생활이 더 나았다고 했다. 오히려 샌더스가 "2년 동안 저를 아주 잘 대해줘서 고맙습니다."라고 말해야 한다고도 했다.

이 기사는 다음과 같이 결론 내렸다. "책임과 과실의 문제, 보살핌의 질의 문제, 기념비적이고 체계적인 실패의 문제가 법정 싸움에서 지속적으로 제기되었다. 2,000페이지에 달하는 진술서에는 동정심과 분노의 표시는 거의 없었다. 그린 헤이븐(Green Haven, 샌더스가 투옥된 감옥)에서는 직원 중 누구도 무슨 일이 있었는지 알지 못했고, 누구도 묻지 않았다. 어느 날, 케리 샌더스는 그냥 사라졌다.”

　기사의 거의 모든 문단에서 개인적·조직적 단계의 트라우마 노출 반응의 실례가 나온다. 무고한 사람을 투옥시킨 비윤리적인 행동과 책임감 결핍은 트라우마 노출 반응이 기여한 요인이다. 이 일에 관련된 사람들은 비윤리적인 행동에 대해 합리화를 하고 부인을 한다. 어느 순간 그들은 스스로가 비난받지 않아야 한다고 믿게 되었다고 생각한다. 다음 해의 후속 기사에서는 뉴욕 교정본부 대변인 제임스 플라토(James B. Flateau)의 말을 인용했다. “위원장의 감정은 조사결과만큼이나 참담하지만, 직원들의 부패 혐의는 없었다. 그 건은 단지 한 번도 본 적이 없는 믿기 힘든 우연의 일치였다.” 뉴욕 교정협회, 교도소 모니터링 그룹 책임자인 로버트 간지(Robert Gangi)는 “이것은 최악의 시나리오이며, 동시에 교도소 정신건강 서비스에 대한 관심과 자원이 부족함을 반영하는 것이다.”라고 말했다.

　종종 사람들은 초심을 잃은 채 일하고 있는 자신의 모습을 보면서 트라우마 노출의 영향을 깨닫기 시작한다. 사람들이 일을 처음 시작할 때에는 대체로 애매한 일들을 처리할 수 있는 에너지를 가지고 있다. 넘겨짚었던 것들에 대해 질문할 수 있고, 가능성에 대해 열린 마음을 가지고 있고, 일을 올바르게 하는 것이 중요하다고 진정으로 믿는 에너지를 가지고 있다. 그러나 시간이 지나면서 업무의 복잡성이 드러나고, 자원의 부족함에 압도당하고, 점점 고립된 것처럼 느끼게 될 수 있다. 그 시점에 서서히 특권의식이 생기기 시작한다. 수단과 방법을 가리지 않고서도 사람들의 필요를 충족시키기 위해 노력하는 데서 오는 만족감을 간절히 바라게 된다. 그런데 만약 그것이 일의 진정성을 훼손하는 것이라면 어떠하겠는가? 그렇다고 누가 알게 될 것인가? 누가 신경이나 쓸 것인가?

　사람들은 대부분 사무실 용품을 훔치거나 돈을 횡령하지는 않는다. 하지만 이전 사례처럼, 서비스를 받는 사람들과의 관계 속에서 자신도 모르게 힘을 남용하거나, 기관이 추구하는 가치에 신경 쓰지 않게 되거나, 가치에 부합하지 않는 정책을 만들거나, 관계 기관들과 협력하기보다는 의미 없는 경쟁을 하기도 한다. 이런 행동이 습관화되면 나중에 죄책감을 느끼게 되는 주된 원인이 된다. 다음에서 트라우마 노출 반응과 우리 삶에 나타나는 구체적인 증상들을 보게 되는데, 죄책감이나 피로, 그리고 특권의식과 깊게 뿌리내린 습관들이 모두 트라우마에 장기간 노출되어 나타나는 증상이라는 것을 알게 될 것이다.

사회적 힘

트라우마 관리를 완전히 이해하려면 우리의 관점을 보다 멀리 가져가야 한다. 사회가 어떻게 트라우마 노출 반응과 연결되는지 알아보자. 고통이 없는 사회를 만들고 재생하겠다는 희망을 깨닫기 위해서는 거시적인 관점을 가져야 한다. 큰 그림에 대한 감각이 없다면 삶과 일터의 환경 개선을 위한 대화, 함께 만들어 가기 위한 대화를 나누는 것이 불가능하다.

강을 청소하는 비유를 들어보겠다. 떠내려 오는 플라스틱 병이나 잔해물을 회수하여 재활용하는 것은 청소에서 필요한 단계다. 그러나 강을 관리하려면 더 많은 작업이 필요하다. 단순히 쓰레기를 줍거나 오염된 침전물을 파낼수만은 없다. 오염의 모든 원인을 확인하고 고민해야 한다. 먼저 사람들에게는 가정에서 나오는 화학물질을 분리 배출하도록 요청해야 한다. 그다음에는 상류를 살펴야 한다. 화학물질 배출 위험이 있는 공장 배수관과 오염 물질 누수 위험이 있는 정화 시설, 그리고 빗물의 오염 정도도 살펴야 한다. 먼 거리에 있는 석탄발전소가 있는 지역의 하늘도 보고, 배출 가스가 산성비로 내리는지도 살펴보아야 한다. 강을 정화시키고 유지하려면 전체 지역 주민과 기업을 대상으로 강력한 자연보호 운동을 해야 한다. 트라우마를 관리하는 일도 이와 같다. 트라우마의 원인이 되기도 하고, 지속적인 개선의 원인이 되기도 하는 수많은 힘이 있다. 개인적 차원에서, 조직적 차원에서, 또 사회적 차원에서 우리의 태도를 바꾸고 실천한다면 강변이 오염되는 일을 막을 수 있다.

조직적 억압과 해방 이론이라는 보다 넓은 생각의 틀을 가지고 트라우마 관리라는 개념을 이해할 필요가 있다. 억압은 시스템을 만들고 유지하는 데 주도적인 역할을 하는데, 이렇게 유지되는 시스템은 지각이 있는 생물과 우리가 함께 공유하는 지구의 고통과 아픔이 지속되게 한다. 이러한 관계를 잘 이해할 수 있다면 트라우마가 사람에게 영향을 미치는 방식에 대한 통찰을 얻게 될 것인데, 그 영향에는 개인으로서 받는 영향과 지구상에서 집단적으로 받는 영향이 있다.

억압은 권력의 가혹한 행사로부터 표적이 된 사람들이 경험하는 부정적인 결과로 정의될 수 있다. 이 용어는 보통 권위나 공권력 또는 사회적 규칙을 부당하게 사용하여 한 집단을 억압할 때에도 사용된다. 사회가 공식적 또는 비공식적으로 억압을 제도화한 결과를 **조직적 억압**이라고 한다. 전 세계적으로 해방 운동은 부정적인 결과를 원래대로 되돌리고, 개인적·조직적 억압의 원인을 제거하자는 운동이다.

최근 수십 년간, 많은 해방 운동 사상가가 토착화되어 목소리를 높이고 있다. 그들은 해외에 나가 자유 운동을 하고 전 세계적인 환경 정의 운동에 참여하고 있다. 예를 들면, 페루의 가톨릭 성직자이자 해방 신학자였던 구스타보 구티에레스(Gustavo Gutiérrez) 신부님이 있고, 고인이 된 브라질의 교육가 파울루 프레이리(Paulo Freire)가 있다. 또 토착민의 토지권 옹호자이자 노벨평화상 수상자인 과테말라의 리고베르타 멘추 툼(Rigoberta Menchú Tum)이 있고, 남아프리카 반인종차별 활동가이자 신학자였던 알렌 보에삭(Allan A. Boesak)이 있다. 인도의 생물물리학자이자 환경 윤리학자인 반다나 시바(Vandana Shiva) 등 많은 사람이 있다.

조직적 억압의 한 예로 **구조적 폭력**이 있다. 이 개념은 1970년대 노르웨이의 평화와 분쟁 연구의 선구자이자 국제평화연구소 설립자 요한 갈퉁(Johan Galtung)에 의해 소개되었다. 그는 구조적 폭력이 사람의 기본적인 욕구 충족을 막음으로써 사람을 천천히 죽이는 사회 구조나 사회 제도처럼 조직적인 방법에 부합하는 권력의 한 형태라고 설명했다. 예를 들면, 일상화된 엘리트주의, 자민족 중심주의, 계급차별주의, 인종주의, 성차별주의, 성인중심주의, 민족주의, 이성애주의, 그리고 연령차별 등이 있다. 사회적으로 지배당하거나, 정치적으로 탄압당하거나, 경제적으로 착취당하는 사람은 수명도 짧아진다. 구조적 폭력과 직접적 폭력은 함께 나타나는 경우가 많다. 구조적 폭력은 필연적으로 갈등과 직접적 폭력을 조장하는데,

직접적 폭력의 예로는 가정폭력, 인종폭력, 혐오범죄, 테러리즘, 집단학살, 그리고 전쟁 등이 있다. 미국의 의료 인류학자이자 국제 건강과 사회 정의 기구인 파트너스 인 헬스(Partners In Health)의 설립자인 폴 파머(Paul E. Farmer)는 "구조적 폭력은 과학 발달의 혜택을 누리지 못하고 사회적 과정에 참여하기 어려운 사회적 취약 계층에게 가해진다."라고 했다.

"개인적으로 말하자면 내 인생에 좋은 날은 없었어.
그리고 난 좋은 인생을 살았다는 개를 만나 본 적도 없어."

만약 우리 사회가 공평과 존중 그리고 접근권과 정의가 구현되고, 불로소득과 불평등 그리고 억압이 사라진다면 트라우마 노출에 대한 영향은 상당히 다르게 나타날 것이다. 물론 고통은 여전히 존재할 것이고, 사람들의 상처는 계속될 것이고, 질병에도 걸리고, 서로를 다치게도 할 것이다. 다만, 다른 점이 있다면 부상이나 질병, 그리고 상처 주는 행동이 주는 딱 그만큼의 고통만 다루면 된다는 것이다. 그 고통의 배경에 무엇이 있는지 고민하지 않아도 된다. 경제적 빈곤이 있는지, 인종차별을 당하고 있는지, 성소수자로서 차별을 받고 있는건지 살피지 않아도 된다. 고통의 밑바탕에 차별로 인한 유익이 있는지, 아니면 그때문에 더 상처를 받는지 알아볼 필요도 없어진다. 차별을 막기 위해 어떤 행동을 해야 할지, 차별 때문에 고통당하는 사람을 나무라야 할지, 아니면 둘 다 무시해야 할지 고민할 필요도 없게 된다.

이런 이상적인 사회에서는 우리가 하는 일에 대해서도 다르게 반응할 것이다. 만약 누군가에게 트라우마를 치료한다고 이야기했는데, 가던 길을 멈추고 눈을 바라보면서 감사를 표현하고 기부를 하겠다고 한다면 트라우마 관리는 지금보다 훨씬 나은 평가를 받게 될 것이다. 이상적인 사회라서 트라우마를 거의 경험해 보지 못한 사람들로 가득하다면 트라우마에 대해 끊임없는 질문을 하는 바람에 정상적인 대화가 불가능해질수도 있고, 트라우마와 같은 비극이 발생한다는 것을 믿지 못하는 사람들 때문에 어쩔 수 없이 우리가 하는 일을 숨겨야 할 수도 있다. 그러나 이와 반대로 트라우마에 대한 혐오감 때문에 우리에게 "당신은 처… 처… 처… 천사군요! 저라면 절대로 못할 것 같아요!"라고 말하는 사람들이 많다면 트라우마 관리 비용은 매우 높아질 것이다.

예를 들면, 노인을 돌보는 일에 대한 비용을 들 수 있다. "간병인 스트레스는 노인과 노인을 돌보는 사람에 대한 사회적 시각과 직접적인 관계가 있다."고 노인의 료계획 전문가인 비탈리아노가 CNN 르로이의 기사를 통해 말했다. "오늘날 노인을 돌보는 일은 사회적 부담처럼 여겨진다. 만약 사람들이 노인을 돌보는 일을 돕고자 노력하고, 긍정적인 사회적 기대가 조성됐다면 노인을 돌보는 사람들이 고립되는 고통을 덜 받았을 것이라고 비탈리아노가 말했다. 결과적으로, 돌보는 사람과 요양 시설에 의해 학대당하고 방치되는 노인과 장애인의 수도 적어졌을 것이다."고 전했다.

연구자이자 트라우마 전문가인 베셀 반 데어 콜크(Bessel A. van der Kolk)와 알렉산더 맥팔레인(Alexander C. McFarlane)은 "사회가 트라우마로 고통받는 사람들을 대할 때 합리성과 객관성을 가지려고 하면 안 된다. 그러나 사회의 반응은 대체로 보수적인 자극인 것으로 보인다. 이 자극은 세상이 근본적으로 정의롭고, 사람은 모두 자기 인생을 책임질 수 있고, 나쁜 결과는 나쁜 짓을 한 사람에게만 일어난다는 신념을 유지시켜 준다."고 했다.

이런 비합리적이고 방어적인 '보수적인 자극'이 조직의 시스템에 적용되는 것을 수없이 보았지만, 아동보호서비스 종사자들과 소방관들보다 심한 경우는 보지 못했다. 두 직종 모두 험하고, 무섭고, 힘든 직종이다. 그러나 이 둘을 대하는 사람들의 반응은 확연히 다르다. 아동보호서비스 종사자는 모든 사람으로부터 미움을 받는다는 부담감을 가지고 있다. 반면, 소방관은 구조자와 영웅이라는 좋은 이미지가 있다. 이러한 대조는 우리가 언급하는 개인, 조직, 그리고 사회의 모든 단계에 적용된다.

조직적 억압에 대한 논의에는 몇 가지 기초가 있다. 억압은 오해, 소외, 우리/그의 이분법을 초래한다. 사람들은 다치고, 성폭행을 당하고, 아프고, 중독된 사람들에 대한 선입견을 가지고 있어서 트라우마 관리에 대해 이야기할 때 불편해하기도 한다. 트라우마 관리에 대한 사람들의 부정적인 반응은 트라우마 노출의 영향을 더욱 심하게 만든다. 부정적인 반응은 고립감을 증가시키고, 고립감은 조직적 억압을 단단하게 하기 때문이다. 물론 우리는 스스로 고립되는 것을 유지하기도 한다. 예를 들어, 에너지가 없을 때 논쟁이 시작되면 우리는 우리가 하는 일에 대하여 말하는 것을 피한다. 다른 사람들이 이해하지 못할 것이라고 생각해서 적당히 둘러대거나, 비판적이거나, 무시하는 느낌이 들어 방어적으로 반응할 때도 있다. 유기 동물을 구조하거나, 환경 운동을 하거나, 도서 지역의 사랑을 돌보는 일을 하고 있는데, 사람을 돕는 긴급한 일도 많은데 왜 그런 일을 하고 있느냐고 할 때도 마찬가지다.

잠재적으로 문제가 될 수 있는 상호작용을 피하면서 혼자 있는 것은 거의 불가능에 가깝다. 베셀 반 데어 콜크와 알렉산더 맥팔레인은 『트라우마 스트레스(Trauma stress)』라는 책에서 "개개인은 전체 문화에서조차도 냉엄한 현실에 대한 의식을 유지하기 위해서 정교한 방어성을 쌓는다."라고 적었다. 이 책을 쓰면서 나는 방어적이 되지 않으려고 노력했다. 나의 목표는 트라우마 노출 반응이 얼마나 큰 영향을 미치는지 그리고 트라우마 관리가 얼마나 중요한지 독자에게 알려 주는 것이다. 나는 지금 여러분이 살고 있는 마음이라는 나라에 지도책을 그리고 있다. 비록 정확한 위치는 아직 모르지만, 큰 지역의 경계선의 스케치는 했다고 볼 수 있다. 그리고 2부에서는 여러분이 있는 위치에 대한 정보를 제공할 것이다.

$$\left[\begin{array}{l} \text{🌸 신디 페리(Cindy Parry)의 이야기(미주리주 오자크)} \end{array} \right]$$

- 현직: 항공 의료 구조대 임상 자원 관리자, 도서 지역 헬리콥터 응급 구조 대
- 전직: 응급 구조사, 간호사(응급실, 회복실, 항공기), 분만 지도사, 지역 활동가

저는 괜찮았습니다. 아니 사실은 솔직히 말하면 환자들을 돌보는 것에 지쳐 있었습니다. 호흡기를 낀 채 아무 말 못하는 환자가 가장 좋았으니까요. 아마도… 일을 그만둬야 할 때였던 것 같습니다.

제 이야기를 해 볼게요. 처음 응급 구조사로 일하기 시작했을 때, 저는 몇 안 되는 여성 구조 대원이었습니다. 그래서 저는 더 열심히 해야 한다고 생각했습니다. 주방의 열기를 견딜 수 없는 사람은 주방에서 일할 수 없는 것처럼, 트라우마 노출 반응을 참아 낼 수 없다면 일을 할 수 없다고 생각했습니다. 당시에는 디브리핑(debriefing)이나 트라우마 노출 반응에 대한 인식이 별로 없던 시기여서 관리를 할 수 있다는 생각은 하지 못했습니다.

제가 일을 하다 하다 지쳐서, 이제 일은 할 만큼 충분히 했다고 느꼈던 날이 지금도 생생하게 기억납니다. "됐어. 다 필요 없어. 이젠 정말 끝이야!"라고 생각했습니다. 과중한 업무가 제 삶에 어떤 영향을 미쳤는지를 깨닫게 되었습니다. 아직 마무리하지 못한 업무가 쌓여 있는데, 새로운 업무가 주어지고 있었어요. 환자는 밀려오고, 전화는 계속 울리고 있었습니다. 그 상황에서 저는 오토바이 사고 현장으로 출동해야 했습니다. 현장에 도착해 보니 운전자는 이미 사망했고, 사체는 몇 조각으로 나뉘어 있었습니다. 저는 동료가 응급 구조용품들을 사방에 펼쳐놓은 것을 보고 짜증이 났습니다. 뒷정리는 항상 제 몫이었으니까요. 저는 동료의 카메라를 가져다가 사방에 펼쳐놓은 구

조용품들을 찍었습니다. 나중에 동료가 이 사진을 보게 되면 웃을 것이라고 생각했어요. 며칠이 지나고 나서 저는 '이제 그만 다른 직업을 찾아야겠다'는 생각을 하게 됐습니다.

응급 구조 업무를 할 수 없었기 때문이 아닙니다. 왜냐하면 저는 아주 잘해 내고 있었거든요. 쉴 때는 일에 대한 생각을 완전히 지워 버릴 수 있었기 때문에 계속해서 일을 할 수 있었습니다. 트라우마를 견디지 못하고 그만두는 동료들을 보면서 저는 이런 생각도 했습니다. '나는 저렇게 되지 말아야지. 똥멍청이들.' 그런데 그 오토바이 사고가 제 생각을 바꾸는 결정적인 순간이었어요. 물론 이 사고보다 더 처참했던 현장들도 많이 있었습니다. 다만, 제가 동료의 카메라를 꺼내들고 사진을 찍으면서 재미있는 일이 될 수 있다고 생각했다는 것이 섬뜩하게 다가왔습니다. 스스로 '도대체 뭐하는 짓이야?'라는 생각이 들면서 제 자신이 싫어졌습니다.

응급 구조사 일을 그만두고 저는 미주리 남부 지역으로 이사를 했습니다. 그곳은 현장직이 아니면 돈을 벌기가 쉽지 않은 곳이었습니다. 저는 더이상 응급 구조사 일을 하고 싶지 않았기 때문에 간호 조산사 교육을 받아야겠다고 생각했습니다. 훈련을 통해 이미 일하는 방법은 알고 있었고, 학위과정만 마치면 됐으니까 병든 어머니를 돌보면서 학교를 다닐 수 있었습니다. 저는 응급 구조만 아니면 무슨 일이든 할 수 있을 것이라고 생각했는데요. 막상 일을 그만두고 보니 제가 응급 구조를 사랑했던 이유들이 떠올랐습니다. 저는 다양성을 좋아했어요. 실질적인 것이 좋았고요. 생명을 살린다는 것이 가장 좋았습니다. 생명을 살릴 수 있다는 것은 정말 놀라운 일이었죠. 도저히 살아날 수 없을 것 같은 누군가가 다시 살아날 수 있도록 돕는다는 것은 비록 일부분이지만 제가 조금이나마 도움이 된다는 느낌은 정말 매력적입니다. 그래서 다시 돌아가기로 했고, 항공응급 구조대에서 일을 하게 됐어요.

응급 구조를 하면서 생긴 변화가 있는데, 누구를 만나든 곧 부상이라도 당할 것 같다는 생각을 하게 됐습니다. 이전보다 더 냉소적이 됐어요. 저는 사람이 얼마나 쉽게 다칠 수 있는지를 잘 알게 됐습니다. 저는 일을 하면서 이런 생각을 합니다. '이 사람의 삶이 영원히 바뀌는 날이다. 이 가족의 삶이 영원히 바뀌는 날이다.' 저는 응급 구조가 사람들에게 끼치는 영향에 대해 이전보다 더 많이 깨닫게 되었습니다. 이전에는 '넌 그저 부러진 팔을 치료하고 있을 뿐이야.'라고 생각했고, 그렇게 생각하면 일하기가 쉬웠습니다. 그런데 단지 신체의 일부를 치료하는 것이 아니라 사람을 만나고 있고, 한 가족을 돕고 있다는 것을 생각하면서 일을 하게 됐어요. 솔직히 이렇게 생각하면서 일하는 것은 많이 어려웠어요. 제 자신이 온전히 함께해야 하니까요.

제가 본받고 싶은 사람 중에 응급 구조 업무를 오랫동안 해 오신 분들이 계십니다. 그분들은 일을 하면서도 온전히 자기 자신을 지키는 사람들이었습니다. 어떤 면에서는 열정적이기도 하고, 어떤 면에서는 온정적이기도 한 것 같습니다.

환자의 가족을 보면 '나를 더이상 괴롭히지 않았으면 좋겠다'는 생각이 먼저 들면서 마음이 힘들어졌어요. 응급실과 중환자실, 중환자관리실에서 일하는 간호사들은 끝없는 업무에 시달리거든요. 많은 서류 작업과 보고서 작성을 해야 해요. 그 상황에서 환자의 가족까지 챙긴다는 것은 정말 어려운 일이었어요. 그러면 해야 할 일들이 더 많이 쌓이게 되니까요. 간호사들은 환자는 문제가 아니고 핵심이라고 서로 농담을 하곤 하는데, 힘들게 하는 환자 가족만 없으면 이 직업도 나쁘지 않다는 농담을 하곤 했습니다. 저에게 또 다른 어려움은 상황을 통제하는 것이었어요. 간호사인 저도 상황을 통제하고 싶어 하고, 환자도 상황을 통제하고 싶어 하고, 환자 가족은 더 많은 정보를 요구하면서 또한 상황을 통제하고 싶어 했죠. 그리고 간호의 영역이 확대되어 갈수록 간호사의 업무도 증가했고요. 업무가 많아질수록 서비스의 질은 낮아질 수밖에 없었던 것 같아요. 행정 업무도 많아지고, 의료 보험 업무도 많아지고, 환자를 돌보는 일은 더 많아졌으니까요.

제가 다시 돌아와서 지금까지 일을 지속할 수 있었던 것은 환자를 직접 돌보는 일이 아니라 옆에서 지원하는 일을 하고 있기 때문인 것 같아요. 제가 특별히 분별력이 있다거나, 항상 균형 잡힌 삶을 살고 있는 것은 아니지만, 그렇게 살려고 노력합니다. 마음의 여유가 생기니까, 직장까지 가는 길은 참 아름답다는 것을 알게 됐습니다. 저에게는 아름다운 자연과 좋은 이웃들이 있고, 서로 연결된 삶을 살려고 합니다.

저는 5개월 전에 현장직에서 행정직으로 옮겼어요. 전 제가 현장을 그리워할 것이라고 생각했습니다. 회복실에서 함께 일했던 동료들을 사랑했거든요. 동료들은 회복실을 간호사들이 죽어 나가는 곳이라고 불렀습니다. 그들은 똑똑하고, 재미있고, 자기 일을 잘해 냈으며, 전 그들에게 많은 것을 배웠습니다. 마치 친구들과 하루 종일 함께 보내는 것 같았어요. 그러나 전 환자를 돌보는 것에 지쳐 있었고, 체력적으로도 힘들었습니다. 가끔은 응급 구조에 다시 마음이 끌리기도 합니다. 비가 많이 오거나 추운 날에는 끔찍한 사고가 발생하는데, 시골 지역에서는 다양한 사고가 납니다. 어떤 때에는 항공응급 구조대가 생사 여부에 대한 결정을 내려야 하는데, 저는 더이상 그 결정을 내리는 사람이 아니라서 다행이라고 생각합니다. 제가 정말 그리워했던 것은 환자를 돌보는 것보다는 동료들과의 우정이었습니다. 가끔은 "우리 정말 잘해 냈지?"라고 말하는 아드레날린 중독 상태가 그리웠습니다. 혼란스러운 상황을 정리할 때 주어지는 쾌감이 그리웠어요.

처음 응급실 간호사가 되려고 했을 때가 기억납니다. 저는 콜로라도에서 걸스카우트 캠핑 중이었습니다. 천둥 번개가 쳐서 사람이 다쳤는데, 항공응급 구조대가 환자를 구조하러 왔습니다. '멋있다. 나도 응급 구조대가 되고 싶다. 재미있을 것 같아.'라고 생각했고, 전 응급 구조 간호사가 됐습니다. 정말 신나는 일이었어요. 제가 왜 응급 구조를 하게 되었는지 돌이켜 보면 이해되는 부분이 많아요. 저는 통제하는 것을 좋아했고, 무언가를 고치는 것을 좋아했죠. 저는 구분하고 분류하는 일을 아주 잘했어요. 아주 건강한 것은 아니지만, 마치 제 자신이 아닌 것처럼 냉정하고 차분하게 일하는 능력이 강해졌어요.

물론 항상 잘 됐던 것은 아니었지만요. 제가 항공응급 구조대에 들어왔을 때의 옛 기억들이 떠올랐어요.

제겐 잊을 수 없는 소년이 있습니다. 자동차 사고가 나서 우리가 현장에 도착했을 때 16세 정도의 소년은 이미 사망한 뒤였어요. 소년의 어머니가 현장에 나타났고, 우리가 소년을 시체 가방에 넣고 있는데, 어머니는 비명을 질렀습니다. 비통함이 느껴졌어요. 그래서 저는 하늘을 올려다 보았습니다. 무척 아름다웠어요. 맑은 밤하늘에 아름다운 별들. 저는 이런 생각을 했습니다. '어떻게 이런 일이 동시에 일어날 수 있는 거지?'

그 사건은 벌써 15년 전의 일이고, 저는 그 소년에 대한 기억을 간직하고 있습니다. 제가 그렇게 했지만, 다시 생각해 보아도 충격적이었습니다. 저는 소년의 어머니도 기억하고 있어요. 어머니는 장례를 치른 후 응급실에 와서 사망한 아들의 사진을 보여 주었습니다. 저는 그때 '이 자리에 있는 것도 원치 않고, 사진도 보고 싶지 않아.'라고 생각했어요. 몇 년이 지나 그녀는 다시 왔고, 제 기억은 다시 생생해졌습니다. 저는 다른 사건의 사진들을 볼 때에도 그 소년과 어머니가 떠올랐습니다. 기차가 그려진 잠옷을 입고 있던 18개월의 아기와 임신 8개월이었던 아이의 엄마도 기억납니다. 그녀가 병원에 도착했을 때 저는 완전한 무기력을 느꼈어요. 그들에게 무슨 말을 해 줄 수 있을까? 저는 할 수가 없었어요. 당신 아이를 살릴 수 없어요. 미안합니다.

생각하고 싶지 않은 기억을 꺼내는 사람은 언제나 그들의 부모입니다. 살리지 못한 사람들은 기억에서 사라지지 않고 영원히 남아 있는 것 같아요. 가족에게는 어떤 일이 일어나는지, 그리고 어떤 의미가 있는지 궁금합니다. 만약 제 아이나 손주에게 사고가 생긴다면 저는 아마 쓰러지고 말겠죠. 어쩌면 제 삶이 끝난 것처럼 느껴질 것 같습니다. 시골 사람들은 모두 연결되어 있는데, 저는 임산부 한 명과 그녀의 어머니, 그리고 몇 명의 친척이 동시에 응급실에 실려온 일을 기억합니다. 응급 제왕절개 수술을 했지만 아기는 죽었고, 어머니도 죽었고, 친척 여성도 죽었습니다. 그리고 남편이 걸어들어왔을 때, 모든 여자 분이 사망했다고 말해야 했어요. 그 사실을 어떻게 알려야 할까요?

저는 제게 해리 증상이 나타나는 것을 어느 정도 방치했습니다. 온전한 정신을 가져서는 도저히 응급 구조 업무를 지속할 수 없었어요. 물론 직업을 위해서 자기 자신을 버릴 필요는 없다고 생각합니다. 참 슬픈 일이죠. 응급 구조를 하려면 숙련된 인력이 필요한데, 숙련된 전문 인력은 빠르게 소진됩니다. 저는 주어지는 일들을 모두 다 해낼 수 없다는 사실을 받아들였어요. 물론 응급 환자를 방치해서도 안 되겠지만, 그렇다고 제가 모든 일을 다 할 수는 없다는 것도 깨달았죠. 사람들이 현장에서 경험하는 감정을 나약하다거나 정신 나간 것 같다는 식으로 낙인찍지 않고, 그 감정을 잘 표현하고 또 잘 수용되는 분위기가 조성된다면 보다 많은 전문 인력이 건강하게 장기간 동안 업무를 지속할 수 있다는 것도 깨달았습니다. 이제 저는 더이상 하루에 12시간씩 근무를 하지는 않을 생각이에요.

저는 이제 더이상 환자를 신체의 일부로 보지 않습니다. 이제는 제가 하는 일에 더욱 열정을 가지기 위해 의식적으로 노력하고 있기도 합니다. 아마 응급실에서 일했던 경험 때문에 제가 이런 노력을 하게 된 것이겠죠. 이제는 힘들게 일하는 응급 구조 대원들에게 연민을 느낍니다.

제2부
트라우마 노출 반응 지도 만들기

- 03_트라우마 노출 반응이란 무엇인가
- 04_트라우마 노출 반응의 16가지 위험 신호

트라우마 노출 반응이란 무엇인가

지난 주까지는 괜찮았다. 그러나 약초를 따서 소독약을 만들어야 하는 날들이
수개월 동안 끝도 없이 반복되었고, 그러다가 문득 정신이 들었다. 내가 다시 정
상적인 삶으로 돌아갈 수 없을 것 같아서 정말로 두려워졌다.

— 모 오브리언(Mo O'Brien), 허리케인 카트리나가
뉴올리언스를 강타한 후 처음으로 병원을 운영한 재난의료지원팀 의사

오랫동안 지속적으로 고통받는 사람과 환경을 돌보려면 트라우마를 관리하는
일이 어떤 영향을 끼치는지 이해해야 한다. 트라우마에 노출될 때 사람의 감정이
나 행동이 어떻게 바뀌는지를 알고, 우리 자신을 정직하게 평가해야 한다. 일반적
으로 트라우마 노출 반응이란 다른 생물이나 지구의 고통에 노출된 결과로서 내면
에서 일어나는 변화라고 정의된다. 이런 변화는 트라우마를 예상하고 접촉을 했
든, 모르는 상태에서 접촉을 했든, 공식적인 접촉이든, 비공식적인 접촉이든, 돈을
받고 일을 하는 것이든, 자원봉사자로 돕는 것이든 상관없이 트라우마에 노출되면
누구에게나 나타날 수 있다. 트라우마 노출 반응이라고 하는 것은 트라우마 관리
라는 일의 결과로서 마치 내가 이전에 알던 세상과는 전혀 다른 세상에 와 있는 것

처럼 보이고 느끼는 현상에 대한 이야기다.

다른 사람을 돕는 직업을 가진 사람들은 너무나도 쉽게 트라우마에 노출되기 때문에 트라우마 노출 반응에 대해 배울 때 방어적이 되거나 압도당하는 감정에 빠지기 쉽다. 트라우마 노출 반응이 존재하는 것을 인정한다는 것은 자신이 바라는 것처럼 트라우마가 관리되고 있지 **않다**는 것을 깨달았다는 것이다. 트라우마를 완화시키고 싶다면 근본적인 수준에서의 변화가 필요하다. 그러나 이미 한계까지 스트레스를 받은 사람에게는 공포스러울 수도 있고, 불가능한 일처럼 여겨질 수도 있다.

트라우마 노출 반응을 제대로 평가하는 것은 중요하다. 왜냐하면 자신의 업무가 자신에게 미치는 영향은 자신이 미래에 해야 할 일에도 직접적인 영향을 미치기 때문이다. 일과 자기 자신과의 관계는 자기 내면의 삶뿐만 아니라 타인과의 관계에도 영향을 미친다. 이 영향을 제대로 인식하지 못하면 피해의 악순환을 만들어 삶 전체를 뒤집어 놓을 수도 있다.

트라우마 노출 반응은 외부의 트라우마가 내부의 현실이 될 때 발생한다. 일의 결과로서 노출 반응이 나타난다면 알아차리지 못할 수도 있다. 대신에 고통은 사람의 심리적·육체적 반응을 바꿀 수 있고, 심지어 세계관을 바꿀 수도 있는데, 그런 생각을 전혀 하지 못하고 살아갈 수도 있다. 다른 사람을 돕는 사람들은 마치 자신이 목격한 충격적인 경험으로부터 면역력이 생길 것이라고 생각하기도 하는데, 사실은 그렇지 않다.

트라우마가 신경계에 미치는 영향에 대해 연구하는 트라우마 자원 연구소(Trauma Resource Institute)의 공동 설립자이자 연구자, 교육자인 로리 리치(Laurie Leitch)는 2004년 쓰나미 직후 태국으로 갔다가 그곳에 온 실무자들과 자원봉사자들을 보고 깜짝 놀라고 말았다. 많은 사람은 자신을 타인을 돕는 마음이 특별히 넓은 영웅이라도 되는 것처럼 생각하고 있었다. 마음을 넓게 열고 사람들을 돌보면 그만큼 트라우마에 노출되는 상황이 몸, 즉 신경계에 영향을 미친다. 몸이 신호를 보내기 전까지는 괜찮다고 여기는데, 그래서 현장에서는 괜찮다고 생각하지만 집에 가면 악몽을 꾸고, 두통이 생기고, 짜증이 나는 것이다. 인도주의적 활동이 좋은 일인 것은 맞지만, 사람들의 영혼뿐만 아니라 전체 신경계에도 영향을 미친다는 것을 인식해야 한다.

조지아 주립대학교(University of Georgia)의 브라이언 브라이드(Brian Bride)는 최근 연구에서 타인의 트라우마에 노출된 사회복지사가 외상 후 스트레스 장애를 경험할 가능성이 2배나 높다는 것을 밝혀 냈다. 브라이드는 2차 트라우마의 많은 증상을 찾아냈다. 그리고 사회복지사가 2차 트라우마를 경험하는 비율이 높다는 사실과 본인이 트라우마의 영향을 받고 있다는 것을 모르고 있다는 사실도 밝혔다. 브라이드가 말하길 "사회복지사들은 소진에 대해서 알고 있고, 자신을 스스로 돌보아야 한다는 것도 알고 있다. 그러나 외상 후 스트레스 장애에 대해서는 알지 못한다."고 했다.

트라우마 노출 반응이란 무엇인가? 정확히 어떻게 나타나는 것일까? 4장에서 16가지의 트라우마 노출 반응에 대해 살펴볼 것이다. 노출 반응은 연속선상에서 나타나는 경우가 많다. 어떤 변화는 매우 경미하여 본인이나 친구들조차 알아차리지 못할 수도 있지만, 어떤 변화는 매우 극적이고 삶이 바뀔 정도로 크다. 트라우마 노출 반응은 사람마다 매우 다르게 나타날 수 있다. 어떤 방식으로라도, 증상이 나타나고 있다면 우리는 노출 반응의 유형을 자각할 수 있고 또 다룰 수 있다.

우리의 감정과 행동은 상당히 명확하지만, 그 원인이 트라우마에 노출된 것 때문이라는 것을 증명하는 것은 쉽지 않다. 남아프리카 대주교이자 반인종차별 활동가인 데스몬드 투투(Desmond Tutu)는 미국 공영 라디오의 레이 수아레즈(Ray Suarez)와 인터뷰를 했는데, 투투는 트라우마를 간접적으로 경험하는 사람도 일상에서 현실 감각 유지가 어려워질 수 있다는 충격적인 사례를 이야기했다. 그는 남아프리카의 인종 차별 사태 이후에 설립된 진실과 화해위원회[2]의 공청회 기간 동안 일어난 오싹한 장면에 대해 이야기했다. 그는 증언을 기록하는 속기사 옆에서 일하고

---

2 역자 주: 남아프리카공화국이 인권 침해 등 과거사 청산을 위해 설립한 기구

있었는데, 그녀의 손은 눈물로 흠뻑 젖어 있었다고 했다. 그녀는 자신이 눈물을 흘리는지도 모른 채 증언을 기록하기에 여념이 없었다고 했다.

그 속기사처럼, 사람들은 대부분 자신을 유지시키는 대응기제를 발전시킨다. 그 당시에는 자신을 유지시켜 주지만, 그 순간을 벗어나면 그 대응기제는 더이상 도움이 되지 않는다. 시간이 지나고, 환경이 변하고, 사람도 개인적으로 성장함에도 불구하고, 사람들은 그 순간 가장 효과적인 대처 기술을 사용한다. 어쩌면 우리는 대응기제의 전문가라고 할 수 있을 것이다. 어떤 대응기제는 부모님에게 물려받은 것도 있을 것이다. 그런데 문제는 어떤 대응기제를 사용하더라도, 그 순간을 벗어난 뒤에는 효과가 없어지고, 결국 우리는 쓰러지게 된다.

사람들은 자기 마음을 상처로부터 지키기 위해 마음속에 요새를 만들기 시작한다. 방어탑을 만들어도 트라우마는 계속 다가온다. 성 주위에 도랑을 파고, 악어 몇 마리를 집어넣고, 무기를 배치하고, 성벽을 높게 쌓을 것이다. 하지만 시간이 지나면 자신을 보호하기 위해 만든 성 안에 자신이 갇힌 것을 깨닫게 될 것이다. 쉽지는 않겠지만, 자신이 살아남기 위해 노력했던 것이 오히려 자기를 파괴하고 있다는 것을 인정해야 한다. 그래야 우리는 자유를 주는 열쇠를 찾을 수 있다. 자유를 주는 열쇠를 찾으면 우리의 요새를 해체하고, 악어들을 돌려보내고, 무기는 녹여서 쟁기로 재활용할 수 있다. 우리 마음이 상처를 회피하기보다는 천천히 직면할 수 있도록 훈련해야 한다.

트라우마 분야의 선구적인 연구자이자 심리학자로서 신체 경험의 개념을 주창한 피터 레빈(Peter Levine)은 그의 책 『잠자는 사자를 깨워라(Waking the tiger)』에서 "현대 사회에서는 인지 능력의 발달이 신체 반응의 발달보다 생존에 더 유리하다. 그 결과 자연스럽고 본능적인 반응과 인지 반응이 일치하지 않는 경우가 많아졌다. 그래서 자기 반응을 잘 인지하는 사람이 스스로 동물적인 감각을 가졌다고 자랑스럽게 이야기하는 경우도 있다. 하지만 우리가 직면하는 근본적인 어려움은 현대 사회의 변화가 매우 빠르게 진행되는 반면, 인간의 신경 반응은 느리게 발달한다는 것이다. 자기 자신과 더 많이 교감하는 사람이 트라우마를 잘 극복한다는 사실은 결코 우연의 일치가 아니다."라고 했다.

레빈의 의견처럼, 많은 사람은 자신의 감정을 부인하고 거부하면서 살아간다. 트라우마 노출 반응이 어느 정도의 대응 능력을 키워주고, 기관과 사회의 지지를 받게 해 줄 수도 있다는 점을 기억할 필요가 있다. 또 이와 동시에 다음과 같은 관점에서도 생각해 볼 필요가 있다. "트라우마 노출 반응은 가장 깊고, 가장 솔직한 나 자신(self)에게 어떤 영향을 미치는가? 이 반응은 내가 돕는 사람들에게 어떤 영향을 미치는가? 얼마나 지속적으로 영향을 미치는가? 효과적으로 반응하는 방법은 무엇일까?"

트라우마 노출 반응을 부인하는 많은 이유가 있다. 많은 간병인은 자기 일을 힘들어 하는 것만으로도 죄책감을 느낀다. 왜냐하면 죽어 가는 사람 앞에서 건강한 사람이 불평을 하면 안 된다고 생각하기 때문이다. 시에라리온(Sierra Leone)에서 일하는 한 환경보호 생물학자는 "나는 고통이 내 인생에 영향을 끼친다는 것을 절대로 인정하고 싶지 않았다. 그렇게 되면 고통받는 사람들에게 주어야 할 관심이 분산될 수 있고, 또 그들의 고통이 대수롭지 않게 보일 것 같기 때문이다."고 나에게 말했다. 사람들은 스트레스를 받는다고 느끼는 것은 나약함의 신호이고, 스트레스쯤은 당연히 극복할 수 있어야 한다고 생각하는 것 같다.

은밀한 이야기를 하자면, 많은 사람은 일이 힘들다는 것을 인정하는 것이 마치 닫을 수 없는 문을 여는 것처럼 느낀다. 강인함이 미덕인 조직에서는 괜찮은 척해야 인정받을 수 있다. 한 지역사회 활동가는 "나는 우리 활동가들 모두가 도움을 받아야 한다고 생각한다."고 말했다.

트라우마 노출 반응이 존재한다는 사실에 대해 마음을 여는 것은 트라우마 관리를 위한 아주 중요한 단계다. 내가 여러분이 트라우마 노출로 고통받고 있는지 알 수 있는 방법은 없지만, 여러분이 일을 하면서 트라우마에 노출되었을 가능성이 있다는 것을 자각하고 스스로 살펴보기를 권한다. 개방성(openness)은 대단히 중요하다. 미국의 재즈 색소폰 연주자인 브랜포드 마샬리스(Branford Marsalis)는 "자유는 현실에 존재한다."고 했다.

지속적으로 현재의 순간으로 돌아오고 또 돌아오면 트라우마 노출 반응을 잘 알아차릴 수 있게 되고, 더 나아가 도움이 될 수 있는 것이 무엇인지 알게 된다. 적절한 관심을 주지 않는다면 트라우마 노출 반응은 사라지지 않는다는 것을 자각하고 또 자각하는 지속적인 노력이 필요하다. 더 큰 피해를 막기 위해서는 가능한 한 빨리 노출 증상을 알아차리는 것이 좋다. 체내 수분이 부족해지면 사람은 목마름을 느끼고 수분을 보충할 수 있는데, 목마름을 느끼지 못하거나 너무 늦게 느끼게 되면 탈수 증상을 경험하게 되는 것과 마찬가지다. 알아차림을 잘하게 되면 목마름의 정도를 잘 느낄 수 있고 잘 대응할 수 있게 된다. 트라우마로 인한 삶의 변화 중 어떤 것이라도 일찍 알아차릴 수 있다면 트라우마가 삶에 끼치는 부정적 충격을 최소화할 수 있을 것이다. 트라우마 노출 반응의 위험 신호를 무시하는 것은 눈사태가 시작되기 전에 들리는 우르릉거리는 소리를 무시하는 것과 같다.

시애틀의 하버뷰의료센터(Harborview Medical Center)의 트라우마 센터, 태평양 북서부 1단계 트라우마 센터에서 사회복지사로 일할 때, 몇몇 의사가 자신의 감정으로부터 거리를 유지하는 것을 보고 놀란 적이 있다. 환자가 사망했을 때, 의사와 사회복지사는 '조용한 방'이라고 불리는 작은 방에 들어가 망자의 가족에게 그 소식을 전한다. 의사는 가족의 질문에 대답을 하고는 방에서 나가고, 사회복지사는 가족과 함께한다.

나에게는 마치 현실이 아닌 것처럼 느껴졌는데, 그 의사들은 망자의 가족에게 남의 일을 이야기하듯 불성실하게 이야기했다. 나는 이 상황이 매우 불편했지만, 다른 한편으로는 이해가 되기도 했다. 만약 나의 가족을 살릴 수 있는 의사가 있고, 가족을 살릴 수는 없지만 가슴 따뜻한 의사가 있는데, 둘 중 하나만 선택해야 한다면 나는 가족을 살릴 수 있는 의사를 고를 것이니까. 그 의사들과 간호사들이 위독한 환자를 살려 내기 위해 필사적으로 노력하고 있다는 것도 잘 알고 있다. 하지만 무덤덤하게 마치 남의 일을 이야기하는 듯 말하는 것은 자신을 지속적으로 지켜주지는 못한다. 결국 개인적으로 또 직업적으로 대가를 치르게 되고, 주변에 있는 사람들까지도 영향을 받게 된다.

트라우마에 노출되었을 때 사람들은 매우 다양하게 반응한다. 그중에서 가장 일반적인 반응들을 4장에서 소개하고자 한다. 다시 상기하자면 이 정보가 당신에게 어떻게 적용될지에 대해 호기심을 가지고, 심호흡을 하고, 유머감각을 유지하자. 당신이 길을 잃은 곳의 지형을 이해한다면 당신에게 가장 좋은 길을 찾을 수 있을 것이다.

트라우마 노출 반응의 16가지 위험 신호

'트라우마 노출 반응의 16가지 위험 신호'를 통해 당신의 길을 찾고 싶다면 16가지 신호에 대한 당신의 감정을 메모하는 것이 좋다. 내가 도왔던 몇몇 사람은 트라우마 노출 반응을 분석하는 것만으로도 상당히 불안해 했다. 최근 자궁암 컨퍼런스에서 트라우마 노출 반응에 대해 소개했는데, 한 참가자가 그녀의 동료에게 "내가 확신하는데 저 강사가 내 파트너랑 얘기를 나눈 게 틀림없어."라고 했다. 그러자 그녀의 동료는 "글쎄, 그럼 저 강사가 돌아다니나 봐. 나의 파트너와도 얘기를 나눈 게 틀림없는 것 같거든!"이라고 했다. 강의를 들을 때, 어떤 사람은 마치 자신이 치료 계획의 중심에 홀로 있는 것처럼 느낀다. 또 어떤 사람은 자신에게 문제가 생긴 것처럼 걱정을 한다. 어떤 사람은 자신의 감정을 주체하지 못하기도 한다. 내가 그들과 당신에게 상기시켜 주고 싶은 것이 있다. 당신에게 많은 위험 신호, 즉 증상이 있을 수 있다. 몇 가지 증상만 있을 수도 있고, 없을 수도 있다. 그런데 증상이 있든 없든 그것과 무관하게 당신이 괜찮은 사람이라는 것을 기억했으면 한다. 트라우마 노출 반응이 있다는 것은 당신이 완벽하게 정상이라는 것을 의미한다. 당신의 내부 세계와 외부 세계가 잘 연결되어 있다는 것을 의미하며, 이것은 매우 큰 축복이다. 사람이 느낄 수 있는 감정의 깊이와 넓이를 모두 다 느끼는 것도 힘든 일이지만, 반대로 감정을 느끼지 않으려고 애쓰는 것도 사람을 힘들게 한다. 자신에게 트라우마 노출 반응이 전혀 없다고 믿는 사람이 있다면 그런 사람이 트라우마로 고통받는 사람을 어떻게 공감하고 지지할 수 있을까? 자기 자신의 감정과 행동을 솔직하게 있는 그대로 바라볼 수 있는 용기를 가진 사람은 한걸음 더 성장할 수 있다. 독자 여러분은 보다 효과적인 트라우마 관리를 위한 첫걸음을 이미 내딛었다.

무력감과 절망

> 나는 파나마에서 개구리의 떼죽음을 목격했는데, 질병의 경로와 발병 시기를 예측할 수 있게 되었다. 하지만 떼죽음을 멈추거나 야생 개구리를 도와줄 수 있는 방법은 없었다. 매우 비정상적이고, 믿을 수 없는 정말 슬픈 일이었다. 이 문제를 해결할 수 없다면 더 많은 양서류가 계속해서 멸종할 것이다.
>
> — 메릴랜드 대학교 생물학부 부교수, 카렌 립스(Karen Lips)

무력감과 절망을 느끼는 사람은 아침에 "내가 왜 침대에서 나가고 있는 거지?"라는 느낌을 가진 채 일어날 수도 있다. 또한 사회나 환경이 긍정적인 방향으로 변화된다고 생각하지 않을 수도 있다. 환경보호활동가나 생물학자들이 경험하는 트라우마의 영향에 대해 연구하는 빅터 판테스코(Victor Pantesco)는 이 말이 사실일 것이라고 말했다. "지구 보호의 최전선에 있는 사람들은 지구가 빠른 속도로 대재앙을 향해 내닫는 것을 보고 있습니다. 통제할 수 있는 한계선을 넘어섰습니다. 해결 방법이 없습니다. 점점 더 심각해지고 있습니다." 아주 좋은 환경이나 조직에서 일하는 사람이라도 일을 하다 보면 긍정적인 부분은 익숙해져서 잘 안 보이게 되고, 부정적인 부분은 점점 더 명확해지게 된다. 성취, 진보, 그리고 성장의 기회는 잘 보이지 않고 지역적·국가적·전 세계적인 절망과 혼동 속에 빠져 있다고 믿게 될 수도 있다. 개인으로서는 아무것도 바꿀 수 없을 것 같은 절망감에 빠질 수 있다. 나는 과테말라에서 살았던 적이 있다. 전쟁의 황폐함이 여전히 삶에 존재하는 곳이다. 그들은 자주 "No vale la pena"라는 표현을 사용했다. 번역하자면 '고통을 받을 만한 가치가 없다'는 뜻이다. 이 표현은 나에게 강한 인상을 주었다. 전쟁과 가난이 주는 고통 속에서 만들어졌을 이 표현을 상상해 보았다. 극심한 고통 속에서 더 노력해야 할 가치가 있는 것과 없는 것을 구분하는 감각을 키워 왔을 것이다. 더 이상 남아 있는 에너지가 없는 상태에서, 희망의 밑바닥까지 내려간 상태에서 자신을 더욱 소모시킬 일이라면 그 고통을 감내할 이유가 없었을 것이다.

"내 질문은… 우리가 영향을 주기는 할까?"

유기견과 유기묘를 임시보호하는 환경과학자 커스틴 스타드(Kirsten Stade)는 나에게 무력감으로 인한 고통에 대해 이야기했다. "환경 보호 운동을 하면서 저는 무력감에 시달릴 때가 많습니다. 대재앙이라는 양동이가 있다면 제가 현장에서 일하면서 알게 되는 문제들은 그 양동이에서 아주 조금씩 흘러나오는 물방울과 같습니다. 동물을 구조하고 보호하는 일도 어려움이 많습니다. 물론 동물 구조가 즉각적이고 눈에 보이기 때문에 한 생명을 구했을 때에는 큰 보람을 느끼기도 합니다. 그런데 문제는 제가 아무리 열심히 일을 해도 위기 동물을 모두 구조할 수는 없다는 것입니다. 한 생명이 구조될 때, 동시에 구조되지 못하는 수많은 생명이 남겨진다는 사실이 저에게는 개인적인 실패처럼 느껴집니다."

곧 생태학 박사가 될 한 학생은 절망감과 무력감에 대한 다른 양상에 대해 이야기했다. 1996년에 21세의 학부생으로서 페루의 아마존에서 일을 시작했고, 대학원을 마칠 때까지 그 일을 계속했다.

저는 미시간 북부 지역에서 자랐고, 대부분의 시간을 나무와 호수에서 놀며 보냈습니다. 그러나 한편으로 기자의 딸로서 세상의 뉴스에도 관심이 많았습니다. 저는 매우 이상주의적이었고, 변화를 위해 일하고 싶었습니다. 페루의 지도자들은 저에게 지역의 어업 관리를 공부하여 기록해 달라고 했습니다. 주민들은 미래에도 생존이 가능한 자원을 확보하기 위해 지역에서 물고기를 관리해야 한다고 보았지만, 중앙 정부는 지역사회의 노력을 불법으로 간주했습니다. 하지만 주민들은 자신의 기록이 국가 정책을 바꾸는 데 도움이 되기를 바랐습니다. 그 일은 놀랍도록 성취감을 주는 일이기도 했지만 가끔은 매우 외롭고 끔찍하기도 했습니다. 지역사회의 노력에도 불구하고 어업은 무너지기 시작했고, 1999년에는 대홍수로 인해 기아가 발생했습니다.

제가 집으로 돌아왔을 때, 저는 극심한 우울증을 겪었고 대리 외상(2차 트라우마) 진단을 받습니다. 저는 담벼락에 머리를 부딪혀서 피투성이가 된 두개골 안에 있는 느낌이라고 사람들에게 말했습니다. 제가 가장 힘들었던 것은 필요한 것이 너무 많았고, 힘은 없었고, 결국 아무런 변화도 만들어 내지 못했다는 사실이었습니다. 저는 요즘 차라리 의사가 되는 게 나았을 것 같다고 생각합니다. 저는 스스로 그 상황을 직면하지 않음으로써 어느 정도는 극복할 수 있었습니다. 더 나은 해법을 찾을 수 있었으면 좋겠습니다.

주디 가버(Judy Garber)와 마틴 셀리그먼(Martin E. P. Seligman)은 트라우마를 경험하는 사람이 무력감에 빠져들게 되는 3가지 유형의 인식(perception)을 찾아냈다. 첫 번째, 아무도 해결할 수 없는 문제 상황에 대해서도 개인적인 책임감을 느끼는 사람이 있다. 많은 노동자가 이러한 감정을 가질 수 있다. 직감적으로 자신의 한계를 알지만, 어찌되었든 간에 책임감을 느끼는 사람이 있다. 두 번째, 충격적인 사건이 오랫동안 지속될 것이라고 생각하는 사람이 있다. 그들은 충격이 완화될 가능성은 없다고 생각한다. 자기가 하는 일이 한정된 시간 동안에만 하는, 먹고 살기 위해 하는 일이 아니라 경력을 쌓고 전문성을 갖춰야 하는 직업이라고 생각하는 사람은 특히 두 번째 인식을 갖기가 쉽다. 유연성 없이 한 분야에만 집중하다 보면 어떤 때에는 자신의 능력으로는 도저히 감당할 수 없을 것처럼 느낄 수 있고, 희미한 불빛조차 보이지 않는 긴 터널처럼 느낄 수도 있다. 세 번째, 이전에 경험했던 문제가 현재도 반복되고 있다고 믿는 사람들이 있다. 특정한 트라우마가 있는 상황에서 일을 잘해 내지 못했던 사람은 비슷한 상황을 만났을 때 일을 잘해 내지 못할 것이라고 예상하게 된다. 이런 태도를 가진 사람은 각 상황을 독립적으로 이해하는 사람보다 더 큰 무력감을 느낄 가능성이 있다.

뉴올리언스에 허리케인 카트리나가 지나간 뒤, 두 친구가 자신의 심정을 나누는 대화를 들었다.

"집에 가고 싶어. 그런데 갈 집이 없어. 딸들도 집에 없고, 이웃도 없고, 주치의도 없어."

"얼마나 힘들지 알아. 그렇지만 모든 것은 지나가. 10년이 지난 후에 보면 이것도 그리 나쁘지는 않을 거야. 지금은 아주 긴 시간처럼 보이겠지만…."

"그래, 아주 긴 시간처럼 느껴져. 지금은 하루도 너무 길게 느껴지니까."

> • 현직: 샌프란시스코 주립대학 생물학과 조교수, 앰피비아웹(Amphibia Web)[1] 공동 개발자
> • 전직: 캘리포니아 주립대학교, 버클리 캠퍼스 척추동물 박물관 박사후 과정 연구원

저는 생태학자입니다. 저의 연구 분야는 양서류 생태학의 보존 및 진화죠. 저는 해양과학 분야에서 일을 시작했는데, 특히 어류나 갑각류 분야를 연구했습니다. 그래서 해조류 전문가로 고용된 적도 있었죠. 지난 20년간 저는 알래스카부터 남극 대륙, 카리브해 지역부터 과테말라와 멕시코, 그리고 아시아까지 방문했습니다. 지금은 생태학자로서 양서류를 연구하는 데 집중하고 있지만, 어렸을 때부터 개구리를 쫓아다니던 아이들 중에 한 명은 아니었습니다.

학부에서부터 시작해서 대학원을 다닐 때까지 저는 해양 어류들의 자웅선택(sexual selection)[2]에 대해 공부했습니다. 대학원에서 저는 '보존'에 관한 연구 프로젝트를 수행하고 싶었습니다. 제가 하는 연구가 우리가 살고 있는 이 아름다운 세상을 보존하는 데 도움이 되기를 바랐거든요. 운이 좋게도 저는 캘리포니아 시에라네바다의 프로젝트에 참여하게 됐어요. 그곳은 일하기에 참 좋은 곳이었죠. 이 국립공원은 지구에서 가장 잘 보존된 야생동물의 서식지였는데, 이곳에서도 양서류―개구리, 두꺼비, 도룡뇽―들은 사

---

1 역자 주: 양서류 생물학 보존정보 검색서비스 사이트
2 역자 주: 생물의 암컷과 수컷이 상대를 선택할 때 색채, 행동, 울음소리 등 상대를 끄는 특징에 의한다는 다윈의 학설

라져 가고 있다는 것을 알게 되었습니다. 사람이 다니는 길도 없는 아주 깊숙한 곳에서 서식하는 양서류들은 일평생을 수백 미터 안에서만 살아가는데, 왜 양서류들이 사라지고 있는 것일까요?

처음 일하기 시작했을 당시에는 양서류에 대해서 아는 것이 거의 없는 보존 생물학자였습니다. 제가 멸종 위기종인 노랑발가락 산개구리에 대한 연구를 시작했을 때, 저는 다른 연구자들이 완전히 무시했던 저의 가설을 가지고 연구를 했습니다. 생태계에 새로운 동물들을 풀어놓는 것이 개구리를 감소시킨다는 것이 저의 가설이었는데, 저는 이 가설을 확인하고 싶었습니다. 사람들은 물고기가 살지 않는 지역에 송어를 풀어놓았는데, 송어는 개구리를 잡아먹었습니다. 하지만 아무도 송어가 개구리를 잡아먹는다는 것을 모르고 있었죠. 저는 송어와 개구리 감소에 대한 실험연구를 시작했습니다. 사실은 보호가 가장 잘되고 있는 지역에서도 인간 때문에 많은 변화가 생기고 있습니다. 때로는 인간의 영향이 눈에 띄지 않습니다. 제 연구결과는 정말 흥미진진했습니다. 그때까지 개구리의 개체수가 회복된 사례가 없었는데, 제 가설이 증명되어 빠른 속도로 개구리의 개체수를 회복시킬 수 있는 방법을 찾았으니까요. 희망의 빛줄기를 상상해 보세요! 정말 대단한 연구결과였습니다.

국립공원 관리국과 정부, 그리고 정부산하 기관들은 제 연구가 양서류의 감소를 회복시킬 수 있는 단순하고 명쾌한 방법이라는 것을 빠르게 깨달았습니다. 그들은 저의 박사학위논문을 이용하여 실제 정책에 반영했습니다. 개구리들에게 참 의미 있는 일이었죠. 대학원생 한 명의 노력으로 개구리들의 서식 환경을 지키고 보존할 수 있도록 정부의 정책까지 바꾸었으니까요. 제가 원하고 바라던 인생이었습니다. 마침내 개구리 개체수가 회복되기 시작했습니다. 전국적으로 보존 지침이 실행되었고, 모든 것이 호전되기 시작했습니다. 그리고 나서 저는 개구리들의 사망 원인을 찾기 시작했습니다. 개인적으로는 정말 큰일이었어요. 무려 7년 동안 개체수를 모니터링하고, 실

힘을 하고, 논문을 발표하고, 양서류들을 도울 수 있는 방법을 찾기 위해 죽은 개구리들을 찾아다녔습니다. 마침내 폐사 원인이 새로운 질병 때문이라는 사실을 발견했습니다.

그것은 엄청난 충격이었죠. 우리는 문제해결을 위해 모든 힘을 쏟아 부었습니다. 저는 양서류들이 원래의 상태로 회복되고, 멸종 위기를 극복할 수 있는 미래를 보았습니다. 생태계가 더 자연스러운 상태로 돌아가는 것은 개구리뿐만 아니라 먹이 사슬의 모든 종에게도 좋은 일입니다. 해조류, 식물, 개구리, 코요테, 큰 까마귀, 곰처럼 상호 연결된 생태계가 빠르게 올바른 방향으로 되돌아가고 있었습니다. 모든 것이 해결되고 있었죠.

그런데 그 미래를 볼 수 없다는 것을 깨닫게 되었습니다. 우리가 할 수 있는 일이 아무것도 없었어요. 처음에 이 질병이 다른 지역에서 양서류의 감소에 영향을 끼치고 있다는 것을 들었을 때에는 '이곳에서는 일어나지 않을 거야.'라고 생각했지만, 질병은 발생했고, 저를 무너뜨렸습니다. 아름다운 알파인 호수는 양서류들이 회복되는 수년 동안에 제가 함께했던 그들의 거주지였습니다. 저는 수백 마리의 죽은 개구리들을 보고 가슴이 찢어지는 것 같은 고통을 느꼈습니다. 우리가 생태계를 회복시킬 수 있을 것이라고 믿었던 긍정적인 태도는 사라지고, 제가 절대적으로 무력한 존재라는 사실을 깨닫게 되었습니다. 저는 이 프로젝트를 9년 동안 진행해 왔고, 거의 회복되었던 양서류들은 몇 달만에 거의 멸종 상태가 되었습니다. 저는 고요한 호수를 바라보며 생각했어요. '그들이 모두 멸종되는 시간은 머지않을 것이고, 그것에 대해 내가 할 수 있는 것은 아무것도 없구나.' 저는 정신이 나간 것 같았어요. 절벽에서 뛰어내리고 싶은 충동도 느꼈습니다. 저는 지난 세월 동안 양서류들에게 서식지를 돌려주면서 정서적인 유대감이 생겼거든요. 그들이 사라지니까 제 삶도 사라지는 것만 같았습니다. 그들이 모두 사라지는 것을 보기만 할 뿐 아무것도 할 수 없었습니다. 그 감정을 어떻게 말로 표현하기가 무척 힘이 듭니다. 흙으로 되돌아가는 그런 느낌이었어요. 인류는 위대한 문명을 만들어냈고 우리가 하는 일을 돕고 있지만, 제가 할 수 있는 일은 아무것도 없었고, 모든 것이 무의미했어요. 그것은 정말, 정말, 정말 힘든 일이었습니다.

도대체 무슨 일이 일어나고 있는 것일까? 저는 정신을 차리고 원인을 찾기로 마음먹었습니다. 똑똑한 친구들과 함께 제안서를 썼고, 우리는 폐사의 원인을 규명할 수 있는 연구 자금을 받아냈습니다. 미국 국립과학재단에서요. 이 사건은 양서류들을 멸종으로 이끈 역사상 최악의 사례였습니다. 그리고 다른 양서류 종들 사이에도 퍼져 가고 있었습니다. '개구리가 죽는들 무슨 상관이야?'라고 생각하는 사람들도 있겠죠. 저는 양서류를 걱정하기 때문에 신경이 쓰이지만, 모든 사람이 신경써야 하는 이유가 있습니다. 만약 이런 치명적인 질병이 인간에게 전염된다면 어떨까요? 인간의 식량이 되는 식물(옥수수, 쌀, 밀)과 가축(소, 닭)에게 전염된다면 어떤 일이 발생할까요? 그러면 대재앙이 될 것입니다. 그래서 이런 질병에 대해 정확히 알아야 합니다. 양서류들이 죽는 이유와 질병이 확산되는 이유, 그리고 질병의 확산을 늦추는 방법이 있다면 찾아야 합니다. 수많은 의문이 생겨났고, 답을 찾기 위해 노력했습니다. 이 질병으로 수백 종의 양서류가 멸종했는데, 한 가지 희망은 살아남은 몇몇의 종을 발견했다는 것입니다. 치명적인 병균이 있는데도 살아남은 종들이 있었습니다. 여전히 우리에게 확실한 정답은 없지만, 4~5년 전보다는 더 많은 사실을 알게 되었습니다.

저는 멕시코와 과테말라에 다녀와 죽은 양서류들과 서식 환경을 파악하기 위하여 스리랑카, 마다가스카르, 필리핀, 태국, 라오스, 그리고 중국의 동료들과 협력하고 있습니다. 시에라네바다에서 돌아온 후 질병의 확산을 막고 전염병으로부터 개구리들이 살아날 수 있는 방법을 찾기 위해 노력 중입니다. 2년 전에는 국립공원관리국의 허가를 받아 항균 용기를 이용한 치료를 시도했습니다. 전염병에 걸린 개구리 몇 마리를 대상으로 실험을 했는데, 현재까지 효과가 있는 것으로 보입니다. 저는 이 질병의 경로에 있는 더 많은 개체수를 가지고 더 큰 규모의 치료를 시도하고자 국립공원관리국을 설득하고 있습니다. 몇몇 연구원은 동물원들과 협업하였고, 실제로 몇 종을 멸종 위기에서 구해냈습니다. 지금은 그들이 증식되어 야생으로 다시 돌아갈 수 있도록 노력하고 있습니다. 하지만 아직은 그 누구도 성공 여부에 대해서는 알 수 없는 상태입니다. 지금까지 이렇게 강력한 질병을 본 적이 없으니까요.

저는 이 문제를 해결하기 위해 전 세계의 연구원들과 함께 일했습니다. 재앙이 일어났을 때 지구상의 모든 사람이 함께 노력하는 것처럼, 과학계에서도 함께 노력합니다. 서로 경쟁하기보다는 사람들이 함께 하고, 정보를 공유하고, 우리가 무엇을 할 수 있는지를 알아내는 매우 극적이지만 동시에 매우 위험한 일이죠.

데이비드 웨이크(David Wake)와 공저한 저의 논문은 많은 언론의 주목을 받았습니다. 논문의 결론은 양서류들이 지구에서 6번째 대멸종에 돌입하고 있다는 신호를 보내고 있다는 것입니다. 지구의 역사상 지구상의 생명체들이 거의 멸종된 시기가 5번 있었는데, 가장 심각했던 시기는 2억 5100만 년 전에 일어난 페름기-트라이아스기 대멸종 (permian-triassic extinction)으로 지구상의 95%의 생물체가 멸종되었습니다. 하지만 그 시기에도 양서류는 살아남았습니다. 현재 우리는 또다른 대멸종의 단계에 진입했고, 양서류는 파수꾼이라고 할 수 있습니다. 양서류가 우리에게 무엇인가 잘못되었다는 것을 알려 주고 있는 것이죠. 전 세계에 약 6,300여 종의 양서류가 있는데, 그 중 3분의 1 이상이 멸종 위기에 처해 있습니다. 정말 비관적이죠. 지구는 하나밖에 없고, 우리는 살 수 있는 다른 곳이 없잖아요. 사람들은 그 사실을 잊어버리는 것 같아요. 나쁜 뉴스를 보고 듣는 것은 힘든 일이지만, 그렇다고 무시할 수도 없잖아요. 저는 일터에서 매일 나쁜 뉴스를 만납니다. 저는 3억 년 가까이 살아온 생물체 집단을 연구하고 있는데, 저의 짧은 인생에서 지금 이 순간 그들이 멸종되는 것을 지켜보고 있으니까요.

가끔은 저도 침울하고 우울한 일이 아닌 어린이 영화처럼 즐거운 일을 하기 위해 일터에 가고 싶기도 합니다. 저는 자연과 우리가 사는 세상을 사랑하기 때문에 이 일을 하게 되었습니다. 이 아름다운 곳에서 이 멋진 동물들과 함께 있다는 것은 정말로 영광스러운 일이죠. 그런데 동물들이 살기 위해 발버둥치는 모습을 보고, 또 제 눈 앞에서 죽어 가는 것을 보는 것은 정말 슬픈 일입니다. 제게 아이가 생긴다면, 아이를 데리고 와서 개구리들을 보여 줄 것이라고 생각했어요. 그런데 개구리들이 다 죽고 나면 제가 할 수 있는 일은 무엇일까요? 컴퓨터 화면으로만 개구리들을 보여 줄 수 있을까요? 생각만 해도 정말 끔찍합니다. 저는 살아오면서 정말 아름다운 것들을 보았지만, 사라지는 양서류들을 보면, 앞으로 무엇이 살아남을지 궁금해집니다. 저는 저승사자가 되고 싶지는 않지만, 마치 저승사자인 것처럼 멸종하는 양서류들을 보고 있죠. 가끔은 매우 슬퍼져요. 과학은 사실에 관한 것이고, 진실을 피할 방법이 없으니까요.

우리 분야는 비약적으로 발전해 왔습니다. 우리 모두는 이 문제를 다른 각도로 연구하려고 노력하고 있습니다. 과거에는 누구도 하지 못한 방법으로 함께 협력하고 있습니다. 그럼에도 불구하고 임박한 종말이 있습니다. 선배 과학자들은 양서류로 가득 차 있던 서식지들에 대해 이야기합니다. 하지만 지금은 아무것도 없는 곳이 많죠. 40% 이상의 양서류가 영원히 사라져 버린 서식지들도 많습니다. 코스타리카 몬테베르데 운무림 보존지구 (Monteverde Cloud Forest Reserve)[3]에는 20종 이상의 양서류들이 서식하고 있었습니다. 하지만 지금은 한 마리라도 볼 수 있다면 운이 좋은 것이라고 할 수 있습니다. 마치 약탈 당한 느낌이 들기도 합니다. 어떤 동식물이 멸종된다고 하더라도 우리가 할 수 있는 일은 없습니다. 선배 과학자들은 그들이 본

---

3 역자 주: 코스타리카 몬테베르데에 있는 야생동물 보호지구로서 아메리카대륙에서 가장 넓고 잘 보존된 야생동물 보호지구

것들과 도롱뇽과 개구리들이 얼마나 많았는지에 대해 말하지만, 요즘에는 개구리 한 마리의 울음소리도 들을 수 없는 고요한 지역이 많습니다.

과학자들은 감정을 느껴서는 안 되는 것 같아요. 우리는 수치와 사실, 가설로 이야기하는 것을 좋아하죠. 우리는 대개 감정에 대해 이야기하지 않습니다. 특히 사람들과 함께할 때에는 더욱 그런 것 같습니다. 하지만 이 주제만큼은 슬픔과 절망이 느껴져요. 과학적인 이야기를 하는데도 느껴지네요. 방에 침묵이 흐르면 누구나 느낄 수 있잖아요. 대멸종의 신호가 예고되기 전에는 과학자들이 새로운 발견에 대해 이야기를 나누면서 즐거워했는데, 지금은 사라진 양서류에 대해 이야기하고, 앞으로의 전망을 이야기하면서 당혹감과 슬픔을 느끼고 있습니다.

양서류를 연구하게 되면 누구나 결국에는 이 슬픈 진실을 알게 될 것이기 때문에 양서류를 연구하자고 이야기하는 게 참 어렵습니다. 대학원생에게 제 연구소에서 일할 수 있냐고 질문할 때, '이 친구들이 동물들이 죽어 가는 것을 감당할 수 있을까?'라는 생각을 하게 됩니다. 과거에 저는 상황을 바꿀 수 있을 것이라는 희망이 있었기 때문에 그런 생각을 해 본 적이 없었죠. 하지만 지금은 세상에는 극복할 수 없는 문제들이 있다는 생각을 하게 됐습니다. 저에게는 매우 큰 변화였어요. 이제는 변화를 이끌어 낼 수도 있는 몇 가지 일에 초점을 맞추고 싶어요. 최소한 미국에서는 문화를 바꿀 수 있다고 생각합니다. 교육을 통해 사람들에게 생물다양성을 유지하도록 알려 줄 수 있으니까요. 이는 변화를 위해 매우 중요한 일이라고 생각해요.

저는 대멸종의 시대에 평화를 찾을 수 있는 좋은 방법이 있는지 모르겠습니다. 나쁜 일이 일어나는 것을 받아들이는 것 또한 삶의 일부이겠지만, 저는 언제나 나쁜 일을 대비할 수 있다고 생각했습니다. 하지만 대멸종을 막을 수 있는 방법이 보이지 않습니다. 절망에 대한 근본적인 교훈이 있을지도 모르겠어요. 하지만 저는 절대로 그냥 가만히 있지는 않을 것입니다.

비록 눈에 보이지 않는다고 할지라도 우리가 할 수 있는 것이 있을 것이라고 나 자신에게 말했습니다. 모든 것을 잃지 않을 수 있는 방법이 있을 수도 있으니까요. 지금 당장 할 수 있는 것을 빨리 찾아야 한다고 나 자신에게 말했습니다. 모든 과학계가 같은 생각을 하고 있습니다. 10년 전이라면 엄두를 내지 못했던 일들도 지금은 기꺼이 시도할 만큼 위기 상황입니다. 그리고 지금 우리는 더욱 위험한 일을 시도하고 있습니다. 과학은 더욱 유연해지고 있습니다. 몇 년 전까지만 하더라도 연구실적을 쌓을 수 없는 일은 모두 시간 낭비라고 여겼습니다. 하지만 지금은 '어떻게 되든 그걸 할 거야.'라고 생각합니다. 우리는 과학자들이 더 많은 유연성을 가지고 일할 수 있도록 자금을 지원할 기관들이 필요합니다.

저는 연구를 마무리하고, 논문을 발표하고, 또 다음 보고서를 제출하는 일들이 순조롭게 잘 되어야 한다는 압박감을 느낍니다. 매우 큰 압박감인데, 그 크기를 가늠하기가 어려웠습니다. 어쩌면 10명의 또 다른 제가 있어야 할 수도, 아니 그보다 더 있어야 할지도 모르겠어요. 대멸종의 흐름은 지속되겠죠. 대멸종은 제 인생에 정말 많은 영향을 주었습니다. 가끔 새벽 3시에 잠에서 깨어 생각할 때도 있어요. '나에게 필요한 것은 이 연구를 진행시키는 것뿐'이라고. '연구는 나의 경력을 위한 것이 아니다'고. 사실 경력은 더이상 중요하지 않아요. 해야 할 일이 남아 있다는 느낌과 절박함이 느껴집니다. 마지막 순간에는 할 수 있는 모든 것을 해야 하죠. 그렇지 않으면 생존할 수 없을 것이니까요. 어느 한 사람을 위해서가 아니라 우리 모두를 위해서 노력하고 있습니다. 여러분이 의미 있는 삶을 살고 싶어 하시는 것처럼요.

불충분하다는 느낌(절대 충분히 잘 해낼 수는 없을 것 같은)

> 그것은 느낌이 아니라 사실이다. 만약 내가 하지 않으면 끝나지 않을 것이고,
> 끝나지 않으면 사람들이 죽을 것이다. 나는 결코 적당히 할 수 없다.
>
> — 사형선고를 받은 수감자들의 변호인

"우리는 더 열심히 날갯짓을 하지 않았을 뿐이야!"

"나는 충분하지 않으므로 더 열심히 해야 한다."라는 믿음을 가진 사람들이 많고, 이 믿음은 인생에 강력한 영향을 미친다. 이런 믿음은 어린 시절의 경험에서 비롯되는 경우가 많다. 어렸을 때 미래의 지속 가능성과 긴 수명에 대해 어떤 이야기를 들었는가? "인생은 긴 여정이야. 너 자신을 잘 돌보고, 너의 건강과 안녕(Well-Being)을 우선순위로 두어야 해."라는 말을 들은 적이 있는가? 아니면 반복되는 메시지를 통해 "네가 무엇을 하든, 그것을 어떻게 하든 간에 아직 충분하지 않은데…."라는 말을 들었는가? 후자와 같은 억압적인 가르침이 내면화되지는 않았는가?

사람들은 대부분 무능함을 주입시키는 환경에서 성장한다. 따라서 부정적인 가르침을 참고 견뎌야 한다. 어떤 사람은 더 자주, 더 많이 이런 가르침을 듣게 된다. 상당히 많은 사람은 이런 억압적인 메시지가 지속적으로 전달되는 사회 집단에 속해 있다.

우리는 조직적 억압이라는 큰 틀 안에서 부족함과 '충분치 않음'의 개념을 이해할 수 있다. 억압은 대부분의 사람이 느끼는 감정이고 또 광범위하게 사용되기도 하는데, 특정한 사람들은 열등하다는 무의식적인 신념이 밑바닥에 깔려 있기도 하다. 사람들은 그런 편견을 개개인의 문제로 여기는 경우가 많다. 그러나 인종차별, 성차별, 동성애 혐오, 그리고 계급차별은 법이나 사회 시스템의 기능으로 통합되는데, 이것이 조직적 억압이 된다.

가장 명백한 형태의 억압은 특정한 개인이나 집단의 명예를 훼손하고 비인격적으로 대하는 것에서부터 시작된다. 이는 희생양을 만드는 것으로 확대될 수 있는데, 개별적인 폭력에서부터 정부 입법에 이르기까지 다양한 형태를 가지고 당사자를 겨냥한 억압으로 이어질 수 있다. 억압의 피해자가 이런 거짓 정보를 믿게 되면 억압은 내면화된다. 결국 내면화된 억압은 자기 자신과 주변 사람들을 스스로 억압하게 된다. 예를 들어, 피해 여성을 돕는 사람들은 여성은 순응적이어야 하며, 협조적이고, 감사할 줄 알아야 한다는 사회적 메시지를 내재화할 수 있다. 그래서 복지기관에 효과적인 서비스를 단호하게 요구하는 남성은 존중받지만, 같은 요구를 하는 여성은 공격적이거나, 따지기 좋아하거나, 자격이 없는, 심지어 '경계선 성격 장애'를 가진 사람으로 간주될 수 있다. 특히 이런 현상은 여성 노동자들이 많은 곳에서 두드러진다.

내면화된 억압의 아주 강력한 요소는 피해자들이 스스로 부족하다고 믿게 될 때 나타난다. 억압하는 자는 사람들이 언제든 해고될 수 있다는 두려움을 느끼게 만든다. 그러면 사람들은 생존을 위해 억압하는 자의 뜻에 맞추려고 필사적인 노력을 한다. 이런 일은 개인에게 일어날 수도 있고, 집단이나 지역사회에서 일어날 수도 있고, 사회적 취약 계층에게 일어날 수도 있다. 이로 인해 사람들은 자신이 충분히 괜찮은 사람이 아니라는 부정적인 고정관념을 수용하게 된다. 그러고는 점차 사회적으로 용납될 수 있는 사람이 되기 위해 무의식적으로 노력하게 된다. 억압하는 자가 만들어 놓은 시시비비의 기준을 받아들여 다른 사람들에게 엄격하게 적용하고, 그 기준을 강요하기도 한다. 지역사회 안에서 이 역동은 퍼져나가 힘겨운 싸움이 된다. 그러면 개인적인 차원에서 사람들은 절대로 자기가 충분히 괜찮은 사람이라고 느낄 수 없게 된다. 결국 언젠가는 괜찮은 사람이 될 수 있다는 이상화된 삶의 모양을 추구함으로써 자기를 지키게 된다. 이런 현상이 나라마다 제각기 다른 모습으로 나타날 수는 있지만, 지속적으로 나타나는 주제가 있는 것 같다.

P. BYRNES.

"아들아, 기억하렴! 이기고 지는 것은 중요하지 않아. 아빠의 사랑을 원하지 않는다면."

나는 흑인 사회의 일원으로 경험을 통해 배운 것이 있다. 흑인 사회에서는 열심히 일한다면, 오래 일한다면, 충분히 생산한다면, 사람들은 안전할 것이라는 믿음을 갖고 있다. 유대인 공동체에서는 학습의 중요성을 배웠다. 사람이 충분히 배운다면, 그래서 충분한 지적 능력이 머릿속을 꽉 채우고 있다면, 고통을 피할 것이라고 믿고 있다. 나는 여자로 태어나 자라면서 내가 다른 사람을 충분히 보살핀다면, 충분히 신경쓴다면, 다른 사람들이 필요로 하는 것을 예측한다면, 모든 것이 괜찮을 것이라는 메시지를 내면화했다. 사람은 자기가 속한 집단 안에서 자신을 키운 사람과 사회로부터 받아들인 메시지를 기억하고, 자기 자신에 대해 믿게 된 것을 평가하게 된다. 사람이 평생 '충분히 흑인' 같거나 '충분히 남성' 같거나 '충분히 게이' 같을 수 있을까? 확장된 억압 모델은 이러한 사회화가 집단 안과 밖에서 더 많은 억압을 조장하고, 개개인에게 영원히 충분할 수 없다는 느낌을 갖게 한다고 본다.

당신은 충분히 거친가?
당신은 충분히 멋진가?
당신은 충분히 강한가?

뉴욕시 아동보호국(New York City Administration for Children's Services: ACS)에서는 실제로 아동보호전문가를 채용하는 방법으로 '충분히'라는 표현을 사용한 적이 있다. 대행사에서는 질문 시리즈물로 된 지하철 광고를 만들어 가능성이 있는 사람들을 채용하고자 했다. 광고는 하나씩 질문하였다. "당신은 충분히 깨끗한가?" "당신은 충분히 용감한가?" "당신은 충분히 멋진가?" "당신은 충분히 지혜로운가?" "당신은 충분히 똑똑한가?" "당신은 충분히 강한가?" "당신은 충분히 착한가?" "당신은 충분히 담대한가?" "당신은 충분히 거친가?" "당신은 충분히 침착한가?" "당신은 충분히 친절한가?" "당신은 충분히 진실한가?"

아동보호국이 이 캠페인을 기획한 이유는 가족에게 최상의 서비스를 전달하고자 하는 마음에 기초한 것이었지만, 그 메시지의 영향에 대해서는 살펴보아야 할 가치가 있다. 트라우마를 관리하는 분야에서 어떻게 나타나는지를 생각해 보았다. 트라우마 관리하기 워크숍을 진행하면서 나는 참가자들이 자신을 돌볼 수 있고, 지속 가능한 속도로 일할 수 있고, 삶의 균형을 유지할 수 있는 일터에서 일하거나 봉사하고 있다는 말을 거의 듣지 못했다. 그 대신 수많은 현장은 매우 긴박하게 돌아가고 있었다. 이런 긴박감은 조직을 방해하여 건강하고 행복하게 일할 수 없게 하는데, 결과적으로는 사회 발전에 지속적으로 기여할 수 없게 만든다. 충분하지 못하다는 느낌이 내재화되어 있는 일터를 찾아보는 것은 어렵지 않다. 충분하지 않다는 개인적인 믿음과 충분히 잘해 내지 못했다는 직업적인 믿음이 충돌하면 사람은 꿰맨 상처가 다시 뜯어지는 것 같은 고통을 느낄 수도 있다. "나는 충분히 좋은 사람인가?" "나는 충분히 강한 사람인가?" "나는 충분히 똑똑한 사람인가?"와 같은 질문들이 머릿 속에서 떠나가지를 않는다. 이 질문들은 하루하루를 살아가는 사람들이 실제로 어떻게 일했고, 어떻게 살았는지에 대해 정직해질 수 있는 능력을 저해한다. 그래서 자신이 충분히 괜찮은 사람이 아니기 때문에 일을 충분히 해냈다거나, 충분히 잘 살았다고 생각하지 않는다. 결국 자신의 일과 삶에 대해 끝없는 불만을 품게 된다.

교육팀의 부책임자였던 나는 젊은이들에게 자연을 보호하는 직업을 소개했다. 일을 하면서 자연 보호와 동물 복지에 대해 더 많은 사실을 알게 됐다. 새로운 정보들은 나를 슬프게 하고, 절망하게 하고, 더 쉽게 화를 내게 했다. 결국 나는 일을 그만두었다.

지금도 여전히 나는 동물을 돕기 위해 최선을 다하고 있지만, 동물들이 처한 어려움에 대해 더 상세히 알고 싶지는 않다. 젊은이들에게 이 직업을 소개한 것에 대해 죄책감을 느낄 때도 있다. 왜냐하면 자연 보호 업무는 정서적으로 힘든 일이기 때문이다. 아마도 예전처럼 행복하지 않을 것이다. 유감스럽지만 나도 내가 강한 여성이 아니라는 것을 알고 있다.

— 자연보호 교육자 중국의 루오 란(Luo Lan)

과잉 각성

저는 밥을 빨리 먹습니다. 사실 저는 모든 일을 빨리빨리 합니다.
마치 재깍거리는 시한폭탄이라도 있는 것처럼 느끼기 때문이죠.

— 지역사회 활동가

나는 18세에 가정폭력 쉼터에서 일했을 때를 기억한다. 거기서 나는 아이들을 돌보는 일을 했다. 아이들은 한 순간도 멈추지 않고 주변의 모든 것에 대해 경각심을 가지고 있었다. 아이들은 복지 제도를 알고 있었고, 이민법과 사법 체계를 알고 있었다. 아이들의 나이는 불과 7세에 지나지 않았다. 최근에 나는 노숙자 청소년과 성매매 여성을 위해 일하는 활동가들과 함께 일했다. 한 활동가는 그녀의 관계에 있어 감정적으로 매우 힘든 시간을 보내고 있다고 이야기했다. "남편은 저에게 자주 어디에 있냐고 질문을 해요."라고 말하길래 내가 질문했다. "당신이 남편과 같이 있을 때에도 말인가요?" 그녀는 대답했다. "특히 제가 남편과 함께 있을 때요." "신혼여행을 갔을 때에도 그렇게 물었어요."

일을 할 때 과잉 각성 상태가 되면 일에 온전히 집중할 수 있는 역동을 만들어 주는데, 일 말고는 다른 어떤 것도 우리 인생에 존재할 수 없을 정도로 일에 집중하게 만들어 준다. 과잉 각성은 추가적인 피해를 막고 안전한 환경을 만들 수 있게 해 주는데, 동시에 모든 것을 잠재적 위협으로 인식하게 하고, 행동하게 하기도 한다.

이런 현상은 트라우마를 경험한 사람들에게서 흔히 나타난다. 2006년 시애틀의 유대인 연맹에 혐오 범죄 사건이 발생했다. 한 남자가 건물 안으로 들어가 총을 난

사한 것이다. 한 생존자의 남편은 그 충격 사건 이후 주변에 대한 경계심이 매우 높아졌다고 했다. 그는 맥락을 따라 상황을 파악할 수 없게 됐다. 모든 것이 그에게는 과장되고, 의미심장하고, 중요하고 위험하게만 느껴졌다.

"저는 모든 것을 보고 짖으니까 잘못될 일은 없을 거예요."

최근에 저는 친구의 결혼 사진을 받았어요. 사진을 보며 생각했습니다.
'가정폭력은 언제쯤 시작될까?'

— 가정폭력 상담자

오랫동안 다른 사람의 트라우마를 간접적으로 경험하게 되면 트라우마를 직접 경험한 사람과 같아질 수 있다. 트라우마 노출 반응이 나타나게 되면 사람이 할 수 없는 일이나 해야 할 일이 전혀 없을 때조차도 항상 각성 상태인 것처럼 느끼게 된다. 피곤하지만 쉴 수도 없다. 경찰서에서 근무하는 한 복지담당 직원은 이렇게 말했다. "저는 모든 건물, 모든 개방된 공간, 모든 지역을 범죄 위험의 관점으로 평가합니다."

교육자이자 심리치료사이며 트라우마 자원 연구소의 공동 설립자인 일레인 밀러 카라스(Elaine Miller-Karas)는 트라우마 응급 처치(Trauma First Aide: TFA) 모델 개발을 도왔다. TFA는 시간 제약이 있는 상황에서 트라우마를 경험한 사람의 신경 안정을 위해 사용될 수 있다. 이 모델에 따르면, 강력한 사건이 생겼을 때 긴장과 이완 사이에서 자연스럽게 일어나는 신경 반응이 방해를 받게 된다. 어떤 사람은 과

경각심(hypervigilance)과 고조된 불안 증세를 포함한 과각성(hyperarousal) 상태에 있기도 하고, 어떤 사람은 마비나 우울 상태에 있기도 한다. 어떤 사람은 항상성(homeo-stasis)이나 균형 잡힌 상태로 돌아가지 못하고 극단적인 상태가 한동안 지속되기도 한다. 밀러 카라스는 응급 구조 요원들과 함께 태국과 걸프만에서 일했다. 구조 요원들 중 다수가 과한 긴장 상태나 우울한 상태에 갇히게 되는 조절장애를 앓게 되었다. 구조 요원들이 경험한 간접적인 트라우마의 후유증인데, 신경 조절 기능이 회복된다면 다시 건강하게 살아갈 수 있다. 만약 당신의 마음이 얼어붙은 상태에 있거나 과각성 상태로 있다면 당신에게 힐링이 필요하다는 생각조차 하지 못할 것이다. 자기 몸의 반응에 주의를 기울이고 안정시킬 수 있다면 몸과 마음, 그리고 영혼이 함께 현존할 수 있게 된다.

자기 몸의 반응에 주의를 기울이고 안정시키는 일은 생각보다 어려울 수도 있다. 이성적인 사람은 자신이 잠재적인 위험에 지속적으로 노출된다고 생각할 수 있다. 학대 예방 업무를 하는 사람은 대중가요를 들을 때 '사랑' 노래는 '스토킹'이 연상되고, '공포' 영화를 보면 '가정폭력'이 연상될 수 있다. 딸 아이의 옷을 사려고 쇼핑을 갔던 때가 기억난다. 매장 안에 있던 옷들은 5세 된 아이를 위한 옷이라고 하기에는 너무 도발적이었고, 나는 미치기 일보 직전이었다. 그때 매장에서 흘러 나오는 노래에 나는 더 집중할 수밖에 없었다. 그 노래의 가사는 소녀를 찾는 소년에 관한 것이었다. 그녀가 왜 전화를 받지 않는지, 그녀 없이 어떻게 살 수 있을지 묻는 내용이었다. 내가 도저히 참을 수 없는 상태가 될 때까지는 채 2분이 걸리지 않았다. 나는 직원에게 노래를 바꿔 달라고 부탁했지만, 직원은 본사에서 틀어 주는 음악이기 때문에 본사로 직접 연락을 해야 한다고 했다.

과경각심의 경향성은 현대 기술에 의해 더욱 강화될 수도 있다. 사람들은 온라인으로 연결되어 즉시 정보 전달을 받을 수 있기 때문에 자신이 더 안전해지고, 가족을 더 안전하게 지킬 수 있다고 한다. 따라서 언제나 연락이 될 수 있다는 기대감은 증가되었다. 처음에 삐삐와 음성 메시지 기능이 나왔고, 그다음에 휴대폰과 이메일이 나왔다. 이제는 첨단 기술이 다 들어 있는 스마트폰이 나오고 있다. 과경각심 상태에 있으면 스마트폰을 끄고 업무로부터 잠시 벗어나 휴식을 취하거나 일상을 향유하는 것이 어렵다. 이제는 퇴근을 해도 업무와 분리되지 않는 문제가 대두되고 있다. 시애틀에서 마사지사로 일하면서 공립학교에서 자원봉사를 하는 스테파니 레빈(Stephanie Levine)이 자신의 휴가에 대해 이야기했다. "휴가지에 도착하자마자 저는 모든 것을 당장 해야 한다고 느꼈어요. 산책을 하고, 책을 읽고, 낮잠을 자고…. 저는 휴식을 취하기 위해서도 서둘러야 했어요." 이러한 현상은 사람을 실존으로부터 벗어나게 한다. 계속해서 다음에 할 일을 생각하게 만든다. 스마트폰을 끄고 TV를 안 볼 수도 있지만 쉽지 않다. 그런데 자기 자신의 행동을 바꾸는 것은 더 어렵다.

"난 이 소중한 순간에 완전히 빠져 있어, 내가 다시 전화할게."

창의성 상실

하루 종일 일을 하다 보면 제가 가진 모든 에너지가 다 소모됩니다. 전처럼 밤에 명상을 하거나 글을 쓸 수가 없어요. 이제는 아무것도 할 수가 없습니다. 일하러 갔다가 집에 돌아와서 TV를 보는 것이 전부입니다.

— 지역사회 활동가

창의성이 상실되는 시점은 스스로 자문하기를 "내가 마지막으로 독창적인 생각을 한 게 언제였더라?"라고 스스로 질문할 때이다. 자기가 하는 일이 지루하고, 스스로 창의적이었다고 느꼈던 때가 기억나지 않을 수 있다. 이 상태는 마음가짐에 손상이 온 상태인데, 즐거움이 사라졌을 뿐만 아니라 일을 하면서 점점 더 타성에 젖게 된다. 수많은 현장이 왜 침체된 상태에 빠지는지를 트라우마 노출 반응 중 하나인 창의성 상실이 잘 설명해 준다.

나는 종종 주변을 둘러보며 이런 생각을 한다. 모든 분야에서 정말 뛰어나고 유능한 사람들이 많은데, 우리가 실존하고 있는 21세기는 과연 어떠한가? 가정폭력 추방 운동을 시작한 창립자의 목표는 피해 여성과 피해 어린이들이 미래에도 계속해서 생겨나는 것이 아니다. 공립학교 시스템을 처음 만든 지도자들은 요즘 학교가 당면한 심각한 문제들을 상상조차 할 수 없었을 것이다. 그리고 지구 온난화 문제는 해결이 가능한가? 창조적인 해결 방법이 있을까? 한 가지 답은 이것이다. 사람은 트라우마가 가득한 환경 속으로 들어갈수록 생각이 경직되고 완고해진다는 것이다.

> 앨리스는 웃었다. "노력해도 소용이 없어요. 불가능한 일을 믿지 못하는 사람에게는요."라고 말했다.
>
> "난 네가 충분히 연습하지 않았다고 단언할 수 있지."라고 여왕이 말했다. "내가 너 만한 나이였을 때는 말이야. 매일 30분씩 연습을 했었어. 왜냐고? 나는 여섯 가지나 되는 불가능한 일을 믿기도 했거든. 그것도 아침식사를 하기 전에 말이야."
>
> — 이상한 나라의 앨리스와 거울 나라의 작가 앨리스 루이스 캐럴(Lewis Carroll)

창조성은 어느 정도의 혼돈과 약간의 믿음을 요구한다. 고대 로마의 철학자였던 키케로(Cicero)는 "마음의 여유가 있는 사람만이 창조를 할 수 있고, 그 마음에서 아이디어는 번개처럼 떠오른다."라고 했다. 그러나 사람이 트라우마에 노출되면 자신이 안전해질 수 있는 구조를 원하게 되고, 모험을 해야 하는 창의성을 덜- 추구하게 된다. 심지어 기존의 구조가 현실적이지 않고 개인적으로 또 직업적으로 도움이 되지 않는 경우에도 개선을 하려고 하지 않는다.

나는 성소수자 학대 피해자를 위한 노스웨스트 네트워크의 상담자로 일한 적이 있다. 일정한 수준의 창의력을 유지하기 위해 직원 회의 시간에 한 달에 한 번씩 글쓰기 모임을 했다. 참석하는 직원의 수는 적었고, 모임을 유지하는 것은 항상 어려웠다. 직원들에게 내재된 저항감은 최신 이론과 접근 방식을 공부하는 것보다 더 중요한 일을 해야 한다는 생각을 하게 했다. 그래도 열심히 했다. 쌓여 있는 업무를 처리하기 위해 모든 시간을 다 써 버린다면, 성장할 수 없다는 것을 알고 있었다. 그리고 직원들이 성장하지 않는다면 학대 피해자들을 돕는 운동도 성장하지 못할 것이다. 창의력을 위한 글쓰기 모임은 수년간 지속되었다. 글을 쓰면서 새로운 프로젝트와 커뮤니티 연결이 생겼고, 연결을 통해 작업을 구성하고 이해하는 새로운 방법이 생겼다. 창의성과 참여로 인한 혼란스러움은 성장, 변화, 그리고 혁신을 위한 비옥한 땅을 만들었다.

"정말로 난 괜찮아. 일시적인 것뿐이라고… 괜찮아질 것이라고 확신해."

시간이 지나고 노스웨스트 네트워크의 핵심 업무에 대한 접근 방식은 획기적으로 변화되었다. 과거에 자신이 끝장내 버리고 싶다고 했던 것만큼이나 명확하게 세상에서 자신이 만들고 싶은 변화를 마음속으로 그려 보게 되었다. 직원들은 '가정폭력 종식'을 위해 서로 평등하게 사랑할 수 있는 환경을 조성하는 일이 필요하다는 것을 이해하게 됐다.

노스웨스트 네트워크는 전통적인 가정폭력 상담을 제공하는 최고의 기관에서 폭력 근절을 위한 새롭고 흥미진진한 전략, 건강하고 서로 사랑하는 사회를 만들기 위한 전략을 개발하는 지역사회 단체로 성장했다.

복잡성 수용 불능

> 손에 쥘 수 있는 것보다 더 많은 세상이 있어요.
>
> — 알버트 호스틴(Albert Hosteen)의 〈X-파일〉,
> '여섯번째 멸종 2: 아모르파티(Amor Fati)[4]

복잡성을 수용하지 못한다는 것을 알려 주는 명확한 지표들이 있다. 좋고 나쁘고 옳음과 그름의 명확한 구분을 갈망하게 되고, 어느 한 편을 선택해야 한다는 절박함을 느끼게 된다. "안 돼!"라는 말이 끊임없이 나오고, 어깨가 굳어지는 것이 느껴진다. 자신이 하는 말은 입에 발린 소리처럼 들리고, 파편적인 생각들은 하나로 모아지지 않는다. 논의를 할 때 독단적이고 독선적이 되기도 한다. 논의 주제와 무관하게 편파적일 수도 있다. 자신이 가장 염려하는 것은 오직 자기 자신의 입장이다.

---

4 역자 주: 니체의 용어 '네 운명을 사랑하라'

"What I'm proposing is this. No."

제가 제안하는 것은 이것입니다. "안 됩니다."

회사에서 편을 만들고, 줄을 세우면 사무실의 분위기는 요동치기 시작한다. 이는 험담, 파벌, 분열, 엄격한 근로 기준 등의 형태로 나타나기도 한다. 트라우마 분야의 선구자이자 사회복지사인 빌리 로손(Billie Lawson)은 다음과 같이 말했다. "논쟁을 하게 되면, 역할에 대해 협상을 할 수 있는 여유가 없어집니다." 이로 인해 마치 고등학교나 중학교에 있는 것처럼 느껴질 수 있다. "남쪽 지방의 프로그램들이 어려움을 겪는 것 같군요. 내가 어떻게 도울 수 있을까요?"와 같은 긍정적인 이야기는 듣지 못할 것이다. 그보다는 더 부정적이고, 더 악의적인 이야기를 듣게 될 수 있다. 어려움을 겪고 있는 것처럼 보이는 동료를 도우려 하기보다는 "내가 그럴 줄 알았다."고 말하는 것처럼 말이다. 자신이 처한 상황을 전체적으로 파악할 수 없을 때, 편을 가르는 현상은 상담 현장에서도 종종 목격된다. 만약 자신이 "저는 저를 도와주는 엄마는 사랑하지만, 아빠는 정말 싫어요."와 같은 편 가르는 말을 하고 있다면 주의 깊게 자기 자신을 살펴야 한다.

이런 행동은 불에 기름을 붓는 것과 같은 결과를 가져올 수 있다. 누구도 나서서 다음과 같은 질문을 해 주지 않는다. "차분히 그것에 대해 생각해 보세요. 무슨 일이 일어날 수 있을까요? 그것을 어떻게 볼 수 있을까요? 고려해야 할 것을 잊어버리지는 않았나요? 가장 도움이 될 만한 것은 무엇일까요?" 넘겨짚거나, 상황 판단을 건너뛰거나, 잘 알아보지 않고 말하거나, 생각 없는 행동을 해서 불안정한 상황을 더욱 악화시킬 수도 있다.

복잡성 수용 불능은 시민 사회 운동에서 나타날 때도 있다. 예를 들어, 가정폭력 행위자에게 형사 처벌을 요구한 가정폭력 추방 운동의 경우가 있다. 당시에는 매우 좋은 이유처럼 보였지만, 가정폭력에 대한 지도자들의 반응의 복잡성을 제한했다.

코니 버크(Connie Burk)는 형법 시스템에 의존하는 가정폭력 추방 운동에 대해 자신의 글 "복잡성에 대한 질문"(p. 113)에서 논의했다.

> 나는 우주가 큰 것처럼 내 마음도 크게 만드는 방법을 배웠다.
> 그래서 내 마음 속에는 역설을 수용할 수 있는 공간이 있다.
>
> — 맥신 홍 킹스톤(Maxine Hong Kingston),
> 『여전사(The Woman Warrior)』 저자, 국립인문학훈장 수여자

만약 여러분이 트라우마를 경험한 적이 있다면 복잡성을 수용하지 못하는 것이 당연할 수 있다. 현실에 대해 안정감을 갖고자 하는 개인적인 필요가 가장 중요하기 때문이다. 내면 세계의 복잡성을 수용할 수 있고, 모호한 것들을 품을 수 있는 마음의 여유를 만드는 것은 너무나도 고통스럽고, 인지적으로는 불가능할 수도 있다. 정서적으로 좋은 장소에서 잘 쉬고, 최고의 성과를 내고 있을 때에는 세상이 복잡한 곳이라는 것을 잘 안다. 일을 할 때 어느 한 면만 보거나 단순하게 보는 것이 자기 자신에게 도움이 되지 않는다는 것도 잘 안다. 하지만 사람들은 양극단화된 시민 사회에서 살아간다. 법률 시스템은 적대적이고, 공공기관들은 제로섬(zero-sum) 파워 시스템을 가지고 있다. 투표를 할 때에도 찬성을 하거나 반대하는 것만 가능하다. 유죄인지 무죄인지만 알 수 있다. 주도권을 쥐거나, 주도권에 반대하거나, 완전히 무관심할 수 있다. 최근 미국의 정치인 중에는 자신을 지지하지 않으면 테러범을 지지하는 것이라고 말하는 사람도 있다.

큰 규모의 지배 구조에서 작동되는 이분법적 사고방식이 내재화되는 것을 볼 수 있다. 그런데 이 방식은 일상생활에서 문제의 원인과 어려움, 그리고 관계를 이해하고 개선하는 데에는 별 도움이 되지 않는다. 대부분의 어려운 문제는 사람들이 상황의 복잡성을 존중하고 이해해야 해결의 실마리를 얻을 수 있다.

이것을 실천으로 옮기기는 어렵다. 복잡성을 수용한다고 해서 사회적·환경적 변화에 대한 문화와 사회 제도에 대한 비판을 포기해야 한다는 것은 아니다. 또 사람이 도덕적 상대주의자가 되어야 하는 것도 아니다. 우리에게는 환경적 인종차별주의, 데이트 강간, 감옥과 직장에서의 학대 등에 대해 사회적 관심을 요구해야 할 의무가 있다. 차별과 학대에 대해 단순화하거나 마치 자신과는 무관한 것처럼 여긴다면 우리에게 주어진 사회적 책임을 오용하는 것이다.

나는 틱낫한(Thich Nhat Hanh) 스님이 조지 부시(George W. Bush) 미국 대통령에게 보낸 편지를 보게 됐다. 1967년에 틱낫한 스님은 베트남 전쟁의 종결을 위해 수많은 노력을 한 공로로 마틴 루터 킹(Martin Luther King)의 추천을 받아 노벨평화상의 후보자가 되었다. 스님은 폭력으로 자기 삶을 황폐하게 만든 사람과 공존하기 위해 지속적으로 노력하는 모습을 보여 주었다. 스님의 편지는 복잡성의 본질을 이해하는 동시에 그 상황을 바꾸려는 강력한 예시다.

> 대통령님께
>
> 지난 밤 저는 2주 전에 미국에서 사망한 제 남동생이 찾아오는 꿈을 꾸었습니다. 남동생은 아이들과 함께 저를 찾아와서는 이렇게 말했습니다. "함께 집에 가자." 아주 잠깐 주저했지만, 저는 그에게 기쁘게 말했습니다. "좋아, 함께 가자." 오늘 새벽 5시에 꿈에서 깨어 저는 중동의 상황에 대해 생각하면서 처음으로 눈물을 흘렸습니다. 한참을 울었습니다. 그러고는 한시간 뒤부터 괜찮아졌습니다. 그리하여 주방으로 가서 차를 내렸습니다. 차를 내리면서 동생이 말한 것이 사실이라는 것을 깨달았습니다. 우리 집은 모두가 함께 지낼 수 있을 만큼 충분히 여유롭습니다. 형제자매가 다 함께 집에 가도록 합시다.

대통령 님, 제가 오늘 아침에 운 것처럼 대통령 님도 눈물을 흘린다면 훨씬 기분이 좋아질 것이라고 생각합니다. 우리가 그곳에서 죽인 사람들은 우리의 형제들입니다. 하나님은 그들이 우리의 형제라고 말씀하셨고, 우리도 그것을 알고 있습니다. 그들은 분노와 오해, 차별 때문에 우리를 형제로 보지 않을 수도 있습니다. 그러나 조금의 깨달음이 있다면 우리는 다른 관점으로 바라볼 수 있고, 이 상황에 대해 다르게 반응하게 될 것입니다. 저는 대통령 님 안에 거하시는 하나님을 믿고, 대통령 님 안에 있는 붓다의 속성을 믿습니다. 읽어 주셔서 감사합니다.

— 감사와 형제애를 담아,

틱낫한

플럼빌리지(plum village)[5]에서

---

5 역자 주: 틱낫한 스님이 1982년에 프랑스 보르도 근교에 창설한 명상 공동체

복잡성에 대한 질문: 범죄와 가정폭력 퇴치 운동

1960년대 후반과 1970년대에 미국의 제2물결 페미니스트들이 가정폭력에 대항하기 시작했을 때 미국 대부분의 주에서는 남편이 아내를 강간하는 것은 합법이었으며, 몇몇 주에서만 아내의 구타에 대해 엄하게 형사 처벌을 했다. 남편이나 남자친구는 면책권을 가지고 아내와 여자친구에게 폭력을 가했다고 할 수 있다. 혹 처벌이 있더라도 충분히 감당할 수 있는 미미한 처벌이다. 구타를 당한 여성의 고통과 괴로움은 별것 아닌 것처럼 치부되고 부정되었다. 여성은 더 좋은 아내가 되어야 한다는 말을 들었고, 남성은 주변을 산책하며 진정하라는 얘기를 들었다.

가정폭력 상담자들은 가정폭력을 종식시키기 위해 헌신했다. 사회적 변화를 이끌어 내기 위해서는 여성의 학대 경험을 진지하게 받아들여야 했다. 미국에서 형사 범죄는 희생자뿐만 아니라 사회 전체에도 해가 되는 것으로 간주된다. 이와 같은 이유로 형사 범죄는 개인 대 개인의 문제가 아니라 국가의 문제로 받아들인다. 그래서 반폭력운동 여성들은 가정폭력과 성폭력도 심각한 범죄를 초래할 수 있는 사회에 대한 해악으로 인정되어야 한다고 믿었다.

많은 전문가의 우려의 목소리에도 불구하고, 가정폭력 추방 운동은 형사 처벌적 대응을 지향했다. 이런 접근의 긴급성은 반복적으로 강화되었는데, 남편이나 남자친구에게 폭행을 당한 여성들이 쉼터로 피신해서 폭행 당했던 이야기를 공유하고, 공권력의 도움을 요청했을 때 보호받지 못하고 거절당했던 경험을 공유하면서 더욱 강화되었다. 형사적 대응의 필요성이 명백하게 드러나 지역사회를 기반으로 피해자들을 돕고자 했던 몇몇 시도는 관심을 받지 못했다. 그 후 수년 간 가정폭력 추방 전략으로 가정폭력의 형사 처벌을 하는 것에 모든 정치적이고 조직적인 힘을 사용했다.

30년간 가정폭력 추방 운동을 주도한 선구자들의 지속적인 헌신과 용기로 운동의 목표 달성을 위한 큰 진전을 이루었다. 가정폭력에 대한 대중의 인식이 높아졌고, 가정폭력에 대해 침묵하던 사람들은 말을 하기 시작했다. 배우자 강간은 미국의 모든 주에서 불법이 되었고, 가정폭력을 중죄로 다루고 있으며, 대부분의 주 정부는 가정폭력을 전담하는 형사법원을 따로 두게 되었다. 가정폭력에 대응하는 정책은 지난 수십 년간 국가적인 의제가 되고 있다. 이렇게 명확한 성과들이 있지만, 나라 반대쪽에서는 또 다른 이야기가 펼쳐지고 있다. 미국 교도소의 수감 인원은 1977년 30만 명에서 2005년에 2백만 명으로 증가했다(미국 법무부 통계부). 2005년 교정 지도감독(가석방, 보호관찰, 구치소, 교도소) 하에 있는 사람의 수는 1980년보다 2백만 명이 증가한 7백만 명이 되었다. 2005년 말 미국 법무부에 따르면 미국 흑인 남성 10만 명당 수감자 수는 3,145명, 히스패닉 남성 10만 명당 수감자 수는 1,244명, 백인 남성 10만 명당 수감자 수는 471명이었다. 교도소 내의 강간, 수감자 간의 에이즈 감염, 그리고 기타 폭력은 국가적 위험 수준으로 높아졌다.

수감되는 인원이 폭발적으로 증가되었고, 폭력과 억압으로부터 사람들을 보호하려던 노력은 점차 형사 사법 체계 안으로 빠르게 흡수되었다. 쉼터의 치료 프로그램은 경찰과 검사와 더욱 밀접하게 협력하기 시작했다. 그런데 아이러니하게도 기소를 꺼리는 생존자는 엄격한 감시와 압력을 받게 됐다. 지난 10년 간 가정폭력에 대한 부적절한 경찰행정과 구타 관련법의 잘못된 적용으로 구속되거나 기소되는 가정폭력 생존자의 수가 늘고 있다. 유색 인종, 이민자, 그리고 성소수자는 형사 사법 체계에 대한 과잉 의존의 위험성에 대한 두려움을 표현했다. 이들은 오랫동안 경찰의 편향된 조사와 가혹한 형사 고발 또는 추방의 대상이 되어 왔다.

많은 가정폭력 현장에서 생존자와 소외 계층의 염려는 놀라웠다. "가정폭력을 범죄화하는 것이 어떤 부정적인 결과를 가져올 수 있습니까?" 그들은 질문했다. 많은 가정폭력 상담자는 여성에 대한 잔인한 폭행이 범죄라는 것을 심각하게 받아들이게 하기 위해 끊임없이 싸우고 있다. 그들 대부분에게 이 전략은 의심의 여지가 없는 것이다. 형사 처벌은 분명히 '옳은 것'이다. 가정폭력을 둘러싼 사람들의 염려와 조심해야 할 것들을 일축하는 것은 쉬웠다.

여전히 빈틈은 있다. 범죄화에 대한 지나친 강조가 초래하는 부정적인 결과들이 문서화되고 있고, 수년째 논란이 되고 있다. 베스 리치(Beth E. Richie)는 그녀의 저서 『강요된 범죄: 폭행 당한 흑인 여성의 성차별적 함정(Compelled to crime: Gender entrapment of battered black women)』(1995)에서 인종차별의 교차점, 가난한 흑인 여성의 기소, 그리고 가정폭력에 대해 설명했다. 사우스다코타주의 흰 버팔로 송아지 여성회(White buffalo calf woman's society)의 이사, 틸리 블랙 베어(Tillie Black Bear)와 미네소타주 덜루스의 가정폭력 치료센터, Mending the Sacred Hoop의 여성들은 아메리카 원주민 자녀들의 강제 추방이 아메리카 원주민 보호구역의 가정폭력 증가와 관련이 있음을 보여 주었다. 수십 년 동안 그들은 장기간 복역하는 대신 건강 관리, 경제 개발, 알코올과 마약 치료, 그리고 배상금 등의 회복적 사법제도 전략에 대해 논의했다. 시애틀에 있는 레즈비언과 양성애자 여성 커뮤니티에서 일하는 상담자들은 한 해 동안 경찰과 접촉한 레즈비언 가정폭력 생존자의 절반 이상이 체포되었음을 증명하는 증거를 수집했다. 이들은 기소와 투옥에 의존하는 대신 지역사회를 기반으로 하는 해결 방법을 촉구했다. 동남아, 동유럽 및 태평양 섬의 이민자들은 가혹하고 혼란스러운 이민 정책과 여성과 아동의 밀입국 증가, 그리고 학대 경험의 연관성을 분명히 밝혔다.

변호사들은 가정폭력 생존자들이 형사 소송보다는 양육권 분쟁과 같은 민사 소송에 훨씬 더 휘말리기 때문에 민사 소송에서 더 많은 도움이 필요하다고 한다. 다른 활동가들은 가정폭력 추방 운동이 적대적인 법률 시스템에 몰두한 나머지 가정폭력 행위자를 비인간적으로 다루고, 그들의 지역사회 참여의 기회를 박탈하고 있다는 것을 보여 주었다. 가정폭력 행위자들이 근본적으로 범죄자라는 메시지가 퍼지게 되면 폭력 가정의 친구들과 가족은 점점 더 폭력에 대해 관여하는 것을 꺼려하게 된다. 결과적으로 학대를 종식시키는 것은 더욱 어려워진다.

이러한 비판을 염두하면 사람들이 생각해서 일을 하는 데 있어서 더 큰 복잡성이 요구된다. 가정폭력이라는 영역에서 인간의 고통을 중단하고 정의를 바로 세우기 위한 모든 움직임이 그렇듯이, 긴급한 필요성은 사람의 관점을 좁히고 우선순위를 방해할 수 있다. 가정폭력이 너무나도 큰 해악이기 때문에 가정폭력을 어떻게 중단시키느냐에 대한 세부 사항들은 큰 문제가 되지 않는다고 스스로 정당화할 수도 있다.

여성의 자기 결정을 지지하고 가정폭력을 중단시키려는 이 운동은 여성의 안전을 위한 사회적 권리를 신장하고 정의를 추구하기 위한 목적으로 '가정폭력 범죄화'라는 길을 걷기 시작했다. 그러나 가정폭력이 가진 복잡성에 신경을 쓰지 않은 탓에 형사 사법적 대응이라는 끝없이 긴급하고 언제나 위기인 폭풍우 속에서 허우적거리게 되었다. 형사 사법적 대응을 하느라 대부분의 자원을 소모하게 되어 형사 대응의 한계를 고려한 지역사회 기반 전략에 필요한 에너지가 남아 나지 않게 된다. 결과적으로 이 운동은 고립해제, 지역사회 지원 구축, 아동의 필요 충족, 경제적 안정 증진과 같이 가정폭력 생존자들이 가장 많이 언급하는 우려에 대해 불충분하게 다루게 되었다.

최소화

저는 제 자신을 최소화해요. 만약 무슨 일이 생기면, 저는 "글쎄요, 제가
총에 맞지 않았는데 무슨 불만을 제기하겠어요?"라고 말해요.

— 지역사회 조직가

나는 허리케인 카트리나가 지나간 이후 10개월간 뉴올리언스에 있는 오듀본 자연 연구소(Audubon Nature Institute)에서 일을 한 적이 있다. 연구소의 프로그램은 뉴올리언스 전역의 동물원, 수족관, 그리고 여러 학습센터 및 공원 등에 제공됐다. 허리케인이 왔을 때, 동물을 보살폈던 한 남성은 동부 해안에 있는 여동생 집에 방문했다. 여동생과 시내를 걷고 있다가 고층 건물에서 떨어져 죽은 남자의 시체를 맞닥뜨렸고, 때마침 구급차가 와 있었다. 여동생은 방금 목격한 것에 대한 오빠의 반응이 별로 없는 것을 보고 상당히 불안해했다. "오빠는 어떻게 떨지도 않고, 감정을 표현하지 않을 수 있어?" 그녀는 물었다.

그는 나에게 말했다. "저는 여동생에게 설명해야 한다고 느끼면서도 다른 한편으로는 패배감을 느꼈어요. 저 스스로 생각했죠. '여동생은 이해할 수 없을 거야.' 지난 10개월간 너무 많은 것을 보았기 때문에 깊게 느껴지지 않았어요. 여동생이 이해할 수 있도록 어떻게 이야기해야 할지 모르겠더라고요." 그는 자신이 다시 강해졌다는 느낌을 갖기 위해서는 어떤 일이 일어나야 하는 것인지 상상할 수도 없다고 말했다.

다양한 인간의 경험을 목격한 사람은 타인의 고통에 점점 더 무감각해질 수 있다. 사람들은 타인의 힘들었던 이야기를 들으면서 감동을 받는다. 그런데 수많은 이야기를 듣다 보면 좀더 힘들고 공포스러운 이야기를 들어야만 같은 감동을 받게 된다. 비교적 덜 심각한 트라우마를 경험한 사람도 자신이 경험한 '현실'은 매우 심각하지만, 전문가는 심각도가 낮다고 판단하고 충분한 시간과 자원을 할애하지 않을 수 있다. 이렇듯 '최소화'는 심각한 상황을 다른 상황과 비교하여 현재 상황을 분

석할 때 발생한다.

최소화하는 것은 우선순위를 정하거나 등급을 매기는 것이 아니다. 최소화라는 대처 전략이 최악이 되는 순간은 사람이 극도의 어려움에 빠지지 않아서 괜찮다고 생각하는 자기 자신을 수없이 보고 있을 때다. 타인의 이야기를 들으면서 여전히 고개를 끄덕이고, 적극적인 경청을 하고, 진정한 공감을 하는 척하면서 속으로는 이런 생각을 할지도 모른다. "이런 대화를 20분째 하고 있다니 믿을 수가 없군. 흉기를 들고 있는 것도 아닌데."

"이봐, 친구! 다들 응급 상황이라고."

모든 것을 최소화하게 만드는 것은 단 하나의 극단적인 상황일 수 있다. 다시 말하지만 최소화는 업무의 우선순위를 정하는 것이 아니라, 다른 사람의 고통을 비교하거나 위계 구조표에 대입해서 사람이 연민과 공감 능력을 잃게 되는 경험을 의미한다. 더이상의 정보를 받아들일 수 없을 정도로 포화 상태에 이르렀을 때 최소화를 시작할 수도 있다. 주어진 상황을 있는 그대로 경험하지 못하고 듣거나 보는 것을 최소화하게 된다. 사람은 자신의 역치, 즉 한계점을 넘지 않기 위해 필사적으로 노력한다. 사람에게는 문자 그대로 '용량'이라는 것이 있다.

'최소화'는 종종 부정적인 조직 문화를 형성하는 요인이 되기도 한다. 사람이 가장 극단적인 경우에만 관심을 받거나 존중받을 수 있다면 가장 극단적인 방식으로 경험하고 표현하는 법을 배워야 할 것이다. 그렇지 않은가? 이와 관련해서 만약 전문가들이 아주 고조된 상태에서 짜증, 염려, 그리고 본격적인 비평을 늘어놓는다면 트라우마에 노출되어 복합적인 반응을 보이는 사람들은 전문가를 찾지 않을 것이고, 곧 많은 사람은 편가르기를 시작할 수도 있다. 예를 들어, 한 직원이 "사장님이 저를 때릴 것 같아요."라고 말한다면 갈등의 구체적인 내용을 이해하는 것이 어렵다. 다음과 같이 이야기한다면 보다 수월하게 이해할 수 있다. "저는 제 이의제기가 진지하게 받아들여진 것 같지 않고, 이 작업에 동의하도록 철저히 조사받고 있는 것처럼 느껴졌어요."

마지막으로 비교는 경쟁을 유도한다. 만약 모든 사람의 관심을 끌기 위해서 극단적인 방법을 사용해야만 한다면 아주 어려운 도전이 될 것이다! 이야기를 좀 더 드라마틱하게 부풀릴 수 있고, 혹은 자신이 맡은 사례가 좀더 대단하게 보일 수 있도록 상황을 보다 극단적으로 파고들 수도 있다. 그러면 '진정한' 사례를 다루는 전문가로 이름을 얻을 수 있고, 실제로 '성취하는' 기관에서 일한다는 명성을 가질 수도 있다.

많은 사람은 '최소화'가 그들 개인의 삶에 큰 스트레스를 유발한다고 한다. 예를 들어, 배우자가 퇴근하고 집에 돌아와서 힘든 하루 일과를 이야기하기 시작하면 당신은 이를 꽉 깨물고 대답할 것이다. "그랬어? 회사에서 힘든 하루를 보냈어? 앉아 봐, 힘든 하루를 보내는 사람들에 대해 얘기해 줄게." 혹은 아이가 학교 운동장에서 화가 났던 이야기를 쏟아 놓으면 이렇게 대답할 것이다. "너는 학교에 가서 놀이터에서 노는 것에 감사해야 해. 세상에 놀이터에서 놀 수 있는 아이들이 얼마나 적은지 너는 알고 있니?"

한 가족 사례관리자가 다섯 살짜리 딸과 관련된 이야기를 나에게 들려 주었다. 아이는 엄마에게 다가와 온화하지만 진지하게 아빠에 대해 불평을 했고, 엄마는 폭발했다. "너에게 아빠가 있다는 것은 행운이야. 엄마는 매일 아빠가 없는 아이들과 일을 해. 그 아이들은 평생 아빠를 만난 적이 없어. 아빠가 무엇인지조차 몰라!!!"

그녀가 심하게 폭발을 하자 그녀의 딸은 당황했다. 그녀는 딸에게 준 상처를 되돌리려고 노력했지만, 몇 주 후에 그녀의 폭발이 딸아이에게 인상을 남겼다는 것을 알게 되었다. 딸아이는 계속 그녀에게 반복해서 질문했다. "엄마, 저 남자애는 아빠가 있을까요? 저 여자애는 어떨까요?"

당신의 감정에 아무것도 없는 것처럼 느껴지는 순간이 올 수 있다. 그 어떤 감정도 다시는 느낄 수 없을 것 같고, 그 누구도 공감할 수 없을 것 같은 순간이 올 수도 있다. 한 학교 선생님은 자신의 자녀가 무언가에 대해 불평하기 시작했을 때, "여기는 아우슈비츠 강제 수용소가 아니야."라고 쏘아붙였다는 이야기를 했다. 그리고 더이상의 대화는 없었다고 했다.

만성피로

제 눈 밑 다크써클에 바퀴가 필요한 것 같아요.

— 아메리콥스 직원

당신이 힘든 일을 하고 피곤함을 느끼는 것과 일상에서 느끼는 피로는 다르다. 사람들은 대부분 하루 종일 힘들게 일하고 그에 대한 보상을 받는다. 부드러운 베개와 달콤한 잠을 잘 수 있음에 감사하며 잠을 청한다. 이것을 피곤함이라고 한다. 트라우마 노출 반응으로 인한 피로는 뼛속부터 지치고, 정신이 피곤하고, 마음이 힘들어지는 소진이다. 당신의 몸과 마음, 그리고 영혼이 피곤을 느끼면 가족과 친구들도 피곤해진다. 당신이 언제 피곤하지 않았는지조차 기억이 나지 않는다.

"아니, 거기 말고. 거긴 내가 머리를 기댈 곳이야."

　이러한 종류의 피로는 시급하게 처리해야 할 일들이 산적해 있는 사람에게 발생할 가능성이 가장 높지만, 자신이 성취할 수 있는 것과 없는 것에 대한 균형 잡힌 감각을 가진 사람에게도 나타날 수 있다. 카티 로플러(Kati Loeffler)는 중국에 거주하는 수의사이자 과학자다. 그녀는 가축 돌봄의 질 향상 업무, 야생동물의 보호 업무, 자이언트 판다 번식 센터에서의 수의 및 축산 훈련 업무, 흑곰 구조 센터에서의 치료 업무, 동물 복지 개선 및 국제 자연 서식지 보호 노력 업무 등을 했다. 카티는 "사람은 자신의 성격과 늙어 가는 몸 때문에 얼마나 많이 지치고, 에너지를 소진하고, 힘겹게 절망과 싸우는지를 모릅니다."라고 말했다. "또 인간의 과도한 활동 때문에 동물이 받는 고통이 얼마나 큰지 말로 다할 수 없습니다. 인간으로부터 동물을 보호하려고 노력하는 사람은 너무 적고, 눈에 보이는 성과는 별로 없습니다. 이 세상에는 고통받는 동물들이 너무 많고, 도움을 필요로 하는 동물들도 너무 많지만, 그들의 고통을 완화하고 그들을 돕기에는 우리의 능력이 턱없이 부족합니다."

　트라우마 노출 반응은 그 자체로 피곤하다. 트라우마에 노출되면 사람의 몸과 마음이 충분히 쉼을 얻고 활력을 되찾을 수 있도록 특별히 주의를 집중해야 한다. 만약 트라우마 노출 반응에서 벗어나지 못하게 되면 상황은 매우 어려워진다. 무기력해지거나, 절망적이 되거나, 과민해지는 증상 그 자체가 사람을 소진시키기 때문이다.

사람을 더 피곤하게 만드는 것인데 사람들이 잘 모르는 것 중 하나는 자신이 하는 일에 대해 선택권이 없다는 신념이다. 이런 생각은 의식적일 수도 있고, 무의식적일 수도 있다. 자신의 업무가 너무 중요하기 때문에 선택의 여지가 없다고 스스로 생각할 수도 있다. 마치 지구의 운명이 자기 손에 달려 있는 것처럼 말이다. 반면, 아무 이유도 없이 자신의 업무에 묶여 있는 것처럼 느끼는 사람도 있다. 이를테면 트라우마를 관리하고 치료하는 직업은 조상 대대로 내려오는 신념에 따라 운명처럼 받아들이는 것은 아닐 것이다. 그런데도 이 직업에 묶여 있는 것처럼 느끼고, 혹 어쩔 수 없이 직업을 바꿔야만 한다면 사람을 돕는 직업을 가져야 한다고 생각할 수도 있다. 사람은 의무감을 느낄 때 매우 자주 피곤함을 느끼게 된다.

또한 많은 현장에서 피로감은 숙련된 노동자가 가지는 하나의 특징으로 여긴다. 직장에서 "내가 해 봐서 아는데… 누구는 몰라서 그러는 줄 알아?"와 같은 생각이나 태도를 가지고 일하는 사람을 본 적이 있을 것이다. 냉소적이고, 세상에 지친 사람들과 비교해 보면 열정을 가진 활기찬 사람들은 종종 어리고 순진한 사람처럼 보인다.

일을 새롭게 시작하는 신입 사원의 신선하고 희망찬 이상은 점차 거칠고, 매서운, 순교자적인 성격으로 변해 갈 것이다. 이 성격은 자신이 해 봐서 안다고 생각하는 미성숙한 사고방식을 가지게 하고, 자기 자신을 매우 중요한 사람이라고 생각하게 한다. 이 성격은 실제로 전염이 된다. 창 밖은 황사로 가득하고, 안에는 커피 잔이 가득한 대형 사무실이 있다. 직원 회의에 들어오는 사람들이 "아침부터 피곤하네."라고 말한다. 만약 그 자리에서 당신 혼자서 활력이 넘친다고 하면 사람들이 당신에 대해 '좀 이상한 사람'이라고 생각할 수 있다는 것을 알기 때문에 당신은 아무 말 없이 회의에 참석하거나 당신도 그들과 함께 피곤하다고 말할 수도 있다.

"저는 어떤 일도 할 수 있는 에너지가 없어요. 정말로요. 아침에 일어나서 강아지를 산책시키고 나면 모든 에너지가 없어져요. 혼자서는 아무것도 할 수 했던 일들을 할 수 있는 에너지가 남아 있지 않을 거예요. 무언가를 한다는 것 자체가 너무 버겁게 느껴져요."

— 가정폭력상담소 직원

완전히 소진되어 밑바닥을 치지 않으려고 필사적인 노력을 할 수도 있다. 많은 트라우마 노출 증상이 나타나고 있지만, 그 증상들을 무시하거나 최소화하면서 자신이 더 열심히 일할 수 있다는 것을 증명하려고 노력할 수도 있다. 자신에게 필요한 휴식을 취하는 대신, 또 다른 일을 하면서 그 일이 누적된 피로를 극복할 수 있는 힘을 주는 의미 있는 일이기를 바랄 수도 있다. 만약 의무감이나 소진되는 성격 때문에 또는 밑바닥을 치지 않으려는 필사의 노력 때문에 피로를 느끼는 것과 성실히 일을 해서 느끼는 피곤함을 구분할 수 있다면 큰 도움이 된다. 몸의 반응을 관찰하는 것은 통찰을 얻는 좋은 방법이다.

매사추세츠주 보스턴에 있는 트라우마 센터(Trauma Center)에는 경찰관들을 위한 안내서에 이런 문구가 있다. "몸이 위험 신호를 보내는 것은 매우 흔한 일이며, 위험 신호는 누적됩니다." 허리 통증, 편두통, 몸살, 우울증, 고혈압 및 기타 질병은 신체적 스트레스뿐만 아니라 반복된 트라우마 노출로 인한 증상일 수 있다. 트라우마를 관리하는 일을 하면서 나는 사람들이 신체적으로도 충격을 받는다는 이야기를 많이 들었다. 그동안 나에게 스트레스성 당뇨병, 만성 피로 증후군 및 암을 포함한 건강 문제에 대해 이야기한 직원만 해도 수십 명이다. 그들에게 의사가 휴가를 권했으나, 현실에서 휴가를 갖는 것이 상당히 어렵다고 이야기했다. 최근에 나와 함께 일했던 약물 중독 상담자가 자신의 이야기를 해 주었다. "저는 알코올중독 가정에서 자랐고 7세 때부터 어린 동생들을 책임져야 했어요. 그래서 제가 해야 할 일이 생기면 그로 인해 최선을 다해서 돕는 것이 몸에 배었어요. 최근에 한 동료가 퇴사를 해서 제가 그 동료의 업무까지 맡게 되었어요. 회사에서는 후임이 올 때까지 잠깐만 도와 달라고 했죠. 하지만 새로운 직원은 채용되지 않았어요. 몇 주 동안 두 사람의 업무를 하다가 심장 마비가 왔어요. 회복하고 다시 출근을 했는데, 회사에서는 구조 조정을 하고 있었죠. 저에게 주어진 새로운 업무는 두 사람이 해야 하는 양의 업무였어요. 저는 상사에게 할 수 없다고 말했어요. 회사는 사과하고 일을 줄여줬지만, 저는 여전히 1.5배의 일을 해야 했어요. 저도 잘해 보려고 노력했죠. 그런데 6주 후에 두 번째 심장 마비가 왔어요. 그제서야 비로소 저는 한 사람이 할 수 있는 일만을 할 수 있다는 것을 깨달았어요. 하지만 그것을 받아들이는 것은 정말 정말 어려웠어요."

"희미한 형광등은 희망이 없다는 것을 강조하기 위한 것입니다."

[✿ 꿈을 이루다. 워렌 브라운(Warren Brown)의 이야기(워싱턴)]

1993년에 브라운 대학교를 졸업한 후 워렌 브라윤은 로스앤젤레스의 로드아일랜드 지역에서 생식기 건강에 대해 강의를 했다. 그러나 그는 학생들의 요구에 부합되지 않는 필수교육과정에 대해 실망하고 말았다. 그는 고급 공중보건 수련과정과 법학박사과정을 융합해서 하나의 과정으로 만들고 싶었다. 그래서 다시 공부하기 시작했다. 1998년 조지워싱턴 대학을 졸업하고, 브라운은 보건복지부에서 의료보험 사기 사건에 대한 소송 업무를 맡게 되었다. 다른 한편으로는 케이크를 만드는 일에 열정을 쏟았다.

1999년 새해 전날, 자기가 만든 케이크를 팔기로 결심하고는 오븐, 대형 냉장고, 그리고 다른 기구들을 구입했다. 10개월 간 낮에는 소송 업무를 하고, 밤에는 주방에서 3~5시간씩 케이크를 만들었다. 그는 2000년에 보건복지부라는 좋은 직장을 그만뒀다. 2년 후 그는 CakeLove라는 회사를 설립했고, 천연재료로만 케이크를 만들었다. 워싱턴 D. C.의 최고의 빵집으로 수차례 선정되기도 했다. 그는 <오프라 윈프리 쇼>에 출연하여 언론 매체의 관심을 받았으며, 2006년에는 올해의 중소기업가로 선정되기도 했다. 브라운은 자신의 기업정신을 추구하기 위해 신규 매장을 개장하고, 제품 라인을 확장했으며, Food Network 채널에서 Sugar Rush라는 프로그램을 진행했다. 그는 젊은 학생들과 기업가들에게 사업 개발과 열정에 대해 자주 이야기했다. 다음의 삶의 교훈은 그의 웹사이트 www.cakelove.com에서 인용한 것이다.

법학전문대학원은 끝없는 프로젝트와 문서 작업을 해야 하는 힘든 시기였습니다. 저는 저 자신과의 연결을 잃어버린 것처럼 느꼈어요. 초반에 저는 자신에게 묻지 않을 수 없었죠, "무엇이 나를 행복하게 할까?" 나 자신에게 물어보는 것, 이것이 핵심이었어요. 제가 통제력을 가지고 제 영혼을 위해 좋은 일을 할 시간을 따로 남겨 둠으로써 공부가 주는 고통으로부터 회복될 수 있었습니다. 돌이켜 보면 학교 공부는 적이 아니었어요. 학교는 제가 집중할 수 있도록 훈련시켰죠. 그 당시에는 마치 구속처럼 느껴졌지만 저는 저의 남은 에너지를 아주 만족스럽고 창조적인 순간 속으로 쏟아부었어요. 그 두 가지가 저를 열정으로 이끈 것입니다.

무언가가 제 자신을 직면하게 하면서 질문을 하게 만들었어요. "지금이 아니면 내가 언제 움직일 수 있을까?" 저는 머뭇거리고 있는 것처럼 느껴졌어요. 바닥으로 떨어진 것도 아니지만 그렇다고 어느 곳을 향해 가는 것도 아니었죠. 제 마음과 몸은 표현하고 싶었지만, 워싱턴 D. C.에서의 삶에 적응하다 보니 표현할 수 있는 장소를 찾을 수 없었어요. 대학원 졸업 후, 저는 저 스스로 만족할 수 있는 세계를 만들어야 한다는 것을 깨달았어요.

만족할 수 있는 세계를 찾던 중 저는 제 자신의 목소리를 들었습니다. 스스로 질문을 하고 제 마음속 깊은 곳에서 떠오르는 답을 들었습니다. 그 당시 저의 질문은 여기저기에 널려 있었고, 정말 산만했습니다. 저는 마음속에 떠오르는 답을 찾으려고 노력했어요. 시간이 지나면서 마음의 소리는 다양한 방식으로 나타났어요. 요리, 그림, 글쓰기, 정원 꾸미기, 요가 등등으로요. 제가 할 수 있는 한 많은 새로운 것을 시도했습니다.

제 영혼을 드러내는 방법을 이해하는 데 있어 가장 어려운 장애물 중 하나를 법학전문대학원 여름 인턴십 기간 동안에 찾을 수 있었습니다. 저는 단 4주 만에 인턴십을 그만두었습니다. 저는 포기하는 것에 대해 복잡한 감정을 가지고 있었어요. 저는 주어진 일을 다 마치지 못하는 것은 싫었지만, 행복하지 않았고 희망이 보이지 않았습니다. 직장을 그만둘지 말지 고민하는 동안에 미술치료를 받았어요. 제가 그린 그림 중 초상화가 있는데, 회색빛 얼굴에 파란색 입술, 붉은색 눈동자, 그리고 생기 없는 머리카락의 젊은 남자의 모습이었죠. 절망적이고 비참한 모습이었어요. 자화상은 제 자신이 상당히 잘못되고 있다는 것을 제게 알려 주었습니다. 그다음 날 저는 인턴십을 그만두었습니다.

물론 친구들과 가족은 제가 인턴십을 포기했다는 사실에 충격을 받았지만, 많은 사람이 저를 축하해 줬습니다. 정말 이상한 일이라고 생각했어요. 그렇게 갑자기 직장을 떠난 것이 왜 칭찬을 받아야 하는 것인지 몰랐습니다. 영혼의 자유로움을 얻은 것을 제외하고는 모든 것을 잃어버렸거든요. 그들은 제가 저 자신을 행복하게 하는 무언가를 위해 내딛은 첫걸음을 본 것이었어요. 하지만 무엇이 저를 행복하게 할 수 있을지 확실치 않았습니다. 저는 단지 무엇이 저를 행복하지 않게 하는지를 본 것뿐이었죠. 물론 원하는 것을 안다는 것의 절반은 원하지 않는 것을 아는 것이기는 합니다.

이 경험은 제가 미래에 대한 분명한 계획을 정해 놓지 않고서도 일을 포기할 수 있다는 것을 알게 해 주었습니다. 물론 생산적인 결과를 향한 열정을 따르고 있다면 말이죠. 어렵게 얻은 깨달음이었지만, 아직까지는 가장 값진 교훈 중 하나입니다. 4년 후 제가 변호사라는 직업을 버리고 케이크 사업을 시작했을 때 이 경험이 제게 힘을 주었습니다.

제가 직접 일 처리를 한다면 저의 세계는 무너지지 않을 것이라는 확신을 가지고 몇 가지 결정을 내렸습니다. 저에게 도움이 될 실용적인 결정을 해야 한다고 생각했습니다. 저는 어떤 해결책이 있는지 확인하고, 어떻게 진행되어야 하는지를 이해하기 위해 많은 시간을 들였습니다. 저는 획기적인 변화를 지속하는 것보다는 과거의 방식을 수정하고 유지하면서 일관성을 지키려고 노력했습니다.

1999년 아주 명료하게 저만의 방법을 만들 수 있었습니다. 자신을 위대함으로 인도하고, 자신의 소명에 화답하고, 자기 자신에게 대답하자. 이것은 저의 주문이 되었고, 명상을 위한 기도문이자 하루 일과를 마치는 간증이되었고, 진일보를 위한 활력소가 되었습니다. 이때가 바로 케이크 사업을 시작하기로 결심한 해였습니다. 주방에서 저의 지식과 기술을 확장해 보고 싶었습니다. 3대 기업을 따라잡는 것은 큰 도전이기는 했지만, 주방에서 나의 승리와 실패를 평가하는 것은 어렵지 않았습니다.

자신을 위대함으로 인도하십시오(Direct yourself to greatness). 좀 오만하게 들릴 수도 있지만 그런 의미는 아닙니다. 이것은 우선순위를 따르는 것에 대한 것입니다. 저는 성공에 대한 생각을 마음속에 그립니다. 제 몸이 꼭두각시 인형이라면, 제 마음은 인형을 움직이는 사람, 즉 제 몸을 행동하게 하고 비전을 실현시키도록 명령하는 사람과도 같습니다.

자신의 소명에 화답하십시오(Answer your calls). 제가 한때 우울하고, 그로 인해 사회 적응을 잘하지 못했던 적이 있었습니다. 저는 걸려 오는 전화를 피하지 않으려고 무던히 노력했는데, 그때 이 교훈을 얻었습니다. 이 교훈은 실제로 제 영혼을 자유롭게 만들었습니다. 저는 내면의 목소리, 자기 정체성, 내면의 어린아이, 그리고 제 자신의 본능에 귀를 기울였습니다. 그것은 저에게 가치 있는 소망과 기대를 포기하지 않겠다는 약속이며, 제가 저 자신을 위대함으로 인도할 때 만나게 될 것입니다.

자기 자신에게 대답하십시오(Answer to yourself). 여러분 자신에게 진실하십시오. 제가 대학원에 다닐 때 수동적으로 변했던 적이 있습니다. 저는 제가 직접 일을 추진하기보다는 누군가가 일을 추진해 주기를 기다렸습니다. 저는 결국 저 자신에게 평생 동안 무엇을 원하는지 물어볼 수 있게 되었지만, 정작 가장 중요한 일, 즉 제가 살아 있다고 느끼는 것을 경험할 수는 없었습니다. 제가 제 자신을 통제하고 스스로 움직이지 않으면 제 삶의 많은 부분을 잃게 될 것이라는 사실을 더이상 외면하지 않았습니다. 그리고 저는 저의 열정을 발견하기 시작했습니다. 저는 도약했고, 케이크 파티를 벌였습니다. 이렇게 'CakeLove'가 시작되었습니다. 저는 사업 초기에 사업의 런칭과 홍보를 위해 케이크 오픈하우스를 열었습니다. 제가 빵

굽는 것에 소질이 있다는 것을 알았고, 파티를 주최하는 것을 즐겼고, 저의 모험을 지지해 줄 사람들의 의견이 듣고 싶었습니다. 제가 만든 빵과 제 계획의 실행 가능성에 대한 의견을 듣기 위해 제 자신을 내려놓는 것은 쉽지 않았습니다. 많은 사람은 케이크를 만들기 위해 변호사를 그만두는 것은 미친 짓이라고 했습니다. 대부분의 사람은 제가 팔려고 하는 케이크가 어떤 것인지 이해하지 못했습니다. 그러나 법학 교육과 훈련 덕분에 적합한 틈새시장을 찾아낼 수 있었고, 좋은 레시피도 개발할 수 있었습니다. 저는 제가 평생토록 배우고 훈련한 모든 것을 동원해서 일하고 있는 것처럼 느꼈습니다. 그것은 매우 어려운 일이었지만, 저는 그것을 즐겼습니다.

평범, 단순, 열정은 조건 없는 헌신입니다. 그것은 아무리 어려워도 아끼고 돌볼 수 있는 강렬함을 필요로 합니다. 사랑과 많이 비슷합니다. 열정은 18시간을 일하고도 새벽 1시 30분에 케이크를 만들면서 행복함을 찾는 것을 의미했고, 때로는 설거지를 하면서도 사업이 성장하고 있다는 생각에 미소 짓는 것을 의미했습니다. 열정은 남겨진 일을 할 기회를 잡는 것입니다. 열정에 관한 모든 것이 때로는 힘들 수도 있습니다. 그러나 열정을 충족함이 주는 이익과 보상은 헤아릴 수 없습니다. 제가 가진 모든 좋은 경험과 실패의 경험은 제가 성장하는 데 도움이 되었고 고마움을 느낍니다.

열정을 찾는 방법은 자기 자신에 대해 잘 아는 것입니다. 지름길을 원하시나요? 빠른 해결 방법은 추천하지 않습니다. 삶의 최고의 순간은 목적지까지 여행하는 길, 즉 과정에 있습니다. 힘겹게 어려움을 이겨 내기도 하고 웃기도 하는 곳이죠. 그 순간에 머무르면서 과정을 즐기세요. 인생의 맛을 보세요. 자신이 무엇에 흥미를 느끼고 끌리는지 살펴보세요. 자기 자신과 자기를 둘러싼 세상에 귀를 기울여 보세요. 마음의 소리를 듣는 것은 느리고 인내심이 필요한 지루한 과정입니다. 자신이 원하는 것이 확실해질 때까지 충분한 시간을 가지세요. 그리고 나서 그것을 얻기 위해 사력을 다해 일하세요.

열정적이 된다는 것은 무엇이 자신을 행복하게 만드는지를 안다는 것이고, 행복하게 만드는 것에 집중하여 배우는 것이고, 궁극적으로는 자기 만족과 즐거움으로 그 일을 하는 것입니다. 자신을 만족시키는 방향으로 삶을 이끌어 가는 것과 자기중심적인 것은 다릅니다. 마음의 평화를 느끼는 것은 꼭 필요하거든요. 열정에 우선순위를 부여한다는 것은 열정을 이해하고 탐구하기 위해 자기 인생에 공간을 만든다는 것입니다. 일단 자신을 이해하고 자신이 아끼는 것을 이해하면 자신의 삶과 더 가까워지고, 주위 사람들과도 가까워질 것입니다. 한동안 사람들은 당신을 차가운 사람으로 볼 수도 있지만, 일단 당신이 자신의 마음과 영혼을 만나는 지점에 도달하게 되면 다른 사람들도 당신에게서 영감을 얻고 자신의 마음과 영혼을 만나려고 할 것입니다.

저는 어떻게 했을까요? 저는 제 관심사를 탐구하고, 개발하고, 피드백을 듣고, 계속해서 나아갔습니다. 제 경력은 저의 지난 과거의 관심사들이고, 지금 저는 제 일을 사랑합니다. 무엇이 저를 행복하게 하는지에 우선순위를 두면서 제 인생은 매우 자연스럽게 CakeLove로 이어졌습니다. 2000년 4월, 저는 짧은 기간에 너무 많은 일을 하려고 했습니다. 지나치게 과했던 것이죠. 어느 화요일 이른 아침, 저는 움직일 수 있는 에너지를 모두 소진했습니다. 부모님께 전화를 해서 팔을 움직이는 것조차 힘들다고 말했습니다. 제가 있는 힘을 다 끌어모으면 팔을 움직일 수도 있겠지만 숨을 쉬는 것도 힘들었습니다. 혼란스러웠고, 피곤했고, 절망스러웠습니다. 저는 이웃사촌인 카렌에게 전화해서 응급실까지 데려다 달라고 부탁했습니다. 의사 선생님이 제게 말했습니다. "이제 괜찮아요, 하지만 당신은 더이상 15세가 아니에요. 소진된 거예요. 천천히 하세요."

제가 소진이 될 것이라고는 한 번도 생각해 본 적이 없습니다. 하지만 소진되었고, 어느 정도 회복될 때까지 수개월이 걸렸습니다. 피로는 저에게 '멈추고, 쉬고, 자라'고 크고 분명하게 말합니다. 하지만 너무 걱정하지 마세요. 요즘은 스스로 제가 잘 지내는지 지켜보고 있고, 가게에서 저를 돕는 많은 사람이 있으니까요. 이제 열정을 가지고 살고 있습니다. 아침에 일어날 때부터 힘차게 살아갑니다. 저는 영적으로도 충만함을 느낍니다. 그리고 빵을 굽는 것으로부터 매일 만족감을 느낍니다. 저는 그 만족감에 기꺼이 뛰어들 준비가 되어 있습니다.

경청하지 않음/회피

저는 음성 메시지함을 가득 채워 놔요. 새로운 메시지를 받지 않으려고요.

— 간호사

회피가 당신의 인생에 있어 일상적인 습관이라면, 일터에서 가장 좋은 시간은 당신이 일을 할 필요가 없을 때다. 당신이 트라우마에 노출된 가정방문치료 간호사라고 해 보자. 치료를 위해 가정을 방문하려고 할 때, 당신은 조심스럽게 노크를 하고, 자동차가 고장이 나서 방문치료를 나갈 수 없기를 간절히 바랄 것이다. 또는 폭설이 내려서 눈이 치워질 때까지 집에서 대기하기를 바랄 것이다. 음성메시지 기능도 회피를 위한 좋은 수단인데, 인간적인 접촉이 덜한 문자 메시지나 이메일 기능은 회피의 더 좋은 수단이다.

"아니, 목요일은 안 돼. 아예 안 보는 거… 그건 어때?"

사람이 예상치 못했던 휴식을 얻게 되면 주어진 시간과 여유에 기쁨을 느끼는 것은 당연하다. 하지만 그 시간에 밀려 있는 일을 해야 할 정도로 힘들게 살아가고 있을 수도 있다. 그러나 자신이 '회피'하고 있다는 것을 아는 것은 중요하다. 왜냐하면 '회피'는 사람이 더 큰 문제를 향해 가고 있다는 것을 알려 주기 때문이다.

회피는 종종 사람들의 사생활에도 나타난다. 전화를 받지 않는 사람도 있다. 나가서 사람들과 어울리는 것이 점점 줄어들고, 나간다고 하더라도 '이해'하는 특정 집단의 사람들이거나, 아니면 자신의 삶에 깊은 관여를 하지 않을 것이 확실한 사람들하고만 어울릴 것이다. 사람이 자신의 개인적인 삶에 압도당하는 느낌을 갖게 되면 친구, 가족, 요가, 스포츠, 댄스, 예술, 외출 등 한때 자신에게 기쁨을 가져다주었던 것에 대해서도 에너지가 생기지 않는다. 저소득층을 위해 일하는 변호사가 말했다. "저는 결코 집에서 전화를 받지 않습니다. 하루는 제 아들이 말했어요. '엄마, 뭐가 문제예요?' 저는 대답했습니다. '나랑 같이 일하는 사람들은 아무도 집에서 전화를 받지 않아.' 아들은 대답했어요. '전화를 안 받아도 여전히 엄마를 미치게 만들 걸요?'" 전화를 받지 않는 것도 회피하는 방법 중 하나다. 회피적인 행동을 하는 사람들은 같은 수준으로 회피적인 사람들과 친근하게 지낸다. 그러면서 자신의 행동에 전혀 문제가 없다고 정당화한다.

> 제가 처음 위기개입[6] 업무를 시작했을 때에는 응급 전화벨이 울리자마자 바로 전화를 받고는 했습니다. 하지만 나중에는 전화벨이 울리는 것을 바라보기만 한 적도 있었어요. 이젠 두려워요. 이제 더이상 처음 울리는 벨 소리에는 전화를 받지 않게 되었죠.
>
> —— 아메리콥스 프로그램 코디네이터

---

6 역자 주: 정신적 위기 상태에 처한 사람에 대한 치료적 개입

해리 증상

저 다리를 보면 건너려고 하는 사람들이 보여요. 제가 당신을 볼 수 있는 것처럼
요. 그런데 눈을 감으면 저기서 죽은 사람들이 보여요.

— 교육자, 예술가, 시인이자
카트리나 허리케인[7] 재건 봉사자인
오마르 카시미르(R. Omar Casimire)

하버뷰 병원 응급실에서 사회복지사로 일하면서 경험한 일이다. 며칠 동안 아무
말도 할 수 없을 정도로 큰 비극을 당한 가족을 도왔다. 비참한 이야기와 이미지가
머릿속에서 떠나지를 않았고, 심지어 냄새와 소리까지도 들리는 것만 같았다. 며
칠만에 겨우 남자친구에게 그 가족의 비극에 대해 이야기를 했을 때, 그는 주의 깊
게 경청해 주었다. 우리는 가게에 가는 중이었는데, 남자친구가 운전을 했다. 내가
이야기를 하는 동안에 그는 주차를 했다가, 차를 앞으로 뺐다가, 다시 주차를 했다
가 차를 빼는 행동을 반복하고 있었다. 나는 이야기를 멈추고 말했다. "자기야, 지
금 뭐하는 거야?" 그는 나를 쳐다보고 놀랐다. "아무것도 안 해. 주차하고 있는데?"
남자친구는 트라우마의 일부분을 들었을 뿐이고, 그는 비극적인 이야기를 듣는 것
에 익숙했다. 그런 그도 이야기를 듣다가 혼란에 빠졌는지, 주차를 반복하고 있는
것조차 인지하지 못하고 있었다.

사람은 강요당하거나 압도당하는 감정을 느낄 때 해리 증상을 경험할 수 있다.
해리 증상은 자신의 일에 갇히는 경험이다. 원인과 무관하게, 갑자기 내면 세계의
혼란을 경험하게 된다. 대화 상대방이 방금 했던 말을 전혀 기억하지 못하거나, 바
로 눈 앞에 있는 사람의 행동을 파악하지 못하거나, 상대방이 하는 이야기를 전혀

---

7 역자 주: 2005년 미국 남부를 덮친 허리케인이다. 이 허리케인으로 뉴올리언스는 물바다가 되
었고, 이재민 6만 명이 경기장에서 지내야 했다. 초기에는 2만 명이 실종된 걸로 알려졌으나 공
식적인 최종 집계 결과는 사망자 1,245~1,836명, 실종자는 10~66명이다.

따라가지 못할 수도 있다. 대신에 자신이 구하지 못했던 동물이 떠오르고, 동생이 감금 당했던 날이 생각나고, 자녀가 심하게 아팠던 순간이 머릿속에서 떠나지 않을 수 있다. 해리 증상은 흔히 일어나는 일이다. 그런데 참담한 일을 경험하고도 냉정하고 이성적이려고 할 때, 대수로운 일이 아닌 것처럼 괜찮은 척하려고 할 때에는 문제가 된다.

자신의 감정이 상한 것을 내담자의 잘못이라고 생각하면서 자신의 감정을 외현화할 수도 있고, 반대로 감정이 상했기 때문에 자신이 무가치하다고 느끼면서 내재화할 수도 있다. 이야기를 듣는 것만으로 감정이 상하고 지쳐서 녹초가 되어 버린다면 어떻게 다른 사람을 도울 수 있을까?

트라우마에 노출되면 살아 있는 생물은 당연히 자신을 보호하려고 노력한다는 것을 기억해야 한다. 해리 증상은 감당할 수 없는 감각과 정서로부터 자신을 보호하기 위해 내면 세계를 분리시키는 현상이다. 서론에 소개했던 『뉴스위크(Newsweek)』 기사에 해리 증상의 예가 나온다. "재향군인회에서 일하는 다른 사람들처럼, 밥 슈베겔(Bob Schwegel)도 참전용사입니다. 밥은 이라크 참전 용사들의 복지 혜택 신청을 도왔습니다. 그러나 참전 용사들의 이야기를 듣는 것은 점점 더 어려워졌고, 힘들어졌습니다. '베트남에서 있었던 일들이 자꾸 떠올랐어요. 어떤 때에는 그냥 일어나서 밖으로 나가지 않으면 견딜 수가 없었어요.'"

참전 용사들이 경험했던 일과 비슷한 경험을 한 사람이라면 누구든지 해리 증상을 경험할 수 있다. 전쟁의 참상을 직접 경험한 적이 없는 재향군인회 직원들도 해리 증상을 경험한 적이 있다고 한다. 스스로 원인을 찾을 수 없는 경우가 많았다. 당신이 어떤 위치에 있든 그 누구이든 상관없이 고통받는 사람들을 돕고 있다면 당신도 해리 증상을 경험할 수 있다. 따라서 해리 증상을 비롯한 트라우마 노출 반응에 주의를 기울이고, 혼자 있는 것을 피하고, 필요한 지지를 받는 것이 중요하다.

피해 의식

만약 당신이 지금과 다른 일을 할 수 없다면 어떨 것 같으세요? 저는 올해 레지던트 4년차입니다. 그만 두는 것을 선택할 수 없다면… 어떡하죠?

— 가정의학과 레지던트

트라우마를 관리하는 사람들이 느끼는 피해 의식은 자신의 인생에서 효능감이 근본적으로 결핍되어 있다고 느끼는 것이라고 할 수 있다. 자신의 안녕(Well-Being)은 타인의 손에 달려 있고, 트라우마 관리 환경을 변화시킬 수 있는 개인대행(personal agency)[8]은 없다고 확신하게 된다. 이런 생각은 실제 환경보다 내면의 상태와 더 관련이 있다. 더 나은 임금, 더 안전한 직장 환경, 더 많은 존경, 충분한 휴식 시간, 더 많은 지원을 받을 자격이 있다고 믿고 있으며, 이는 사실이기도 하다. 그들은 진지하고 도덕적이며 헌신적인 방식으로 변화와 개혁을 추구한다. 아니면 반대로 어떤 결과에도 영향을 미칠 능력이 없다는 생각에 굴복할 수도 있다. 만약 그렇다면 그들은 고통받는 것에 동의하는 것이고 자신의 개인적 경험을 외부의 힘에 맡기는 것이 된다. 이런 생각은 많은 사람에게 전염될 수 있다. 한 사회복지관장이 말했다. "저는 순교자 집안 출신입니다. 저와 제 아내 둘 다요. 이 사회를 위해 헌신하는 것은 우리 가족의 정체성입니다."

---

8 역자 주: 자신의 삶을 형성해 나가는 데 영향을 줄 수 있는 주체적인 능력에 대한 자기인식. 상담학 용어

"항상 '앉아' '기다려' '발' 이런 것 뿐이야. 절대 '생각해' '혁신적이어야 해'
'너 자신이 되어야 해'라고 하지는 않아"

　가혹한 대우는 자기실현적인 예언이 될 수 있다. 가혹한 사례를 찾아내어, 초점을 맞춘 후 얼마나 잘못된 취급을 받았는지 기록을 남길 수 있다. 착취당하고 있다는 증거를 찾는 까닭은 피해를 받고 있다는 느낌을 확인하기 위함일 수도 있다. 물론 우리는 살아 있는 생명체와 지구에 대한 억압과 학대가 만연한 세상에 살고 있다. 굳이 멀리서 예를 찾을 필요도 없다. 피해 의식에 대해 이야기할 때, 어려움에 당면한 개인이나 기관은 무기력한 상태를 선택한 것을 언급한다. 세미놀 부족(Seminole Nation)의 주술사인 제임스 무니(James Mooney)는 이렇게 즐겨 말했다. "전쟁에서 이기는 사람은 나서지 않는 사람이다." 이는 당신이 살기 위해서는 나서면 안 된다는 말이 아니라, 적대적이고 수동적인 에너지를 거부하는 방식으로 당신이 존재해야 한다는 말이다. 스스로 도움과 지원받는 것을 허용하고, 가시덩굴 같은 복잡한 상황을 풀어 내고, 대안을 모색한다면 장애물을 피할 수 있는 분명한 해결 방법이 보일 때가 많다.

　이 대안은 괴롭힘과 고통을 당하면서도 내면의 힘을 느끼고 유지했던 개인과 공동체를 보면 이해할 수 있다. 그들은 박해 속에 있으면서도 강해지기로 결정한 것이다. 한 홀로코스트 생존자는 강제 수용소에서 자유 의지가 박탈되었을 때의 공포를 묘사해 달라는 요청을 받았다. 그는 대답했다. "저는 많은 자유를 누렸습니다. 위를 볼지 아래를 볼지 결정할 수 있었고, 오른쪽을 볼지 왼쪽을 볼지, 오른발을 먼저 내밀지 왼발을 먼저 내밀지 결정할 수 있었거든요."

자기 효능감이 트라우마 노출에 대한 면역력을 주는 것은 아니지만, 자기 삶에 접근하는 방법과 자기 경험에 의미를 부여하는 방법을 알려 줄 수는 있다. 근본적으로 자기 자신을 책임진다는 확고한 의식이 없다면 피해 의식이 뿌리 내릴 수 있고, 또 자신이 주도권을 쥘 수 있는 힘이 있다는 믿음을 잃을 수 있다. 시민 전쟁이 끝나고 코트디부아르(Côte d'Ivoire)에서 일했던 한 생태학자가 말했다. "전문가 집단에서 더 많이 관찰된 전쟁의 후유증은 엄청난 무기력증이었습니다. 이것은 학습된 무기력과 아주 유사해 보였어요. 정말 많았던 사랑하는 사람들, 오랜 세월, 그리고 너무나 많은 기회가 사라져 버렸습니다. 학교 교육, 사업, 자녀에 대한 희망이 사라져버렸어요. 친구들과 함께 있어도, 즐거운 시간을 보내도, 자원이 다시 돌고, 월급도 나오고, 생활이 되고 있어도, 그들은 능동적이지 못하고, 미래를 바라보지 못하고, 극복할 수 없는 것처럼 보였어요."

나는 하버뷰 병원에서 야간 근무를 할 때, 개인적인 힘을 유지해야 한다는 병원의 지침에 충격을 받은 적이 있다. 새벽 3시에 정신발작 때문에 사지가 묶인 환자의 정신 감정을 하던 중이었다. 그는 나에게 욕설을 하고, 내 얼굴에 침을 뱉으려고 했다. 정신 감정은 생각했던 것보다 오래 걸렸다. 나는 성폭력 생존자인 다음 환자를 보러 가려고 했지만 마치 사지가 묶여 있는 이 환자가 모든 통제권을 쥐고 있는 것처럼 나는 핍박과 무력감을 느끼기 시작했다.

내가 압도 당할 만한 이유가 있다는 것을 알았지만, 불안감이 엄습해 왔다. 나는 내가 가진 미약한 자기 효능감에 충격을 받았다. 응급실에서 근무해야만 하는 내가 불쌍하다는 생각에서 벗어날 수 있을까? 모든 사람을 존중하고 공감해야만 한다는 생각에서 벗어날 수 있을까? 꼭 누군가의 학대를 받아야만 사람이 핍박받고 있다고 느끼게 되는 것은 아니다. 이유는 알 수 없지만, 무기력해지고 자신이 잘못되고 있다고 느끼는 순간이 올 수 있다.

나는 다양한 단체와 조직의 사람들을 만난다. 단체에 따라 자신들의 상황을 설명하는 언어가 다르다. 공중 보건 종사자들은 조직 개편에 대한 자신들의 감정을 설명하면서 전쟁에 비유하기도 한다. 가정폭력 상담자들은 자신들의 처우에 대한 감정을 이야기하면서 가정폭력에 비유하기도 한다. 만약 우리가 자신이 사용하는 언어를 잘 살펴본다면 자신의 자기 효능감과 피해 의식에 대해 훌륭한 통찰을 얻을 수 있을 것이다.

죄책감

> 저는 지난주에 신발 한 켤레를 사러 갔어요. 가면서 생각했죠.
> "세상에 도대체 어떤 인간이 이런 시기에 신발을 사러 가겠어?"
> ― 지역활동가(허리케인 카트리나가 뉴올리언스에 발생한 지 9달 후)

죄책감을 사회정치적 맥락, 삶의 경험, 철학적/영적 신념 등과 분리해서 이해할 수는 없다. 죄책감을 이해하려면 다음의 질문들에 대해 잘 생각해 봐야 한다. 불평등한 세상에서 우리는 어떻게 살아야 하는가? 평등한 사회를 만들기 위해 우리가 할 수 있는 것은 무엇인가? 어떻게 하면 책임감 있는 자세를 가지고 참여할 수 있는가? 그리고 마지막으로 나는 어떻게 불평등을 극복하고, 내 인생을 즐기며, 죄책감에 빠지지 않을 수 있을까?

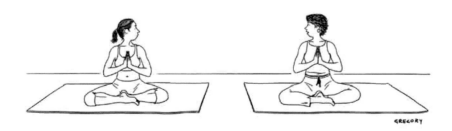

"나는 방금 S.U.V.를 적극 수용하는 동양 철학을 발견했어!"

트라우마 관리와 관련된 죄책감에 대해 몇 가지 주목해야 할 점이 있다. 죄책감의 한 가지 효과는 사람들 사이에 진정성 있는 연결 고리를 약화시킬 수 있다는 것이다. 허리케인 카트리나가 지나간 후 뉴올리언스에 남아 있던 한 요리사는 주민들이 서로 마주칠 때마다 "안녕하세요? 어떻게 건디고 계세요?"라고 묻더라는 이야기를 해 주었다. 이 말이 고통스러웠다고 했다. 그들이 잘 건뎌 내고 있다고 말하면 기쁘기보다는 자신의 불행에 대해 속이 상했다고 했다. 그러고는 곧 그렇게 생각했던 것에 대해 죄책감을 느꼈다고 했다. 반대로, 누군가가 자기보다 더 힘들어 하면 상대적으로 운이 좋았다고 생각하는 동시에 죄책감을 느꼈다고 했다. 이런 비교는 역효과를 낳는다. 사람들이 따뜻하고 친절하게 유대관계를 맺으려고 노력하는 동안에 오히려 죄책감에 압도 당하게 만들기 때문이다.

트라우마 관리를 하는 직원들이 자신의 삶과 일의 균형을 잃게 되었을 때, 트라우마 노출 반응과 유사한 증상이 나타나는 것을 볼 수 있다. 직원들은 자신이 누리는 건강한 생활이 피해자들에게 박탈감을 주게 되지 않을까 염려한다. 그래서 자신의 행복을 의도적으로 축소시켜서 피해자의 생활 수준과 비슷해지려는 시도를 하기도 한다.

가정폭력 상담자로 오랫동안 일했던 다이앤 테이텀(Diane Tatum)의 이야기다. 월요일 아침에 가정폭력 쉼터로 출근을 하면 쉼터 사람들이 주말은 어땠냐고 묻고는 했다. 그러면 그녀는 "그럭저럭 괜찮았어요."라고 건성으로 대답했다. 사실 그녀는 자기의 삶을 행복하게 살고 있었고, 주말에도 좋은 시간을 보냈다. 그래서 자기 일도 오랫동안 잘할 수 있었다. 하지만 그녀는 행복한 삶을 살고 있다는 것에 대해 죄책감을 느꼈다. 힘든 시기를 지나고 있는 사람들 앞에서 자신의 행복을 보여 주고 싶지 않았다. 그래서 그녀는 솔직하게 대답하는 것보다는 죄책감을 덜어 내기 위해 애매하게 대답했던 것이다. 하지만 그녀의 진정성 없는 대답으로 쉼터 사람들과 거리감이 생겼다. 시간이 지나면서 '그럭저럭 괜찮다'는 인사는 내재화되고, 실제로 누리는 기쁨과 행복을 다 느끼지 못하게 된다.

내가 가정폭력 쉼터에서 일했던 때를 돌이켜 보면 피해자들은 직원들도 그들과 같은 수준에서 손톱을 다듬고 미용을 해야 한다고 말했던 것 같다. 그것은 훌륭한 표현이었다. 많은 일을 겪었던 여성들이 이렇게 살아남아서 자신을 돌볼 수 있게 되었고, 돌봄을 통해 기쁨과 존엄성을 느낄 수 있게 되었다. 쉼터 직원들은 피해자들과 좀더 연결되려는 마음에 그들처럼 행동했지만, 그 노력은 실패로 끝나고 말았다. 직원들은 자신이 누리는 행복을 과시하고 싶지는 않았다. 그러나 "저와 제 남편은 법적으로 결혼했고, 좋은 집에서 살고 있어요. 우리는 멋진 주말을 보냈어요." 와 같은 말은 정직한 것이다. 거만하거나 잘난 척하는 것이 아니다. 보통 사람들이 기대하는 것과 똑같은 정직함을 가지면 된다. 이것이 진실함이다.

> 저는 하루 일과를 마치면 돌아갈 집이 있어요. 그래서 죄책감을 느낍니다.
> ― 주거권리 상담자(무주택 빈곤층의 공공임대주택 입주를 돕는 사람)

또한 죄책감은 사람의 삶에서 생명을 유지하는 에너지를 받아들이고 현존하는 능력을 방해한다. 틱낫한 스님은 강연을 하면서 사람이 인생의 아름다움에 감사하려고 노력해야 하냐고 물으셨다. 스님은 그렇지 않다고 대답했다. 사람은 아름다운 것, 소중한 것, 신성한 것을 받아들이기 위해 애써서는 안 되며, 단순히 인생이 제시하는 대로 인생의 축복을 받아들이기 위해 자신을 열어 두어야 한다고 했다. 스님은 "고통만이 전부는 아니기 때문"이라고 하셨다. 스님은 사람들에게 아름다운 세상에 온전하게 현존할 수 있도록 가르침을 주시는 스승들 중 한 분이다. 만약 사람이 인생의 고통 속에 현존하려고 한다면 인생의 아름다움이 주는 모든 자양분과 회복이 또한 필요할 것이라고 하셨다.

죄책감은 트라우마 노출 반응 중 가장 강력한 신호 중 하나다. 죄책감은 기쁨과 평화, 그리고 행복의 경험을 차단할 수도 있다. 어떤 사람은 휴가 중에도 할 일을 다 마치지 못하고 떠나 왔다는 죄책감 때문에 휴가를 즐기지 못한다. 양육권을 빼앗겨서 자녀를 볼 수 없는 부모를 돕는 어떤 사람들은 집에서 자기 자녀와 즐거운 시간을 보내는 것에 대해 죄책감을 느끼기도 한다. 어떤 사람은 전쟁으로 집을 잃은 난민들을 상담하는데, 자신은 조직이 잘 갖춰진 공동체에서 생활하는 것에 대해 죄책감을 느끼기도 한다. 어떤 직원은 차가 고장이 나서 회의에 늦었는데, 늦은 이유를 설명하지 못했다고 했다. 자신이 차를 가지고 있는 것에 대해 죄책감을 느끼기 때문이었다. 또 다른 직원은 자신만 사랑하는 가족이 있다는 죄책감 때문에 일을 할 때에는 결혼반지를 뺀다고 말했다. 죄책감은 사람의 현존 능력과 인생의 행복 수용 능력을 모두 방해한다.

죄책감을 극복한 한 쉼터 직원은 진정성이 가져다주는 기쁨에 대해 이야기했다. "저는 요리하는 것을 좋아해요. 어느 날 밤에 제가 요리한 음식을 좀 가지고 왔어요. 그런데 죄책감이 들더군요. 저는 구석진 곳에서 음식을 먹으면서 숨기려고 노력했어요. 그때 한 분이 저에게 다가와서 물었어요. '거기서 뭐하세요?' '아무것도 아니에요.'라고 저는 대답했죠. '음식 냄새가 정말 좋은데요. 직접 요리하신 거예요?' '네, 맞아요.'라고 대답했어요. 그러자 그분이 말했어요. '사실 저도 요리를 해요. 요리하는 것을 정말 좋아하지요.' 그 이후로 둘이서 함께 요리를 할 수 있는 방안을 마련했고, 우리는 쭉 같이 요리를 합니다. 뿐만 아니라 다른 사람들도 함께해서 이젠 보호소 안에 요리 모임이 생겼어요. 정말 멋진 일이죠. 전에는 한 번도 없었던 일이거든요."

두려움

두려움은 집에서 가장 싼 방이다.
나는 네가 더 나은 조건에서 사는 것을 보고 싶다.
— 페르시아 신비주의자이자 시인인 하피즈(Hafiz)[9]

---

9 역자 주: 페르시아 최고의 서정시인으로, 본명은 샴 아드 무함마드(Shams al-Din Muhammad)다. 하피즈는 아호로, '코란의 암기자'란 뜻이다.

두려움은 몇 가지 방법으로 나타날 수 있다. 강렬한 공포감, 개인적 취약성(상처 받기 쉬운 마음) 또는 피해 가능성 등으로 나타날 수 있다. 두려움은 사람이 목격한 많은 사건에 대한 자연스럽고 건강한 반응이다. 만약 모든 사람이 자신의 감정의 범위 내에서 지지받고, 처한 상황에 대해 옳다거나 잘못됐다는 감정을 느끼지 않고, 또 누군가가 두려워할 때 쉽게 이야기를 하고 지지를 받을 수 있다면, 그 과정을 통해 두려움을 해결할 수 있다면 두려움은 다른 영향을 미칠 것이다. 하지만 현실에서는 트라우마에 노출되어 생기는 두려움이나 힘든 상황에서 비롯된 두려움을 안고 사는 경우가 많다. 두려움을 어떻게 처리해야 할지 모를 수도 있고, 그래서 두려움이 자신의 내면을 점령해 버리기도 한다.

"나는 헬멧을 안 써도 되는 쉬는 시간이 훨씬 좋았어."

두려움은 창의성과 생각할 수 있는 능력을 저하시킨다. 공상과학영화 〈사구 (Dune, 1984년 데이빗 린치 감독의 미국 SF영화)〉에 나오는 것처럼 "두려움은 마음을 죽이는 것"이다. 개인이나 사회를 손상시키는 사회적 현상들은 두려움을 기반으로 하는 경우가 많다. 1999년에 나온 공상과학영화 〈스타워즈: 에피소드 I-보이지 않는 위험(Star wars: Episode I-The phantom menace)〉에서 요다는 두려움의 진화에 대해 다음과 같이 말했다. "두려움은 어두움으로 가는 길이지. 두려움은 분노로 이어지고, 분노는 증오로 이어지고, 증오는 고통으로 이어지게 된단다."

너무 많은 사람이 우리가 많은 것을 걱정하기를 바라는 것 같아요.

하지만 공황 상태를 견딜 수 있는 저의 능력은 한정되어 있습니다.

사소한 일에 제 능력을 낭비할 수는 없어요.

— 덴마크 배우 존 피터슨(John Peterson)

몇 년 전에 나는 동물 구조사들과 함께 일을 할 기회가 생겼다. 그들은 내가 경험해 왔던 사람들 중에 가장 정직했다. 그들은 두려움이 얼마나 쉽게 특정 동물에 대한 편견을 갖게 하는지 열변을 토했다. 두려움은 특정 사람에 대한 고정관념을 갖게 만들고, 더 나아가 인종에 대한, 사회경제적 계층에 대한 편견을 갖게 만든다고 말했다. 응급 구조 요청이 왔을 때, 구조해야 할 동물이 유기견이든, 사람을 공격하는 맹견이든, 구조사들은 자신의 두려움을 통제해야만 구조를 할 수 있다. 두려움을 먼저 확인한 뒤에 두려움에 기름을 붓는 것이 무엇인지 아는 것이 중요하다.

두려움은 사람을 약하게 만들기 때문에 사람들은 자신의 두려움에 대해 알아가는 것을 어려워한다. 트라우마 관리를 하는 전문가들이라면 자신이 돕는 사람들과 자기 자신이 많은 공통점을 가지고 있다는 사실이 불편하게 다가올 수도 있다. 만약 누군가 치료제가 없는 전염병을 막기 위해 촌각을 다투며 일하는 중이라면 공포감 때문에 아무 일도 할 수 없을 정도로 압도되는 것을 걱정할 수도 있다. 간단히 말해서 많은 사람은 두려움과 단절하는 것을 선택한다. 두려움은 사람의 삶에서 스스로의 취약한 부분을 건드리기 때문이다. 두려움을 단절하는 것이 유일한 해법인 것처럼 보이지만, 이 단절이라는 해법에 의문을 제기하는 것은 가치가 있다. 여러분도 이미 알고 있듯이, 사람의 자연적인 반응을 막기 위해 지불하는 물리적인 대가는 상당히 클 수도 있다.

사람이 자신의 두려움을 인정할 때, 자기 자신뿐만 아니라 이제껏 두려워 해 왔던 모든 존재에 대해 깊은 연민을 느끼게 되는 기회가 생길 것이다. 자세히 들여다보면 대부분의 사람이 느끼는 모든 두려움의 밑바닥에는 죽음에 대한 공포가 있다. 자신이 언젠가는 죽는다는 것을 인지하면서 인생을 어떻게 살아가고 싶은지를 물어보는 것도 가치가 있다. 언젠가는 죽는다고 해서 당장 죽겠다는 사람은 없을 것이다. 오히려 삶의 소중함을 받아들이게 된다. 가족과 친구를 더 사랑하고, 따뜻한 마음을 품는 사람이 되려고 할 것이다. 그리고 피할 수 없는 종말에 직면해 있는 지구와 사람들을 위해 더 배려하는 사람이 되고 싶을 것이다.

분노와 냉소

> 고통을 당하는 사람들을 보면서, 당신이 직접 피해를 당하면서 복수하고
> 싶은 마음을 내려놓기란 매우 어려운 일입니다.
>
> — 민주화 운동가이자 유로 버마 회장, 한 양훼(Harn Yawnghwe)

"확실히 모든 유쾌함 뒤에는 많은 분노가 있어."

분노는 세상을 바르게 살아가려고 애쓰는 사람들이 느끼는 흔한 감정이다. 불의한 요소들을 보고 분노할 수도 있고, 회사의 처우에 대해서 분노할 수도 있고, 서비스 대상자 때문에 분노를 느낄 수도 있다. 어떤 사람은 즉각적으로 반응하는 뜨거운 분노를 경험할 수 있고, 어떤 사람은 천천히 차오르는 느린 분노를 경험할 수 있다. 분노가 복잡한 감정인 이유는 대다수의 사람이 분노 관리 기술이나 분노 관리에 유용한 정보를 배우지 못한 채 성장했기 때문이다.

성인이 되어서 느끼는 분노를 살펴보면 어려서 나쁜 일을 경험했을 때 느꼈던 분노이거나, 자신의 감정을 적절하게 다루는 기술을 습득하지 못했을 때 느꼈던 분노인 경우가 많다. 분노를 느껴도 괜찮다고 생각하는 사람은 얼마나 될까? 자신의 분노가 다른 사람들에게 어떻게 보이고 느껴지는지 알고 있는가? 자신이 느끼는 분노의 뿌리가 무엇인지 알고 있는가? 자신이 느끼는 분노를 어떻게 다스리고, 해를 끼치지 않으면서도 창의적이고 긍정적인 변화를 가져오는 생산적인 방식으로 문제를 해결할 수 있는지를 알고 있는가?

또한 구조적인 억압이라는 관점에서 분노를 바라볼 필요가 있다. 어린 시절부터 분노에 둘러싸여 있는 환경에서 성장해서 경직된 사회성을 갖게 되는 경우도 있다. 분노를 느껴도 괜찮은 사람이 있고, 화를 낼 것이 예측되는 사람이 있고, 항상 화가 나 있는 사람이 있다. 이런 사회적 기준은 대부분 성별, 지역, 인종, 또는 사회 경제적 교육 환경에 따라 생기는 경우가 많다. 예를 들어, 남자아이는 슬픔이나 두려움을 분노로 표현하고, 여자아이는 분노를 제외하고 다른 감정들을 표현해도 괜찮다고 여긴다. 그렇게 성장하다 보면 남자든 여자든 자신의 감정을 인식하지 못하게 되거나 심한 경우에는 느끼지 못하게 되는 경우도 생긴다.

> 제 안에는 억압된 분노가 있는데, 표현할 방법이 없어요. 어떻게 표현해야 할지 모르겠어요. 너무 많이 쌓인 것 같아요. 분노가 턱밑까지 차올라서 더 이상 견딜 수가 없어요.
>
> — 아동학대예방센터 직원

사람들은 자신의 분노를 잘 모르고 사는 경향이 있다. 사랑하는 사람들, 동료들, 심지어 고객까지도 자신의 눈치를 살피며 조심하고 있는데, 정작 본인은 자신의 분노를 모를 수 있다. 수년 전, 나는 미 공군 장병들에게 트라우마 관리에 대한 강연을 요청받았다. 나는 분노에 대해 강의하면서 장병들에게 숙제를 내 주었다. 사랑하는 사람에게 연락을 해서 자신의 분노에 대해 물어보라고 했다. "내 분노에 대해 이야기해 줘. 분노가 어떻게 나타나는지, 어떻게 느껴지고, 어떻게 들리는지 내가 이해할 수 있도록 도와주면 좋겠어." 나는 장병들에게 방어적인 태도를 보이지 말고 열린 마음으로 들어야 한다고 했다. 강당에는 웃음소리가 가득했다. 나는 다시 말했다. "여러분, 이건 그냥 제안일 뿐이에요. 한 번 시도해 보세요!" 그리고 몇 년이 지났다. 공군 부대에서 아주 먼 지역에서 나는 트라우마 관리 워크숍을 준비하고 있었는데, 한 공군 장병이 내게 다가와서 말을 건넸다. "안녕하세요. 몇 년 전에 선생님 강연을 들었어요. 그때 숙제를 내주셨잖아요? 집에 가서 아내에게 내가 화가 났을 때 어떻게 보이는지 물었거든요. 그 질문이 우리 관계를 완전히 바꿔 놓았습니다. 지금은 제 분노에 대해 어느 정도 이해하게 되었습니다."

만약 트라우마 관리 상담자가 자신의 분노를 편안하게 받아들이지 못한다면 내담자들도 자신의 분노에 대해 상담자의 도움을 받는 것이 어려울 것이라고 생각할 것이다. 그리고 또 다른 염려할 부분은, 사람은 종종 자신의 분노를 아무 상관없는 사람이나 동물, 혹은 상황에 표출한다는 것이다. 그들은 분노의 희생양이 되고 만다.

분노를 솔직하게, 직접적으로, 그리고 선의의 방법으로 다루려고 하더라도 주변 사람들은 겁을 먹거나 불안을 느끼는 경우가 있다. 나는 시아버지를 자주 만나는데, 그때마다 친구 분들과 통화하는 모습을 자주 볼 수 있었다. 시아버지는 동부 해안에서 태어나고 자란 분인데, 분노를 효과적으로 잘 표현하는 분이다. 시아버지는 수동-공격적인 대화를 하거나 가식적이지도 않지만, 그렇다고 지나치게 직선적이지도 않다. 그런데도 시아버지의 통화를 듣다 보면 가끔 불안할 때가 있다. 물론 시아버지와 친구 분에게는 아주 평범한 날이다.

"그녀는 결국 내려오겠지. 아마 열심히 내려올 거야."

어떤 사람들은 이렇게 말한다. "저는 분노하는 사람이 아니에요. 우리는 직장에서 화가 나 있지 않아요. 우리는 분노에 대한 이슈가 없습니다." 그리고 나서 그들은 자신들이 재미있고 얼마나 냉소적인지에 대해 이야기한다. 분노는 자연스러운 감정이고, 그 자체로 해를 끼치지 않는다. 그러나 냉소는 지적인 방어기제다. 해결방법을 잘 모르는 강렬한 감정과 분노를 해결하는 방어기제다. 냉소의 밑바닥에는 분노가 있지만, 냉소는 재치 있고, 빠르고, 날카롭고, 웃기고, 매혹적이다. 냉소는 책임감 있는 유머와 다르다. 냉소는 건강한 분노 표현을 회피하는 것이다. 어떤 사람의 유머가 대부분 냉소적이라면 세상을 인식하는 감각이 왜곡되었을 수도 있다. 미국의 배우이자 코미디언인 릴리 톰린(Lily Tomlin)은 다음과 같이 말했다. "저는 저의 냉소주의를 현실의 수준으로 유지하는 것이 매우 어렵다는 것을 알게 되었어요."

무공감/무감각

저는 감정적으로 잠들어 있는 것처럼 느껴져요.

— 비영리 기업서비스 대표이사

타인과 공감하지 못하거나 무감각해지는 것은 자율신경계가 들어오는 자극에 압도되었기 때문인 경우가 있다. 사회복지 교수이자 임상가, 트라우마 노출 이론의 대가인 존 콘트가 말하기를, 무공감/무감각 상태는 완전히 젖어 있는 스폰지와 같은 상태라고 했다. 사람이 받아들일 수 있는 것에는 한계가 있다.

"조울증과 깨어 있는 것을 혼동하는 것은 아니죠?"

내가 자주 보는 패턴이 있다. 사람이 무감각한 단계에 이르게 되면, 몸과 정신과 영혼이 감정을 느낄 수 있는 상태로 되돌아가려고 한다. 그런데 강렬한 감정에 무감각해져 있는 사람은 그 감정을 다시 느끼고 싶어 하지 않는다. 강한 정서적 반응으로 이어질 수 있다는 신호조차 거부하고 싶어 한다. 두려움을 느끼거나 거리감을 느낄 수도 있고, 통제할 수 없다고 생각하고 포기해 버리기도 한다. 반면, 건강한 사람은 광고 영상을 보고 울 수도 있고, 개에게 소리를 지를 수도 있고, 진짜로 느끼는 감정이지만 상황에는 잘 맞지 않는 감정을 느낄 수도 있다. 한 동료 직원이 내게 이런 말을 했다. "만약 제가 저 자신에게 이 감정을 느끼도록 내버려둔다면 저는 땅바닥에서 몸을 일으킬 수 없을 것 같아요." 그래서 무감각해지는 것이 좋고, 무감각한 상태를 더 지속시킬 방법을 찾는 사람이 생길 수도 있다.

사람의 몸은 감정을 느끼기 위해 호르몬과 화학 물질, 감각 신호, 외부 자극 등의 복잡한 조합을 자연스럽게 사용한다. 감정은 사람에게 위험을 알리고, 신속한 의사결정에 도움을 주며, 주의를 집중시키고, 사람을 진정시킨다. 그런데 사람은 감정 체계를 무시할 수도 있다. 감정이 많이 느껴지게 만들어서 오히려 다른 감정과 구별할 수 없게 만들 수도 있고, 감정을 알 수 있게 해 주는 메커니즘을 닫아 버림으로써 감각을 없앨 수도 있다.

> 제가 "하나님 맙소사!" 하면서 읽었던 사례들이 이제는 그냥 또 하나의 사례가
> 되어 버렸습니다. 제가 관리하는 사례들은 정말 정말 비참한 것들입니다. 당신은
> 저처럼 무감각해지는 순간이 절대로 오지 않기를 바랍니다.
>
> — 에이즈 환자 사례관리자

무감각해지는 것은 어렵지 않다. 현대인들은 무감각해지기를 조장하는 수많은 메커니즘을 가진 사회에 살고 있고 그런 기관에서 일한다. 아마도 대부분의 사람은 자신을 무감각하게 만들려는 충동을 느껴 봤을 것이다. 남미와 카리브해 지역에서 일하는 환경운동가는 다음과 같이 말했다. "자연 보존은 어려운 분야입니다. 당신은 상실감과 손상에 대한 지식으로 가득차게 된 것입니다. 항상 싸우는 사람들과 함께 일해야 하고, 늘 패배감을 느끼는 사람들과 일해야 합니다. 저는 예전보다 많이 우울해졌어요. 가끔은 술을 마셔야만 하죠. 특히 출장을 갈 때에는 더욱 그래요. 술을 즐겨 마시지는 않지만 훼손된 자연이 복구될 수 없을 것 같은 불안감이 생길 때 제 감정을 무감각하게 만드는 데 도움이 돼요."

술이나 진통제, 또는 마약은 기분을 좋게 하거나 감각 시스템을 차단해 버리는

도구로 잘 알려져 있다. 마찬가지로 과도한 업무와 스케줄은 사람을 각성시키고 빠르게 일하도록 아드레날린 호르몬을 분비시키는데, 이때 깊은 곳의 감정을 느끼는 것이 차단될 수 있다. 카페인과 설탕은 일시적으로 사람의 기분을 좋게 만들고, 피곤함과 쉼의 욕구를 마비시킨다.

> 우리 아이들이 저보고 그래요. 더이상 놀아 주지 않는다고요.
> 노래도 부르지 않고, 웃지도 않는다고 해요.
> —— 가족전문 변호사

뉴올리언스에서 디나 벤톤(Dina Benton)과 점심식사를 했다. 그녀는 허리케인 카트리나로 집 전체를 잃은 후, 허리케인에서 건진 물건들을 차에 싣고, 그 차를 운전하며 개와 함께 몇 달을 견딘 비범한 여성이다. 디나는 폭풍이 지나간 후 가장 먼저 도시로 돌아왔다. 그리고 몇 달 후 뉴올리언스에 있는 오듀본 자연 연구소에서 일하게 되었고, 지금은 또다른 폭풍우가 왔을 때 동물원에 남아서 동물들을 돌보는 팀에서 일을 하고 있다.

우리가 만났을 때, 디나는 자신의 지난 10개월간의 삶을 매우 차분하고 이성적으로 이야기했다. 식당을 나서려고 할 때, 그녀는 커피 한 잔을 주문하더니 나를 보고 진지하게 말했다. "카트리나 이후에 달라진 점이 하나 있어요. 요즘 하루에 커피를 14잔 정도 마셔요. 그전에는 한 잔도 마시지 않았거든요. 왜 이렇게 커피를 많이 마시는지 모르겠어요."

정말 어려운 구조 작전을 긴박하게 마쳤거나, 에스프레소 세 잔을 연달아 마셨든지 간에 한 번 아드레날린이 주는 에너지로 사는 삶을 경험하게 되면 이전처럼 침착하고 자연스러운 감정 상태로 돌아가기가 어려워진다. 어떤 사람은 직장이 위기 상황이 아닌데도 급하게 일 처리를 한다. 행동이 빨라야 한다는 생각이 사람들을 일하게 만들고, 생산적인 것처럼 보이지만, 자기 자신을 돌볼 수 있는 능력을 제한한다. 하지만 바쁘게 일을 하는 모습은 매력적이다. 사람들은 정신이 맑은 느낌을 원하고, 인생을 잘 살고 있다는 느낌을 원하고, 업무를 효율적으로 잘 처리하고 있다는 느낌을 원하고, 위기 상황을 만났을 때 잘 대처하고 싶어 한다. 그런데 긴박하게 일 처리를 하다 보면 마치 자신이 그렇게 살고 있는 것처럼 착각하게 된다. 일하는 속도를 늦추고, 자신에게 주의를 기울이고, 장기적이고 근본적인 삶의 문제를 고민하기 시작할 때, 사람들에게서 나타나는 변화는 흥미롭다. 변호사이자 법률 봉사 단체 대표인 스콧 더글라스(Scott Douglas)는 내게 이런 이야기를 해 주었다.

> 저와 제 배우자는 둘 다 사회복지 기관에서 일합니다. 저는 법률 봉사 단체를 운영하고, 아내는 위기 청소년을 위해 일합니다. 우리는 마당이 있는 넓고 오래된 집에서 살면서 집안 곳곳을 돌아다니며 꽃을 심고, 가지치기도 하고, 그림 그리는 것을 좋아합니다. 집을 수리하고 마당을 가꿔야 하는 일들로 가득한데, 만약 일이 없어지면 일을 만들어 냅니다. 잔디를 걷어 내고 나무를 심기도 하고요. 이런 일들이죠.
>
> 친구 한 명이 길 건너편에 살고 있어요. 어느 날 아침 그는 현관문에 기대어 커피를 마시고 있었습니다. 그는 우리가 부지런한 다람쥐처럼 진흙과 잘린 식물들을 나르고, 사다리를 옮기고, 빨래를 널고, 잔디를 깎고, 꽃을 심으며 이리저리 돌아다니는 것을 지켜보았어요. 마침내 그가 소리를 질렀어요, "일 좀 그만해!" 우리는 어안이 벙벙했죠. 무언가를 하지 않는 것, 그것은 어떤 거죠? 대신에 우리가 뭘 해야 하죠? 만약 우리가 그 일들을 하지 않는다면 그 모든 일은 어떻게 되는 거죠?

직원들 중에 일주일 휴가 중 5일은 아드레날린 소진 현상(Adrenaline crash, 극도의 피로감을 느끼는 현상) 때문에 아프다는 사람들이 많다. 어떤 직원은 집에 2분 이상 혼자 있으면 공황 발작이 올 것 같다고도 했다. 한 동료는 병원 관리직으로, 거의 쉬지 않고 일하던 아내와 떠났던 휴가에 대해 이야기해 주었다. 일주일 동안 아내는 불행해 보였다고 했다. 동료가 아내에게 무슨 일이냐고 묻자 아내는 대답했다.

"당신은 나를 일주일이나 데려오는 게 아니었어요. 내가 긴장을 풀고 휴가를 즐길 수 있을 거라고 생각했어요?"

> 끝없는 걱정을 하는 것, 너무 많은 부탁을 들어 주는 것, 너무 많은 일에 동참하는 것, 모든 사람을 도우려고 하는 것, 이 모든 것은 폭력에 굴복하는 것입니다. 지나친 행동주의는 평화를 위한 노력을 무력화시킵니다. 우리 내면의 평화를 유지할 수 있는 능력을 파괴합니다. 좋은 결과를 가져오는 내면의 지혜를 제거해 버리기 때문에, 결국 우리가 노력하는 일의 결실을 파괴합니다.
>
> — 미국 가톨릭 신학자, 시인, 작가, 사회 활동가인 토마스 머튼(Thomas Merton)

중독

> 저는 제가 와인 한 잔을 할 수 있을 때까지 얼마나 시간이 남았는지 손목시계를 보고 확인했습니다. 세상 어딘가에서는 칵테일 시간[10]일 수도 있겠네요.
>
> — 인권 상담자

한 동료가 인력이 부족한 가정폭력상담소에서 일했던 경험을 말해 주었다. 그곳에서 야간 응급 상담을 거절할 수 있는 유일한 이유는 음주를 하는 것뿐이었다. 관리자는 술이 상담자들의 판단력을 손상시킬 수 있다고 생각했다. "그래서 자원봉사자들이 저녁에 당직 봉사를 나오면 직원들은 술을 마시기 위해 황급히 집으로 달려가고는 했습니다. 취한 사람만이 자유로울 수 있으니까요."

---

10 역자 주: 저녁 식사 직전. 또는 4~6시경

"휴… 나는 내일 요가 수업에서 이 대가를 지불하게 될 거야."

물론 이것은 극단적인 사례다. 요점은 사람들이 자기 마음을 확인하기 위해 약물, 술, 그리고 다른 오락거리를 사용할 수 있다는 것이다. 술을 마시기 위해 퇴근을 서두르거나, 폭력적인 비디오 게임에 몰입하는 사람들은 중독에 빠질 수도 있다. 트라우마 노출의 결과로 나타나는 증상들은 모두 치료될 수 있고, 적절한 도움을 받으면 지금과 같은 방식과 감정으로 살아가는 세상에 대한 두려움을 극복할 수 있다.

중독은 결국 파괴적인 결과를 가져온다는 것을 잘 알면서도 멈추지 못할 정도로 강하다. 전통적인 중독 현상으로는 마약, 술, 음식, 그리고 섹스가 있다. 사람들은 아드레날린이 솟구치게 하는 것에 중독이 될 수도 있다. 이런 상태에서는 자신의 내면 세계와 주변에서 일어나는 일들을 충분히 느낄 수 있을 정도로 차분한 상태가 되는 것을 싫어한다. 중독이 되는 방법은 많다. 자기 스스로에게 "내가 가장 애착을 느끼는 것은 무엇인가? 내가 무덤덤해지려면 무엇에 의지해야 할까? 내 인생에서 절대로 포기할 수 없는 것은 무엇일까?"라는 질문들을 하는 것이 도움이 된다. 8세기 인도의 불교학자였던 샨티데바(Shantideva)는 "우리는 고통 때문에 위축되지만 고통의 원인을 사랑합니다."라고 말했다.

"저는 병원을 나설 때마다 담배를 두 개비씩 피웠어요.
그때부터 흡연이 시작됐어요."

— 건강관리사

아주 흥미로운 예 중 하나는 과도한 일인데, 많은 사람이 중독이 된다. 과도한 업무는 시선이 늘 바닥을 향하게 하고, 관심을 다음 단계에 고정시킨다. 자기 앞에 있는 것을 전체적으로 파악하기 위해 주위를 둘러보지 않는다. 직장에서 느끼는 긴박감에서 벗어나 개인적인 삶에 초점을 맞추려고 할 때 동료, 지역 주민, 배우자, 부모, 자녀 등을 책임져야 하는 것이 어렵고 즐겁지 않을 수 있다. 그 결과, 무의식 중에 더 많은 일을 해서 자기 삶에 덜 신경 쓰기로 선택하기도 한다. 한 사회복지사는 이렇게 말했다. "우리 가족은 저에게 정말 골칫거리예요. 저는 가족에게 도움이 필요하면 다른 사람을 찾으라고 이야기해요. 전 해야 할 일이 많거든요."

만약 자아가 생산성을 중시하는 문화와 연결되어 있다면 사람의 자아는 중독과도 관련이 있다. 결혼 후 전업주부가 된 사람은 긴박하게 하던 일이 없어지고, 자존감을 높이던 요소들이 사라진다. 전업주부는 배우자로서, 부모로서 아주 중요한 일을 하고 있지만, 정작 자신은 중요한 일을 아무것도 하지 않고 있다고 느낀다. 이런 감정은 주류 사회의 관점에 의해 강화되는데, 사람을 존재 그 자체로 이해하지 않고 어떤 일을 하고 얼마의 보수를 받느냐에 따라 사람을 다르게 평가하는 관점이다.

"나는 서서히 직장으로부터 멀어지고 있어."

중독은 너무나 치열해서 통합되기 어려운 일을 하는 사람들에게 특히 매력적일 수 있다. 나는 **평정심**이라는 단어가 "모든 것을 담을 수 있는 마음의 공간을 가지는 것"으로 정의된다는 이야기를 들은 적이 있다. 사람의 내부 공간은 모든 기적을 느낄 수 있는 바로 그 순간에도 삶의 슬픔과 함께 앉아 있을 수 있을 만큼 충분히 넓어야 한다. 사람이 일에 압도되어 버리면 서비스 대상자의 아픔과 고통을 감당할 여유가 없어진다. 힘든 이야기를 들을 때 숨을 쉬기 힘든 만큼 필사적으로 내면의 피난처를 찾게 된다. 개인적으로 혹은 문화적으로 사람은 고통으로부터 도망치는 것에 중독될 수 있다. 자신의 현실을 다룰 내적 능력이 부족하다고 느끼면 사람은 자신에 대한 환상을 지속시키기 위해 자기 자신을 무덤덤하게 만들고, 자신을 압도하는 감정과 거리를 두기 위해 어떤 대상, 활동 또는 관계를 찾게 된다.

사람이 자신의 고통을 차단하기 위해 찾는 것들이 단기적으로 효과적일 수는 있다. 그러나 시간이 지나면 무덤덤해지는 일이 점점 더 많아진다. 어느 시점이 되면 압도되는 감정을 피하려고 만든 장벽은 무너지고 만다. 자신이 피하고 싶었던 것은 그대로 있는데, 극복할 수 있는 기술을 개발하기보다는 그저 회피하는 중독에 투자를 했기 때문에 상황은 더 힘들어진다.

과장: 자신의 일에 대한 과장된 중요성

> 병원에서 자기가 하는 일이 곧 자신의 정체성인 것처럼, 자기 일과 강하게 연결되어 있는 유일한 직군은 응급실 사회복지사입니다. 어느 누군가 저를 붙잡고 물어봐도 하나같이 "저는 응급실 사회복지사예요."라고 대답할 거예요.
>
> — 병원 행정직원

일이 우리의 정체성의 중심이 되는 것은 아마도 일이 자신의 자신감에 영향을 주기 때문일 것이다. 자신이 과장된 자신감을 가지고 있다고 인정하는 것은 쉽지 않다. 타인을 돕는 직업을 가진 사람들은 다른 사람의 삶에 개입하는 일에 빠져들기 쉽다. 그 사람의 문제를 해결하고, 그 사람에게 영향력 있는 사람이 되면 자신이 필요하고 유용한 사람이라는 느낌에 점점 더 집착하게 된다. 동물을 구조하고 환경을 보호하는 사람들도 같은 감정에 빠질 수 있다. 만약 자신이 하는 일이 숨막힐 정도로 중요하다면 자기 자신 또한 매우 중요하다는 사실을 알아야 한다.

나는 과장된 자신감을 가진 사람이 주어진 업무보다 훨씬 더 많은 일을 한다는 것을 발견했다. "제가 여기 없으면 누가 그 일을 대신할 수 있겠어요?" 혹은 "저는 일을 그만두지 못할 것 같아요. 사람들이 저를 의지하고 있거든요."라고 생각한다. 일부는 사실일 수 있다. 그러나 이런 태도는 사람이 보다 현실에 뿌리를 내리지 않고 있으면 큰 문제로 발전하게 된다. 자신의 모든 것을 다 쏟아붓지 않아도 자신이 하는 일 자체의 가치를 인정할 필요가 있다. 자신의 모든 것을 쏟아붓기 시작하면 정상적인 상태로 되돌아오는 것이 힘들 수도 있다. 개인의 능력과 한계에 대한 정확한 감각을 잃을 수 있고, 같은 분야에서 일하는 다른 사람들과의 실질적인 상호의존성, 즉 협력을 잃을 수 있다. 한 동물구조사가 이런 말을 했다. "저는 동료의 체력에 끊임없이 감동을 받아요. 물론 몇몇 사람에게서는 구원자 콤플렉스의 징후가 나타나기도 합니다. 그들은 부산하게 움직이고, 끝없이 걱정을 하죠."

"당신은 모든 말 앞에 '기장이 말씀드립니다'라고 해야 하나요?"

많은 사람은 자기 직업을 자신의 정체성으로 받아들인다. 특히 다른 사람을 돕는 직업을 가진 사람들은 그 정체성에 만족하는 편이다. 그런데 일에 집중하다 보면 사람은 자기 자신과 사람들과의 관계, 그리고 자신의 인생에 대해서는 크게 신경 쓰지 않고 살게 된다. 어떤 사람에게는 일이 좋은 핑계가 되기도 한다. 사람이 자신의 모든 에너지를 삶의 한 영역에 집중한다면 다른 영역에서 문제가 생길 수 있다는 것을 기억하는 것이 중요하다. 가정폭력 추방운동의 창시자인 지니 니카시(Ginny NiCarthy)는 자신이 가진 여러 가지 역할에서 균형을 맞추기 위해 노력할 때 경험했던 심리적 갈등에 대해 이야기했다. "제가 세상을 바꾸려고 밖에서 열심히 활동하는 동안 제 아이들은 방치되어 있었어요."

시애틀과 워싱턴에서 일하는 허브전문가이자 치료사인 카린 슈워츠(Karyn Schwartz)는 왜 그녀가 노래를 부르는지 이야기해 주었다. 그녀는 시간이 부족함에도 불구하고 나이트클럽, 카바레, 합창단에서 가능한 한 자주 공연을 했다. "제가 사람들의 치유를 돕기 위해 하는 많은 것은 대부분 눈에 보이지 않는 것들이에요. 저는 누구의 행복도 소유하고 있지 않죠. 제가 일을 잘하고 있다면 아무도 제가 일을 많이 하고 있다고 느끼지 않을 것이고, 저는 빠르게 쓸모 없어질 거예요. 왜냐하면 그건 그들의 여정이지 제 것이 아니거든요. 사실 제가 노래를 부르는 것은 저의 삶을 살아가는 방법이에요. 저는 박수를 받고 싶어서 공연을 해요. 우리 모두는 자신이 가치 있게 여겨지기를 바라잖아요. 그런데 공연과 같은 일은 반응이 없을 때 공허하게 느껴지기도 합니다. 그래서 저는 칭찬을 받고 싶은 욕구를 솔직하게 말합니다. 제 삶의 에너지를 잘 유지할 수 있도록 국민 가수의 꿈을 이루고자 합니다. 만약 제가 이렇게 하지 않으면 저는 저의 자존감을 지키기 위해 생업에 너무 많이 의존할 것입니다. 그렇게 되면 저는 타인의 고통과 치료받고자 하는 그들의 마음에 의존할 것입니다. 단지 저의 자존감을 위해서인 것이죠. 그런 상태에서는 고통받는 사람들이 완전히 건강한 사람이 되도록 진심으로 바라는 것이 어려울 것 같아요."

직업이 곧 자기 정체성인 사람은 일중독 환자처럼 일을 하는 경향이 있다. 그들이 일을 줄이는 것은 매우 힘들 것이다. 때로는 사회적 분위기가 일중독을 지지하기도 한다. 내가 과테말라에서 일했을 때, 깊은 산속에 사는 마을에 초청을 받은 적이 있다. 몇 시간 동안 대화를 나누었지만, 누구도 나에게 "직업이 무엇인가요?"라는 질문을 하지 않았다. 내가 어디에 사는지, 가족관계는 어떻게 되는지, 고향 마을에서는 어떤 농작물이 자라는지, 국가에 대해서 어떻게 생각하는지 등등 수많은 질문을 했지만, 직업에 대해서는 묻지 않았다.

미국 사람들은 새로운 사람을 만났을 때 던지는 세 가지 질문 중 하나가 바로 직업에 대한 것이다. 그런 미국에서 자란 나는 직업에 대해 질문하지 않는다는 것이 놀라웠다. 미국 사람들은 일에 사로잡혀 있고, 직업이 자아상의 기초가 된다. 이 관점의 차이는 미국 사람들이 경험하는 피로를 다른 나라 사람들은 경험하지 않는 이유를 설명해 준다. 그들은 자신의 일과 자신의 정체성을 구별하는 문화를 가지고 있는 것 같다. 직업이 곧 자신이 누구인지를 규정하지 않는다고 생각하면 자기가 하는 일에 집착하고 얽매일 필요가 없다.

제3부
내면으로부터 변화 만들기

길을 찾는 새로운 방법

기회는 고통받는 사람들의 희망을 만족시킬 수 없습니다. 실천, 자립, 자기 자신
과 미래에 대한 비전만이 억압받는 사람들에게 의미가 있고, 자신의 자유를 얻을
수 있는 빛과도 같습니다.

— 자메이카의 영웅이자 Universal Negro Improvement Association and African Communities
League
재단의 설립자인 마커스 가비(Marcus Garvey)

　지금까지 우리는 사회의 일원으로서 개인적인 역사를 통해 트라우마 관리에 대
해 살펴보았다. 업무에서 축적된 내재화된 스트레스의 영향을 확인하면서 자기 자
신을 들여다보았다.

　이제부터는 우리가 어떻게 트라우마 노출 반응을 다룰 수 있는지에 대해 알아보
자. 치유의 방향으로 가려면 어떻게 해야 할까? 트라우마 노출 반응이 지속적으로
퍼져나가는 것을 막으려면 어떻게 해야 할까? 효과적으로 트라우마를 관리하려면
트라우마 노출의 영향을 어떻게 조절해야 할까?

　이 질문들에 대해 사람들은 대부분 빠르고 쉽게 답을 하기는 어려울 것이다. 그
보다는 어려운 결정들을 해야 할 것이다. 하지만 좋은 소식은 사람들은 각자 자신

에게 필요한 도구를 모두 가지고 있다는 것이다. 트라우마 관리를 위해 필요한 것은 무엇보다도 자기 자신의 삶에 대한 지식인데, 이 지식은 자신의 느낌, 가치, 경험, 그리고 자신을 돌보는 데 필요한 것들을 의미한다. 사람이 자기 자신과 더 깊이 연결할 수 있다면 심각한 어려움과 장애를 만났을 때라도 자신에게 필요한 일을 찾을 가능성이 높다.

트라우마 관리 접근 방식의 본질은 현존의 질을 높이는 것이다. 현존은 우리의 삶 그리고 타인과 지구를 위한 두 가지 차원이 있다. 트라우마 관리로 가는 가장 중요한 단계는 완전한 깨달음으로 가는 것과 같다. 하지만 트라우마 관리를 하기 위해 반드시 종교인이 되거나 영적인 계시를 받을 필요가 없다는 것을 기억해 두자. 티벳 불교의 여승려인 페마 초드론(Pema Chödrön) 스님은 깨달음을 다음과 같이 정의했다. "온전한 마음, 우리의 세상과 상호작용하는 열린 마음이다."

우리 모두는 깨달음, 즉 이런 종류의 상호작용을 할 수 있는 잠재력을 가지고 있다. 우리 각자는 자기 자신의 경험에 대해 개방적이고, 유연하며, 호기심을 가지고 자각할 수 있도록 가르칠 수 있다. 일단 이 아이디어를 받아들이는 것은 우리의 삶과 일에 열매를 가져올 때까지 아무리 힘들고 어려워도 잃어버렸던 나침반을 다시 찾게 되는 것과 같다. 피터 레빈은 이렇게 말했다. "인류가 추론, 감정, 계획, 건축, 통합, 분석, 경험과 창조적 측면에서 많은 진보를 가져왔다고 할지라도 원시적인 과거에서부터 인류가 공유해 왔던 본능적인 치유의 힘을 대신할 수 있는 것은 없다."

사람의 가장 깊은 본능은 궁극적으로 자기 자신을 위해 최선의 선택을 하지만, 진정한 자기 자신을 잃게 되는 순간에는 자기 자신을 자각하고 다시 되돌아갈 수 있는 방법을 배울 필요가 있다.

우리가 트라우마 노출 반응에 대해 충분히 자각했다면 우리는 트라우마 관리를 보다 적극적으로 할 수 있게 된다. 마커스 가비(Marcus Garvey)가 말했던 것처럼 실천, 자립, 그리고 자신과 미래에 대한 새로운 비전이 필요하다. 5장에서는 자신의 여정을 위한 일반적인 팁을 주려고 한다. 각 단계별로 강조점이나 질문들이 다르겠지만, 기본적인 접근은 동일하다. 자신의 트라우마를 관리하는 여정을 시작하는 것은 용기가 필요하다는 것을 기억하고, 각 단계마다 자신과 타인에 대한 연민과 온정(compassion)을 가져야 한다.

질문하기

앞으로 살펴보겠지만, 현재 자신의 위치를 파악하려면 자신의 과거를 살펴보는 것이 필요하다. 오늘날 당신 자신이 있기까지 가장 중요한 사건과 결정에는 어떤 것들이 있는가? 당신이 선택을 하는 데 있어서 일관되게 나타나는 것들이 있는가? 나의 과거를 돌이켜 보면 나의 모든 삶은 고통과 기쁨의 화합을 조화시키기 위해 애쓰는 것으로 만들어졌다는 것을 볼 수 있다. 어렸을 때 나는 다른 사람들의 행복에 몰두해 있었고, 세상의 불의 때문에 지속적으로 어려움을 겪었다. 내가 10세 때 어머니는 희귀한 종류의 폐암 진단을 받으셨는데, 내가 13세 때 돌아가셨다. 그리하여 오빠와 나는 갑자기 어른이 되어야만 했다. 친절함과 사랑을 받고 있었지만, 나는 고립되어 있다고 느꼈다.

어린 시절과 청소년기를 통틀어 나는 세상은 무척 아름답지만, 세상이 주는 엄청난 고통을 경험하고 있는 나를 발견하도록 도와준 사람을 찾았다. 나는 불교의 가르침과는 무관한 환경에서 성장했고, 모든 것이 괜찮아질 것이라고 말하면서 나를 위로하는 사람들 속에 있었다. 그들의 위로는 본능적으로 느껴지는 삶의 본질, 즉 고통과 축복이 복잡하게 공존하는 것과는 거리가 멀었다.

내가 18세가 되고 사회학 교수님이 노숙자에 대해 이야기할 때, 나는 마치 시간이 멈춘 것 같은 경험을 하게 됐다. 교수님께 우리가 가진 최선의 능력으로 서로를 인간으로서 존중해야 한다고 말씀하셨을 때, 내 마음 깊은 곳에서 울려 퍼지는 어떤 화음을 느꼈다. 수업 후 나는 교수님을 쫓아가서 어떻게 자원봉사활동을 시작할 수 있는지 질문했다. 그 후 나는 대학교 1학년 때부터 노숙자 쉼터에서 야간 당직 자원봉사를 하면서 내 사회복지 경력을 시작했다. 큰 고통을 느끼지만 농담을 할 수 있고, 웃을 수 있는 사람이 되었고, 내면 세계의 고립감이 녹아내리기 시작했다. 내 업무는 아동학대, 가정폭력, 성폭력 및 트라우마 전반으로 확대되었다.

대학원에 진학한 후 실습을 나가야 했을 때, 슬픔과 상실에 대한 두려움을 가져올 수 있는 병원의 트라우마 센터에 가고 싶은 마음이 생겼다. 하버뷰 병원에서 일하고 나서 곧 나는 그 이유가 나 자신을 위한 것이라는 것을 깨달았다. 나는 매일 공포와 아름다움을 동시에 경험할 수 있는 인간의 능력을 공유하게 됐다. 그것도 아주 큰 규모로 환자들은 최악의 순간에도 어떻게든 최선의 자신을 불러왔다. 그들은 고통과 고뇌에도 불구하고 자신을 포기하지 않았다. 나는 근무를 할 때마다 경외감과 희망을 볼 수 있었다.

이 병원에서 수년을 보내고, 나의 고립감은 완전히 녹아내렸다. 고통받는 사람들을 볼 수 있었기 때문에, 그들이 고통받는 중에도 사랑과 돌봄을 주고받는 것을 보면서 나는 근본적인 치유를 경험했다. 하버뷰 병원에서의 근무는 내게 선물과도 같았다. 매일 근무를 마칠 때마다 나는 내 인생이 어려움을 겪기도 하지만 여전히 경이로울 수 있음을 깊이 이해하게 되었다. 나의 환자들은 내게 삶이 얼마나 폭넓은 것인지를 가르쳐 주었다.

수년 뒤에 나는 틱낫한 스님과 불교를 소개받았는데, 모든 것이 완전한 써클이 되었다고 느꼈다. 이 고대 전통은 내가 어린 시절부터 경험했고 수년간 환자들과 내담자들을 통해 배웠던 고통과 기쁨의 관계에 관한 것이었다. 불교 승려이자 교육자인 잭 콘필드(Jack Kornfield)는 불교의 중심 교리에 대해 다음과 같이 설명했다. "이것은 쉽지 않습니다. 우리가 태어난 인간의 세계는 하늘과 땅의 중간에 있습니다. 이 세계는 근본적으로 현세의 고통과 즐거움, 기쁨과 통증, 이득과 상실, 눈물의 바다와 말로 다 표현할 수 없는 아름다움이 함께 공존합니다."

당신은 트라우마 센터에서의 작업이 어떻게 나의 욕구를 충족시켰는지 이해할 수 있을 것이다. 업무 교대를 하기 전에 나는 나 자신에게 질문을 한다. '이 일이 내게 의미하는 바를 이해하면서 나는 환자들을 지속적으로 잘 돌보고, 그들에게 필요한 일을 할 수 있을까?' 매번 나는 최선을 다하겠다는 결심을 했고, 할 수 있는 한 최선을 다했다.

환자들을 잘 돌보면서 동시에 내가 2차 트라우마를 견딜 수 있는 한계의 정점에 다다랐을 때, 나는 병원을 떠나기로 결정했다. 물론 나의 배우자는 정점을 지난 지 한참 지난 후였다고 말하겠지만 말이다. 응급실에서 근무를 마칠 때쯤 나는 축적 된 2차 트라우마로 고통을 느끼기 시작했다. 나는 날마다 마음챙김을 하고 있지는 않았고, 이 우주의 더 큰 일들에 대한 믿음을 잃지 않으면서 매일 보고 들은 것에 머무를 수가 없었다. 그렇지만 나는 내가 하는 일과 깊이 연결되어 있었고, 떠나야 겠다는 생각은 나를 힘들게 했다. 나는 멘토인 빌리 로손을 찾아가서 물었다. "내 가 어디를 가느냐와 상관없이 이곳에서 내가 경험한 것들과 삶의 야만성에 대해 알 게 된 것들을 절대로 잊을 수 없을 것입니다. 제가 떠나거나 머무르는 것이 중요한 문제입니까?" 우리는 함께 걸었다. 그녀는 한참 동안 침묵하다가 단호하게 이야기 했다. "로라, 어쩌면 당신은 더이상 트라우마에 노출되지 않는 것이 필요할 수도 있 어요." 그래서 나는 더이상 환자들이 마땅히 받아야 할 빛과 희망을 제공할 수 없다 는 사실을 인정하고, 개인적으로 나 자신의 삶에 필요한 에너지를 유지하기로 결정 했다. 바로 그 순간에 나는 하버뷰 병원을 떠나기로 결정했다.

나는 여러분이 자신에게 이런 질문들을 해 보았으면 한다. 당신이 하고 있는 일 은 당신이 존재하는 다음의 모든 단계에서 당신을 위해 기능하고 있는지 점검해 보 자. 일을 하면 도덕적으로, 지적으로 향상되는가? 당신의 인생에서 탈출하기 위해 일을 하는가? 일이 기쁨을 가져다주는가? 당신의 자부심을 지켜 주는가? 당신의 직 장은 세상의 고통을 줄일 수 있는 어떤 일을 할 수 있는 곳인가? 일이 당신의 정신 을 사납게 하는가?

"오직 나만 산불을 막을 수 있을까요? 당신도 책임을 나누어야 한다고 생각하지 않나요?"

나는 자기 자신과 자신이 하는 일의 강력한 관계를 설명하기 위해서 내 이야기를 사용할 것이다. 물론 어떤 사람들은 그 관계를 인식하지 못하기도 한다. 또한 자기 자신에게 최선의 선택을 가져다줄 수 있는 자각의 수준에 도달하려면 얼마나 깊은 수준의 자각이 필요한지를 설명하기 위해서도 내 이야기를 사용할 것이다. 내가 바닥을 치고 나락으로 떨어졌을 때, 나는 변화의 가능성에 저항했던 나의 태도를 버렸다. 마음의 문이 열리자마자 내가 존재할 수 있는 새로운 방식에 대한 아이디어와 함께 새로운 정보와 지지를 얻을 수 있었다.

자기 관리 연습

인생의 방향에 대한 질문에 대한 적절한 답변이 바로 생각나지 않는다고 할지라도, 즉시 실천할 수 있는 몇 가지 실질적인 단계가 있다. 이 단계는 스트레스를 받고 있다는 것과 스트레스를 다룰 수 있는 더 건강한 방법을 찾고 있다는 것을 인정함으로써 시작할 수 있다. 기니에서 일하는 한 질병 생태학자는 이렇게 말했다. "오랫동안 저는 저 자신을 돌보는 일을 전혀 하지 않았습니다. 이것이 현실이고, 또

치료가 가능한 문제라는 것을 알게 될 때까지 시간이 걸렸거든요. 그래서 제가 한 일은 사망한 친구들에 대해 애도하는 시간을 갖고, 살아 있는 친구들의 이야기를 들어 주는 것이었습니다." 트라우마 노출이라는 짐을 좀 덜어 주면 당신이 보다 완벽한 답을 찾을 수 있는 신체적·정신적·정서적 공간이 열리게 된다.

베셀 반 데어 콜크는 자신의 저서인『심리적 트라우마(Psychological trauma)』에서 1차 트라우마로 인해 영구적인 손상을 입은 사람들과 트라우마 경험을 자신의 삶과 통합하고 수용하는 사람들의 주요한 차이를 밝혔다. '스트레스에 저항하는 사람들'은 몇 가지 특징을 가지고 있다.

개인적인 통제감 스트레스에 저항하는 사람들은 자신의 행동과 감정이 연결되어 있다고 인식한다. 그들은 자기 인생의 방향에 영향을 줄 수 있는 역량이 있다고 믿는다.

개인적으로 의미 있는 작업 추구 그들은 자기 삶에 현존하며, 연결되어 있고, 현존과 연결은 어려운 시기에 그들을 수동적이기보다는 적극적이 될 수 있도록 돕는다.

건강한 라이프 스타일 선택 그들은 표백된 설탕, 카페인, 니코틴과 같은 음식을 줄이거나 피하고, 매주 수차례 운동을 하고, 매일 일정한 휴식 시간을 갖으려고 한다.

사회적 지지 그들은 힘든 시기에 도움을 줄 수 있는 사람들과 관계를 맺는다.

베셀 반 데어 콜크는 스트레스에 저항하는 사람들에 대해 다음과 같이 결론지었다. "역경에 직면했을 때 부정적인 영향을 받을 수는 있지만, 문제를 해결하는 자신의 행동이 결과적으로는 행복의 분위기를 가져올 것이라고 믿는 사람들이다." 외상 후 스트레스 장애와 트라우마 노출 반응의 유사성에 주목할 필요가 있는데, 그 이유는 1차 트라우마 생존자들에 대한 대처 전략과 트라우마 노출 반응으로 고통받는 사람들을 돕는 방법이 매우 유사하기 때문이다.

　우리는 다섯 가지 방향으로 일하면서 베셀 반 데어 콜크가 이야기했던 스트레스에 저항하는 사람들이 갖는 네 가지 영역의 자원을 키워 나갈 수 있는 연습을 시작해야 한다. 우리가 북쪽 방향(질문을 위한 공간 만들기)과 동쪽 방향(우리의 초점을 선택하기)에 초점을 맞출 때, 우리는 개인의 통제감과 실천, 그리고 생각 사이의 연결 고리를 강화시킬 수 있다. 우리가 남쪽 방향(온정과 공동체 세우기)과 서쪽 방향(균형 찾기)에 눈을 돌리면 우리의 강점을 강화시킬 수 있는 긍정적인 선택을 할 수 있고, 우리를 지지해 주는 문화를 만드는 방향으로 갈 수 있게 된다.

"최종적으로 저는 당신이 다시 정신을 차릴 수 있는지 보고 싶군요."

　우리가 돕고자 하는 사람들과 우리 자신이 얼마나 공통점이 많은지를 자각하는 것도 도움이 된다. 그들을 치료하기 위한 전략과 그들이 느끼는 고통은 우리가 느끼는 고통 그리고 우리가 치료될 수 있는 전략과 동일하다. 타인을 돌보는 사람으로서 우리는 자기 자신의 행복에 거의 신경을 쓸 수 없었다. 그래서 우리는 어려움에 직면했다. 우리가 하는 일을 잘 견뎌 낼 수 있으려면 어떻게 자기 자신을 돌봐야 할까? 우리가 내담자나 환자를 얼마나 돌보는지 기억하면서 내담자의 영웅적 자질, 용기, 힘, 그리고 결단력에 대해 생각해 보자. 우리가 내담자를 격려하고 인도하고 지시할 때 우리 입에서 나오는 이야기를 들을 수 있다. 그리고 같은 조언을 따르는 것이 지혜로운 것인지에 대해 의문을 품지 말자. 만약 당신이 동물이나 식물 또는 서식지를 위해 일하는 사람이라면 환경을 회복하고 건강을 지킬 수 있도록 사용했던 모든 방법을 생각해 볼 수 있다. 새에 대해 생각해 보자. 새들이 노래하고, 짝을 짓고, 먹고, 날고, 새끼를 키우고, 계절을 따라 생활하는 것이 생각날 것이다. 당신이 새들의 삶을 존중한다면 당신 자신도 존중해야 한다.

인내하기

나는 수많은 동료가 절망과 좌절, 그리고 불신에 대해 말하는 것을 들었다. 증상을 완화할 수 있도록 시간에 맞추어 약을 먹는 것처럼 쉬운 일이 아니라고 했다. 빠르고 쉬운 방법에 끌리는 것과 긴박감을 느끼는 것은 그 자체로 트라우마 노출 반응의 일부분이다. 사실은 우리 모두는 변화는 과정이라는 것을 **알고 있다**. 우리는 사람, 동물, 환경을 위해 일하면서 먼 길을 가야 한다는 것을 **알고 있다**. 우리는 신체적 건강을 위해 매일매일 유지 관리를 해야 한다는 것도 **알고 있다**. 건강에 문제가 생기면 단순 처방으로는 고치기 힘들다는 것도 알고 있다. 우리가 돕는 대상과 자기 자신은 다르다고 생각하는 사람들이 있다. 우리가 가진 능력은 더 커야 하고, 우리는 덜 힘들어야 하고, 우리는 자기 성찰이 덜 필요하고, 우리는 자신의 복지, 행복에 대해 덜 신경 써야 한다고 믿는 사람들이 있다. 사실 우리는 그런 사람이 아니다. 트라우마 관리하기는 오래된 지혜를 받아들인다. 반드시 빠르게 행동할 필요는 없지만, 믿을 수 있고, 의지할 수 있고, 접근이 가능하고, 실행이 가능한 방법이다. 처음에는 어느 정도의 신뢰가 필요하고, 그다음 한 단계씩 차례로 나가는 것이 중요하다. 미국 인권운동가 마틴 루터 킹 목사는 이렇게 말했다. "믿음으로 첫 계단을 밟으세요. 전체 계단을 볼 필요는 없습니다. 그냥 첫 번째 계단만 밟으면 됩니다."

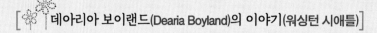

- 현직: 지역사회 옹호 프로그램 관리자
- 전직: 가정폭력 피해자 쉼터 관리자 10년

저는 어머니와 아버지로부터 자신을 잘 돌봐야 한다고 배웠고, 또 자신을 돌본다는 것은 책임감을 갖는다는 것을 의미한다고 배웠습니다. 열심히 일하고, 매일 출근하고, 신뢰를 쌓고 휴식을 취할 때에도 사람들이 내가 나 자신을 돌보기 위해 휴가를 내는 것은 아닐 것이라 생각하게 하는 것을 의미했어요.

제가 여성들의 이야기에 영향을 받거나 누군가 지에게 가정폭력 상황에 대한 이야기를 할 때면 저는 책임감에 대한 생각을 멈출 수가 없었습니다. 저는 피해자들을 동정했고, 매일 그리고 온종일 그 사람들에 대해 생각하면서 그들의 고통을 느낄 수 있었습니다. 제가 느끼는 감정은 피해자들이 느끼는 고통과 같지 않다는 것을 알고 있어요. 저는 다른 의미에서 그들에게 동정심을 느꼈습니다. 저는 피해자들에 대해 좌절했고, 짜증이 났고, 상황을 바로잡고 싶었습니다. 한 번은 집에 돌아온 후 가정폭력 피해자가 어떻게 지내는지, 아이들은 어떤지 알아보기 위해 쉼터로 다시 전화를 했습니다. 저는 감독자의 역할에서 벗어나 보호자의 역할을 하고 있는 제 자신을 발견했어요. 전이가 일어나고 있다는 것을 알았고, 건강하지 않다는 것도 알았지만, 어찌 되었든 저는 관리자의 역할과 더불어 부모의 역할도 하고 있었죠. 사람들로부터 "당신이 있어서 감사해요."라거나 "세상에, 난 그런 것이라고는 생각도 못했어요."라는 말을 들었을 때, 마치 제가 대단한 일을 하고 있다는 생각이 들었습니다. 그러나 그것이 의미하는 것은 제가 누군가의 트라우마를 대신하고 있고, 제 일을 하는 것뿐만 아니라 다른 사람이 해야 할 일도 하고 있다는 것이며, 저는 이것이 건강하지 않다는 것을 깨닫기 시작했습니다.

저는 직장생활뿐 아니라 개인생활에서도 조금 강박적이었어요. 조직생활은 무엇인가 무너지고 있다는 것을 깨닫는 데 도움을 주었습니다. 제 동료들 중 일부는 그다지 조직적이지 않아서 자신이 아프거나, 우울하거나, 혹은 완전히 나빠질 때까지 자신이 어떤 영향을 받고 있는지 깨닫지조차 못한다는 것을 알게 되었습니다.

사람이 기계처럼 일을 하거나, 일을 하면서 몸이 필요로 하는 것(예: 휴식, 건강한 음식, 웃음)에 귀 기울이지 않는다면 이것은 트라우마의 결과일 수 있습니다. 그 증상으로 우울증, 분노, 회피, 일을 미루거나, 너무 많은 일을 한꺼번에 하는 등의 증상이 나타날 수도 있습니다.

건강하게 사는 것과 좋은 생활습관을 갖는 것, 그리고 취미생활을 하는 것은 저를 지탱할 수 있게 해 주었습니다. 저는 몇 년 전까지 하루에 10~12시간씩 쉼터에서 일하다가 주말에 집에 돌아가는 생활을 반복했습니다. 이 생활이 저에게 많은 영향을 미쳤습니다. 가족이 생기고 나서는 모든 것이 변했습니다. 저는 균형을 맞추어야 했습니다. 제가 할 수 있는 것과 할 수 없는 것이 있다는 것을 깨달았습니다. 저는 저의 견고함을 생각했어요. 지탱할 수 있는 능력과 모든 것이 견딜 수 있게 해 주는 견고함이요. 저는 트라우마와 스트레스에 시달리지 않았기 때문에 집중할 수 있었습니다.

2차 트라우마에 대한 교육은 우리 기관에 도움이 되었습니다. 트라우마 노출에 대해 우리와 함께할 수 있는 외부 인력이 있다는 것도 좋았습니다. 근무 교대 시간에 발생한 사건들에 대해서 이야기하는 정기 모임을 갖게 되었고, 모임을 통해 필요한 지원을 받을 수 있게 되었습니다. 그래서 직원들은 퇴근 후에도 일을 해야 하거나 걱정할 필요가 없어졌습니다. 다른 쉼터에서 일하는 사람들과도 네트워크를 만들어 서로 도움을 주고받고 있습니다. 서로 하는 일에 대해 이해할 수 있는 사람들과 이야기를 나누고 연결되는 것 또한 도움이 되었습니다. 그리고 가장 중요한 것은 트라우마가 존재한다는 것을 인식하는 것이라고 생각합니다. 왜냐하면 트라우마가 있다는 것을 부정해 버리면 트라우마를 억누르고 해결하려고 하지 않기 때문이죠. 트라우마가 있다는 것을 인정할 수 있는 것 자체도 큰일인 것 같습니다.

제가 매니저로서 알게 된 몇 가지 사실이 있습니다. 저는 우리를 필요로 하는 곳이 많다는 것을 압니다. 저는 여성들의 이야기에 귀를 기울이고, 이 이야기들이 상담자들에게 영향을 미친다는 것도 인식하고 있습니다. 본인이 가정폭력 피해자였던 상담자는 더 많은 영향을 받는다는 것을 알 수 있었습니다. 그래서 저는 상담자들을 만나서 상처에 대해 이야기를 함께 나눕니다. 그들이 어떻게 지내는지 물어보고, 기분은 어떤지, 이야기를 하고 싶은지, 혹은 산책을 할 필요가 있는지 묻기도 합니다.

상담자들은 근무를 시작하기 전에 이전 시간에 근무했던 상담지에게서 업무 인계를 받습니다. 저는 근무 시간이 다 되어 가는 상담자들에게 사무실을 나서기 전에 일을 마무리하라고 단호하게 이야기합니다. 저는 상담자들이 퇴근하고서도 일로 인한 스트레스와 트라우마를 집으로 가져가지 않았으면 좋겠습니다. 만약 퇴근 후에도 계속 일이 생각난다면 저와 일대일 면담을 요청할 수 있어요. 이 작업은 언제나 진행 중입니다. 상담자들은 근무 교대를 하면서 디브리핑 시간을 30분 동안 가질 수 있고, 필요할 경우 한 시간까지도 할 수 있습니다. 왜냐하면 상담자들은 프로그램을 하면서 피해 여성과 아이들을 항상 만나기 때문이죠. 저는 상담자들이 일터를 나가면서 완전히 털어 버리고 가야 한다고 말합니다.

상담자들 중엔 열의에 가득 찬 사람도 있습니다. 그들은 내일이 없는 것처럼 일을 합니다. 헌신적이고 열정적인 분들이죠. 그들에게 일은 신앙과도 같습니다. 때때로 피해자들의 이야기를 들으면서 충격을 받기도 하지만, 서로 도우며 함께 일을 합니다. 저는 "우리는 한 팀이에요."라고 항상 말합니다. 저는 팀으로 함께 일하지 않으면 우리가 제대로 기능할 수 없다고 말합니다. 상담자 한 명이 쉼터를 떠나게 되면 저는 누가 다음 팀원으로 우리와 함께할 것인지 그리고 우리가 어떻게 이 그룹의 응집력을 계속 유지할 수 있을지에 대해 생각합니다. 서로 힘을 모아야 하기 때문에 서로의 관계가 좋아야 하고 서로 100% 지지해야 한다고 생각합니다. 저는 상담자들을 100% 지지하고, 상담자들도 저를 100% 지지합니다.

우리 팀의 상담자들은 개인적으로 심리상담 전문가를 만날 수 있습니다. 만약 상담자들이 휴가를 필요로 한다면, 그들은 휴가를 신청하고 떠날 수 있습니다. 저는 상담자들이 개인적인 시간을 갖는 것을 존중하고, 저는 상담자들이 사용하는 휴가 일수에 관심을 갖습니다. 만약 어떤 상담자가 휴가를 미리 다 사용해 버린다면 저는 그 사람에게 무슨 일이 일어나고 있는지 확인합니다. 물론 필요한 경우에는 휴가를 미리 사용할 수 있지만, 나중에 사용할 수 있는 쉬는 날도 필요하니까요.

저는 상담자들이 저에게 오는 것을 어렵게 느끼지 않게 하려고 노력합니다. 하지만 저는 관리자이고, 업무 능력을 평가하는 사람이기 때문에 저에게 쉽게 와서 "저는 무너지고 있고, 한없이 무너질 것 같아요."라고 말할 수는 없을 것입니다. 상담자들은 제가 "계획을 세워 봅시다. 저는 당신이 그 계획을 잘 따르기를 바라고, 그 계획을 따를 수 있도록 도와줄 거예요."라고 말할 것을 알고 있습니다. 저는 또 이렇게 이야기할 것입니다. "제가 아는 것은 이정도입니다. 제가 도울 수 있도록 무슨 일인지 알려 줄 수 있겠어요? 아무 말도 하지 않으면, 나아지는 건 없어요. 저는 상황을 바꿀 수 없지만, 당신은 바꿀 수 있잖아요. 저는 도울 수 있고요." 일단 대화를 나누면 문이 열리고, 그러고 나면 저는 효과적인 계획을 찾는 데 도움을 줄 수 있습니다.

저는 일이 잘못되어 가고 있는 것이 보이면 상담자들을 제 사무실로 부릅니다. 저는 책상 의자에 앉지 않고 옆에 있는 의자에 앉는데, 왜냐하면 그들이 저를 감독자로 보는 것이 아니라 돕는 사람으로 보기를 원하기 때문입니다. 진행 상황을 공유하고, 계획을 만든 다음, 몇 가지 방안에 대해 논의하고, 그들에게 무엇을 하고 싶은지를 질문합니다. 그러고 나서 "오늘 우리가 나눈 이야기에 대해 다음 주에 만나서 점검합시다. 한 주간 무엇을 했는지 같이 살펴보도록 해요."라고 이야기합니다. 그러면 사람들은 무거운 짐을 내려놓은 것 같다고 말합니다. 저는 "아직 다 해결된 것은 아닙니다. 다음 주의 우리 계획이 뭐였죠?"라고 말합니다. 저는 그들에게 일어나고 있는 상황을 스스로 잘 이해할 수 있도록 돕습니다. 제가 직접 나서기보다는 상담자들이 계획대로 잘 실천할 수 있도록 돕습니다.

상담자들이 자신의 트라우마를 어떻게 다룰 지에 대한 계획이 없다면 자기 일을 잘해 낼 수 없을 것이라고 저는 생각합니다. 만약 그들이 자신에게 일어나고 있는 일들을 잘 다루지 못한다면 그 일들은 그 상담자를 하루 종일 괴롭힐 것이고, 그 상담자는 자신의 일에 집중할 수 없을 것입니다. 피해자들에게 자기 관리 계획을 세우게 하는 것처럼, 상담자들도 자기 관리를 하게 되면 자신의 업무에 집중할 수 있게 됩니다. 우리는 가정폭력 피해자들이 본인의 안전을 스스로 지킬 수 있는 목표를 세우고 실천 계획을 세우게 합니다. 이와 마찬가지로 상담자도 도움이 필요합니다.

저는 리더가 되어야 합니다. 저는 제가 조언하는 것들을 스스로 연습합니다. 제가 스스로 실천하지 않으면 그들에게 조언을 할 수 없고, 계획에 따라 줄 것을 요구할 수 없고, 그들 스스로에게 책임이 있다고 말할 수도 없기 때문입니다. 저는 저를 지지해 줄 수 있고, 제 일에 대해 조언해 줄 수 있는 사람들을 만나 이야기합니다. 이것은 마치 도미노 효과처럼 돌아옵니다. 제가 지지를 받고 나면 다른 사람들을 도울 수 있는 힘이 생깁니다. 리더가 되기 위해서는 책임도 져야 합니다.

쉼터의 상담 프로그램은 저의 프로그램이 아니라 우리의 프로그램입니다. 저도, 상담자들도 모두 우리 프로그램의 일부입니다. 저는 안식년을 가질 예정입니다. 그래서 거의 모든 상담자에게 제가 하는 일을 가르쳐 두었습니다. 저는 누군가가 제 업무를 파악하고, 제 업무를 빼앗아 갈까 염려하지 않습니다. 제가 무슨 일을 하는지 알면 서로 신뢰가 쌓일 것이라고 생각합니다. 상담자들은 관리자인 제가 하는 일의 좋은 점과 나쁜 점, 그리고 추함이 있다는 것을 알고 있습니다. 돕고자 하는 마음이 들 때에는 좋고, 시스템이 자기편이라고 느끼지 못할 때에는 나쁘고, 일을 계속 진행시키기 위해 뛰어넘어야 하는 장애물은 추합니다. 상담자들이 제가 하는 일의 모든 측면을 알면 함께 노력해서 좋은 결과를 만드는 데 더 집중하는 경향을 보이게 됩니다. 제가 그들보다 우월하다는 듯이 그들을 대하거나 제가 모든 해답을 가지고 있는 것처럼 행동한다면 저는 그들에게 신뢰를 잃게 되고, 그들은 그들의 직장에 대해 또 저에 대한 존경을 잃게 될 것입니다. 저는 결정을 내려야 할 때, 상담자들과 함께 이야기합니다. 저는 상담자들이 창의적으로 일하기를 원합니다. 그래서 상담자들이 밖으로 나가서 다른 상담자들과 네트워크를 만들고, 협회에 가입도 하고, 외부 교육도 받게 합니다. 저는 상담자들이 단지 일만하는 것보다는 좀더 나은 삶을 살아가기를 바랍니다.

새로운 상담자를 채용할 때, 저는 상담자들과 함께 고용 위원회를 만들고, 교대로 위원회를 진행해서 상담자들의 채용 과정이 어떤지 알 수 있게 합니다. 저는 새로운 상담자가 왔을 때 기존의 상담자들이 도와주기를 바라기 때문에 모든 사람이 함께하는 공간을 만들려고 노력합니다. 텃새가 없는 공동체를 만들고자 합니다. 안전한 공간을 만드는 것이 트라우마 노출의 영향을 줄이는 데 도움이 된다고 생각합니다. 힘든 일이 생겼을 때, 우리는 코앞까지 다가온 트라우마를 잘 대처할 수 있습니다. 상담자들이 피해자의 비참한 이야기를 들으면서도 견딜 수 있는 까닭은 우리는 서로를 지지하기 때문입니다.

저는 제가 관리자로 일하는 이유가 두 가지 때문이라고 생각합니다. 하나는 피해자들과 어떻게 상담해야 하는지를 잘 알고 있고, 다른 하나는 상담자들이 서로 지지하는 방법을 잘 알고 있기 때문입니다. 저는 상담자들이 자기 일을 성공적으로 잘해 낼 수 있도록 돕는 일에 열의가 있습니다. 성공적이라는 말은 가정폭력 상담을 하면서도 건강하게 지낸다는 것입니다. 왜냐하면 저는 가정폭력이 곧 종식될 것이라고 생각하지 않기 때문에 저에게 있어 성공한다는 것은 제가 이 일을 하는 동안에 저를 잘 보살필 수 있다는 것을 의미합니다. 도움이 필요한 피해자들이 도움을 받기 위해 우리를 찾아올 때, 우리는 그들이 무슨 이야기를 하든 준비가 되어 있어야 하고, 우리가 건강할수록 더 나은 상담 서비스를 제공할 수 있을 것이라고 생각합니다. 한 여성이 우리에게 와서 "저는 집에 갇혀 있어서 떠날 수가 없었어요. 아이가 성적으로 학대를 당했지만 제가 무엇을 해야 할지 모르겠어요."라고 말한다면 저는 이 순간 이 여성이, 첫째, 이야기를 들어 줄 사람이 필요하고, 둘째, 상담이 필요하며, 셋째, 그녀의 아이를 구출할 수 있는 도움이 필요하다는 것을 압니다. 저는 그녀에게 적절한 도움을 줄 수 있고, 힘든 케이스라고 해서 그녀를 다른 기관으로 보내지 않을 것입니다. 왜냐하면 그녀는 저에게 단순히 또 한 명의 피해자가 아니기 때문입니다.

상담자들은 피해 여성들과 함께 온 아이들에게도 많은 관심을 기울입니다. 상담자들은 아이들을 위해 특별한 노력을 기울입니다. 상담자들은 정신적 충격을 받은 피해 여성만을 보고 있는 것이 아니라, 함께 정신적 충격을 받은 상황으로 힘들어 하는 아이들도 보고 있습니다. 상담자들이 피해 여성과 아동 두 그룹의 사람들을 도울 수 있다는 것은 대단한 일입니다.

저는 피해 여성들과 아이들을 돕기 위해 이곳에 있습니다. 저는 이것이 우연히 일어난 일이라고 생각하지 않습니다. 이곳에 있어야 할 이유가 있는 것이죠. 저는 상담자들을 도울 수 있는 능력을 가지고 있는데, 일하지 않을 이유가 없지요. 온 세상이 필요로 하는 것이 아닌가요? 사람들은 서로 연결되기를 원하고, 서로 돕기를 원합니다. 우리는 여기에서 그 일을 하고 있어요. 그래서 저의 방법으로 이 세상에 기여할 수 있다면 그것은 저에게 큰 의미가 될 것입니다.

지금 이 순간으로 돌아오기

무엇을 이루고자 하는 희망을 버려라. 가장 중요한 것은 현재에 머무르는 것이
다. 언젠가 미래에 무엇을 성취하고 상황이 얼마나 좋아질 것인가에 대한 희망에
사로잡히지 마라. 당신이 지금 하고 있는 것이 중요한 것이다.

— 티벳 불교 여승이자 캐나다 노바 스코샤(Nova Scotia) 주의 감포(Gampo) 사원의 수련 지도자,

페마 초드론(Pema Chödrön)

나는 트라우마 관리하기에 관심을 갖게 되면서 모든 지혜로운 사람과 사랑과 온
정을 나누는 전통으로부터 조언과 안내를 받고자 하였다. 괴로운 상황에서도 명료
함과 지혜를 유지하는 구체적인 방법을 찾기 위하여 법어,[1] 파이프 담배 모임, 테마
칼(temazcal),[2] 미드라쉬(midrash),[3] 그리고 넬슨 만델라(Nelson Mandela), 페마 초드론

---

1 역자 주: dharma talk 불교 스승의 담화

2 역자 주: 멕시코의 전통적인 한증막으로 둥근 돔 안에 들어가 먼저 온 몸에 연기를 쏘여 정화
를 하고 한증막 안으로 들어가 뜨겁게 달군 화산석 가장자리에 둘러앉는다. 가이드가 들어와
문을 닫으면 캄캄한 어둠 속에서 '옴~' 하고 호흡하면서 몸의 울림을 듣고, 약초 물을 몸에 부

(Pema Chödrön), 데스몬드 투투(Desmond Tutu),[4] 왕가리 마타이(Wangari Maathai),[5] 틱낫한(Thich Nhat Hanh),[6] 빅토르 프랑클(Victor Frankl) 등의 자서전의 가르침을 지속적으로 연구하였는데, 그 괴로움이 수돗물 오염에 의한 것이든 아파르트헤이트(apartheid)[7]에 대한 두려움이든 방법은 유사했다. 고대의 전통과 현대의 현자들은 오직 "깨어 있고, 현존하며, 지금 이 순간을 의식하기(being awake, present, and aware in this moment)"를 특별히 강조하였다.

전통과 지혜를 탐구하고 실습하는 과정에서 나는 이러한 설명이 반복되는 것에 흥미를 느꼈다. 내가 탐험한 문화적·영적·종교적 전통은 서로 다른 점이 많이 있었으나 현재를 의식하는 것에 대한 지혜는 공통적이었다. 각 전통은 수세기의 다른 경험에서 온 것이지만, 공통된 지혜의 핵심은 미래에 대한 기대나 과거에 대한 반추가 아니라 지금 여기에서의 삶에 대한 초대다.

현재에 존재하는 것이 트라우마 관리하기에 도움이 되는 많은 이유가 있다. 한 가지는 우리가 어떻게 하고 있는지를 분명하게 느낄 수 있을 만큼 느긋해지지 않으면 우리의 현재 상태와 욕구를 알 수 없다는 것이다. 미국의 여배우이자 극작가이며 시나리오 작가인 메이 웨스트(Mae West)는 "의구심이 들 때 샤워를 하라."고 말했다. 아드레날린, 과로 또는 냉소주의로 인한 무감각이 지속될 때 우리는 자신과 자

으면 향기로운 증기가 온 몸을 감싸면서 서서히 땀이 나게 된다. 1문은 자기소개와 자신과의 대화. 2문은 자신에게 소중한 사람(가족이나 친구 등)과의 대화. 3문은 용서받고 싶은 사람과의 대화. 4문은 감사의 과정으로 이루어지며. 이러한 과정을 통해 영혼을 정화하고 몸의 독소를 땀으로 흘려보내는 경험을 하게 된다.

3 역자 주: 고대 팔레스타인의 랍비 학교에서 기원된 성경 주해에 붙여진 명칭

4 역자 주: 남아프리카공화국 케이프타운 성공회 대주교로 아파르트헤이트에 항거하고 인권을 보호하기 위해 노력한 공로로 1984년에 노벨평화상 수상

5 역자 주: 케냐의 여성환경운동. 아프리카 그린벨트 운동을 창설하여 생태적으로 가능한 아프리카의 사회·경제·문화적 발전을 촉진한 공로로 2004년에 노벨평화상 수상

6 역자 주: 베트남 출신의 승려. 명상가. 평화운동가이자 시인으로 불교 사상의 사회적 실천을 강조해 '참여불교의 주창자' '인류의 영적 스승' 등으로 불린다.

7 역자 주: 남아프리카공화국의 극단적인 인종차별 정책과 제도

신의 욕구에 대하여 정확하게 파악할 수 없게 된다.

아무것도 하지 않기

피터 레빈에 따르면, 우리에게 필요한 것은 '몸에서 느껴지는 감각'과 조화를 이루는 것이다. 감각은 매 순간 당신이 어디에 있고, 어떻게 느끼는지를 말해 준다. 감지하기 힘들 정도로 미묘하고 당연하게 여길 때가 많지만, '직관을 믿는 것(trust your gut)'은 가장 강력한 첫 번째 단계다. 레빈은 "자연은 우리를 잊지 않지만 우리는 자연을 잊어버린다. 트라우마를 경험한 사람의 신경계는 손상되지는 않지만 가사 상태(suspended animation)처럼 경직된다. 몸에서 느껴지는 감각을 다시 알아차리는 것은 우리의 경험에 따뜻함과 활력을 되돌려 준다. 우리에게는 트라우마를 자연적으로 치유하도록 하는 메커니즘이 내장되어 있다."라고 말했다

우리가 모든 감각을 잃어버릴 때 과도한 주지화[8]가 일어나고, 우리는 몸, 심장, 마음을 떠나서 오직 머릿속에서 살게 된다. 인간은 좌뇌 피질 일부가 우리 경험의 의미를 구성하도록 프로그램 되어 있다. 따라서 인간이 극단적으로 압도되거나 혼

---

8 역자 주: 정서적 스트레스를 회피하려고 이성적 사고를 하는 방어 기제

란스러울 때 자연스럽게 도피하는 피난처는 왼쪽 뇌의 합리적인 마음인 것이다. 우리의 뇌는 경험을 어느 정도 이성적으로 다룰 수 있도록 재배열하기 위해 2배로 작동한다. 비록 그 순서가 몸의 감각에 대한 우뇌의 경험과 전혀 연결되지 않을지라도. 우리가 알기 원하는 것은 어떻게 하면 몸의 감각과 의미에 대한 감각을 하나로 통합하는가, 즉 어떻게 하면 2개의 구별된 느낌을 조화시켜서 하나의 "통합된 상태(integrated state)"—대니엘 시겔이 그의 저서에서 언급한 마음챙김의 신경생물학(neurobiology of mindfulness)—를 창조할 수 있는가 하는 것이다.

전 세계의 재생 에너지 자재(태양열 판, 풍력 발전용 터빈)와 관련된 일을 하는 엔지니어 겸 과학자 찰스 뉴컴(Charles Newcomb)은 그가 본 것에 대처하기 위하여 사고가 과활성화될 때 나타나는 단절에 대하여 다음과 같이 설명했다. "저는 합리적 마음이 '우리가 지구 온난화로 다 죽는다면 그것도 괜찮을 거야.'라고 말하는 소리가 들려요. 왜냐하면 우리 인류는 훈련이 전혀 안 되어 있으니까요. 인간은 당장 맛있는 음식을 먹는 것을 환경 보호보다 훨씬 더 중요하게 여깁니다. 저는 미래에 대한 믿음이 별로 없습니다. 어느 날 아침 전염병이 창궐하여 우리 인류가 지구에서 쫓겨날 수도 있다는 생각도 들어요. 조류 독감으로 우리 아이들 중 하나가 죽어 갈 것이라는 생각이 들고, 누가 먼저 죽을 것인가 생각하다가 나는 더이상 이런 생각을 계속할 수 없다는 것을 깨닫게 됩니다."

아시아에서 멸종 위기에 처한 동물 복지와 보호를 위한 의료 활동에 종사하는 한 수의학자는 생각에 머묾으로써 업무 충격을 완화시키기 위해 노력하는 것에 대하여 이렇게 말했다. "저는 인간의 생명 작용과 행동에 대한 지식을 통해 제가 아는 것과 물리적 우주에 대한 결정론을 조화시킵니다. 슬픔과 분노를 줄이기 위해 이론적 설명을 늘 할 수 있는 것은 아니지만, 그렇게 하려고 노력합니다. 사람은 자신의 감정을 유지해야 하는 확실한 이유를 알고 싶은 마음을 누그러뜨릴 수 없는 것 같아요. 최소한 저는 그래요."

우리의 내적 자아에 접촉하는 능력이 향상되면서 점차적으로 자기 진단과 자기 경청 능력을 갖게 된다. 리우 동(Liu Dong) 박사는 도교 원리에 기초한 고대 중국의 치유 기술인 '기공(qigong)'의 스승인데, "외부 세상에서 무슨 일이 일어나는지 많이 알수록 우리 내면에서 무슨 일이 일어나는지 더 적게 안다."고 가르쳤다. 리우 박사는 다른 도교 신자들처럼 우리가 우주정신의 일부를 간직하고 있다고 믿었다. 우리가 살아가면서 외부 세상에 집착하게 되면 신성(devine), 즉 위안 셴(yuan shen) 또는 자기 알아차림(self-awareness)이라고 불리는 내면의 빛이 흐려진다. 우리가 현재 순간으로 돌아오고 의식을 내면으로 돌릴 때 자기 정화와 자기 변혁이 가능하다.

자기 치유와 질병의 조기 진단에 대한 중국의 가르침에서는 외부에 대한 집착을 잠잠하게 하고, 우리의 의도—기공[9] 상태에 초점을 맞추는 행위—에 모든 에너지를 집중시킴으로써 마침내 우리가 바라는 순간을 경험하게 된다고 말한다. 기공 상태는 오직 현재에서 일어날 수 있다. 그것은 우리를 신성의 눈부신 본성과 접촉하게 한다. 우리가 그 안에 있을 때 우주에 에너지를 빼앗기는 대신에 우주로부터 에너지를 받는다. 한의학에서는 인간의 본성이 외부에 초점을 맞춘다는 것을 인식하는데, 리우 박사는 "공부하되 지나치지 말고, 생각하되 지나치지 마라."는 말을 들으면서 자랐다.

이러한 믿음은 전 세계의 다른 전통에서도 나타난다. 과학은 현자, 주술사, 치료자들이 수세기 동안에 알게 된 것을 반영하기 시작했다. 미국 원주민의 의술 의식을 수행하는 사람들부터 명상하는 불교 승려에 이르기까지 많은 치료자들에 대한 뇌파검사 결과, 그들의 뇌가 델타파를 생성하는 것을 발견했다. 델타파는 갓난아기가 매일 생성하는 뇌파와 같은 형태다. 케네스 콘(Kenneth Cohen)은 그의 책 『기공의 방법(The way of qigong)』에서 다음과 같이 말했다.

델타파(.5~4 Hz)는 가장 느린 파동으로, 영유아기에는 일반적이고 성인의 경우에

---

9 역자 주: 기(氣)에 공(空)을 들인다"는 뜻의 기공은 몸 안에 흐르는 '기'라는 생체 에너지의 흐름을 부드럽고 원활하게 하는 중국 전통의 자기 치유 체계를 의미한다. 신체 움직임과 호흡 운동. 초월명상 등이 종합된 것이라고 할 수 있다.

는 깊은 수면 상태에서 나타난다. 치료자들은 깨어 있을 때 델타파가 나타나기도 한다고 하는데, 이는 어린 시절의 지혜와 연결되고 의식의 가장 깊은 수준에 접근하는 뇌파다. 가장 빠른 뇌파인 베타파(13~26 Hz 이상)는 대부분 성인의 의식이 깨어 있을 때 나타난다. 베타파가 우세한 상태는 '자각(awareness)'이라고 불리지만, 부동성불안(free-floating anxiety)[10]의 상태로서 에너지의학 연구자이자 의학박사였던 고(故) 에드 윌슨(Ed Wilson)은 마음이 제대로 쉬지 못하는 상태라고 하였다. 미국 성인 중에서 많은 비율을 차지하는 사람들이 깨어 있는 동안에 만성적으로 베타파에 머물러 있었다. 우리는 조용히 경험하기보다는 '그것에 대하여 생각하는' 경향이 있다. 생각은 경험을 해석하는 유용하고 필수적인 수단이지만, 생각이 의식을 지배하면 병리적이 된다.

이것은 갓난아기가 잠들었을 때 종종 부모가 밤새 잠을 못 자면서도 아기를 눕혀 놓지 않는 이유일 수 있다. 부모는 잠자는 아기를 안고 있으면서 본질적인 생명에너지를 느낄 수 있는데, 이는 대부분이 치료자의 손에서만 경험할 수 있다.

우리가 우리 자신을 훼손되지 않은 산 속의 호수처럼 고요한 상태로 만들 수 있다면 우리는 우리 내면과 외부의 모든 것이 정교하게 비치는 상(reflection)을 가질 수 있다. 잔물결이 일어나면 우리는 그 물결이 비가 와서 생긴 것인지, 바람 때문인지, 아니면 물고기가 뛰어올라서 생긴 것인지 인식할 수 있다. 고요함이 없을 때 우리는 물이 요동친다는 것을 알게 되고 이 불편한 느낌에서 벗어나기 위하여 무엇이든지 하기를 원할 수 있다.

---

10 역자 주: 대상이 없는 유동적인 불안으로, 신경증성 불안의 일종이다.

"웨스트 85번가 뒤에 주차 공간이 있는지에 대한 생각을 멈출 수 없어."

다른 사람을 돕는 직업을 가진 사람들은 대부분 단거리 경주를 하듯이 일을 하는데 익숙하므로 현재 순간으로 돌아오는 것에 대하여 강력한 모순처럼 느낄 수 있다. 그럼에도 불구하고 우리의 삶에 의식적으로 주의를 기울이지 않는다면 삶에 대하여 감사하는 마음을 갖는 것은 어렵다. 한 아동복지사는 이렇게 말했다. "저는 제 삶 전체를 잃어버린 것처럼 느껴요."

호흡, 명상, 마음챙김, 기도 등과 같이 마음의 중심을 잡는 행동을 포함해서 고요함으로 돌아오는 수많은 방법이 있다. 이것들은 모두 도움이 될 수 있고, 어디에서나 자유롭게 할 수 있다. 그러나 우리가 현재 순간으로 돌아와서 내면의 고요함을 경험할 수 있는 장소에 가는 것이 상당한 도전이라고 말하는 것은 무의미하다. 그 어려움은 내적인 것일 뿐만 아니라 외적인 것이기도 하다. 전 세계적으로 나타나는 현대 문화는 현재 순간으로 돌아올 수 있도록 하는 고대의 많은 전통을 거부해 왔다. 20세기의 지배적인 소비주의 정신은 우리에게 더 많은 돈, 옷, 자동차, 집, 물건들을 갈망하도록 재촉한다. 정보화 시대에 더 깊이 접어들면서 미디어 산업은 우리가 글자 그대로 최신 음악, 영화, 상업이나 게임을 접하고 있지 않을 때 소외감을 느끼기를 원한다. 이러한 압박 속에서 자기 자신과 연결되는 시간을 갖는 사람이 거의 없다는 것은 전혀 놀랍지 않다.

현재에 존재하는 것은 실제적인 일이다. 그런 이유로 명상과 요가 수행 과정에서 반복과 헌신이 요구되는 것이다. 한 워크숍에서 리우 박사는 기공에 대하여 말하면서 "실습 회기 중 처음 30분 정도는 보통 고통만을 느낍니다."라고 하였다. 마찬가지로 내 친구가 버마 수도원에 가서 3주간 수행하려고 한다고 한 스님에게 말했을 때 스님은 이렇게 말했다. "당신에게는 별로 도움이 되지 않을 것입니다. 일반적으로 여기서 처음 5개월 동안은 괴로움을 느끼지만 그 후에는 유익을 얻기 시작합니다."

> 다른 사람 앞에서 한 걸음, 한 발자국; 이것이 우리가 일을 하는 방식이다.
> ─ 허리케인 카트리나가 발생한 후 뉴올리언스(New Orleans)의 공동체 활동가

그럼에도 불구하고, 이 연습은 겁쟁이를 위한 것은 아니지만 접근 불가능한 것으로 여겨서는 안 된다. 당신은 완전히 현재로 돌아올 수 있다. 이는 때로 매우 어렵고 매우 간단하지만, 당신의 오래되고 친숙한 방식에 대항하여 기꺼이 새로운 습관을 개발하고자 해야 한다. 예를 들어, 최근 가족과 함께 휴가 갔을 때 나는 경직된 사고 패턴에 사로잡혀 있었다. 나는 우리 집의 홈 스쿨 학생인 11명의 아이와 가정에서의 모든 책임으로부터 수천 마일 떨어져 있었지만, 걱정하고 경계하는 마음을 해변에서의 상태로 변화시키지 못했다. 파도가 낮은가, 높은가? 비가 올 것 같은가? 파도타기를 할 수 있는 상태인가? 이 모든 것이 정말로 중요하지 않다는 것이 우스꽝스러웠다. 나는 나의 마음이 바쁘게 습관적인 방식으로 작용하는지 보면서 우습게 느꼈지만, 나의 생각은 바짝 경계하는 상태를 유지했다. 나의 생각을 충분히 알아차릴 정도로 현재 순간으로 돌아왔을 때, 나는 그 패턴을 멈출 수 있었다. 나는 가족과 공기와 모래에 대한 감각을 알아차리게 되었다.

> • 현직: 위스콘신주 법무부 차관보, 형사사법 고문
> • 전직: 위스콘신주 보호관찰 및 집행유예센터 소장, 지역사회 교정 부서 관리자, 경찰관, 위스콘신주 가정폭력협회 대표, 가정폭력쉼터 공동체 교육 전문가, 연방 주민 주거 프로젝트 공동체 창립 위원

저는 위스콘신 가정폭력 방지 협회의 초대 대표였습니다. 저는 여성학 박사과정을 시작했지만 곧 그것을 후회하게 되었습니다. 그때 저는 배우자와 10년 동안 함께였고, 두 명의 아이와 세 명의 양자녀를 키우고 있었습니다. 저는 여성학 조교로 일하면서 가족과 다섯 아이를 돌볼 충분한 돈을 벌지 못했습니다. 그래서 저는 마지막 학기에 박사과정을 중단하고, 매우 진보적인 경찰서장을 만나게 되어 경찰서에서 일하게 되었습니다. 그 후 20년간 경력을 쌓으면서 경찰 간부가 되었습니다.

일을 시작한 지 7년 째 되던 1991년에 저는 디스크 탈출증으로 인하여 한동안 척추지압 치료를 받았습니다. 치료 대기실에서 틱낫한 스님 혹은 테이(Thây; 그의 학생들은 그를 이렇게 불렀다)의 기사를 읽게 된 저는 부상 치료를 위한 병가를 얻게 되었을 때 호기심으로 틱낫한 스님의 영성 수련에 처음으로 참여하게 되었습니다. 그것은 일리노이에서 진행되는 매우 작은 모임이었는데, 그중 5가지의 마음챙김 훈련에 참여하였습니다.

당시 저는 사람들이 경찰관에 대한 고정관념을 갖는 것에 매우 익숙했기 때문에 약간 방어적이었습니다. 마음챙김 훈련을 하는 동안에 그 가르침을 따르겠다고 맹세하는 과정이 있는데, 그중 하나는 다른 사람을 죽이거나 다른 사람이 죽게 놔두지 않겠다고 결심하는 것이었습니다. 저는 "경찰이기

때문에 사람을 죽이지 않겠다는 서약을 할 수 없어요."라고 말했더니 접현종[11]의 초창기 멤버인 찬 콩(Chan Khong) 스님은 저를 따로 보자고 하면서 이렇게 말했습니다, "마음챙김의 자세로 총을 사용하려는 의지가 있는 사람들에게만 우리가 총기 소지를 허용하고 있는 게 아닐까요?" 이것은 저의 삶에서 무엇인가 바뀌기 시작한 첫 번째 영성 수련이었습니다. 저는 마음챙김이 무엇을 의미하는지, 속도를 늦추고 현재에 존재하는 것이 어떤 의미인지를 알게 되었습니다.

이후 제가 업무에 복귀했을 때 저는 더욱 현존하게 되었고, 흥미롭게도 모든 것이 바뀐 것처럼 느껴졌습니다. 그리고 저는 에너지가 제 안에서 나온다는 것을 깨달았습니다. 제가 흥미를 느낀 것은 저의 변화가 부분적으로는 제 주변에 있는 모든 사람의 변화에 영향을 주었다는 깨달음이었습니다. 저의 첫 번째 결혼 생활은 10년간, 두 번째 결혼 생활은 13년간 유지되었습니다. 이것은 경찰에게는 드문 일이 아닙니다. 여성으로서, 그리고 커밍하웃한 여성 동성애자로서 제가 관계 속에서 직면한 것들로 인하여 저는 분노의 감정을 느끼고 있었고, 어린 시절 가족 안에서 성장하면서 형성된 모난 부분들이 많이 있었습니다. 저는 틱낫한 스님을 만나기 직전에 술을 끊고 영성 수련을 시작하게 되었습니다. 그리고 경찰 업무가 지속적으로 악영향을 주는 것들로 가득하다는 것을 깨닫기 시작했습니다.

저는 인사교육 팀장으로서 일하면서 조용한 곳으로 물러나 명상과 독서를 했습니다. 우리에게는 훌륭한 채용 제도가 있었고, 사람들이 안전하도록 지켰지만, 저는 제 눈앞에서 사람들이 변하는 것을 보았습니다. 저는 우리가 물리적으로 사람들을 잃지 않더라도 2차 트라우마 때문에 정서적으로 사람들을 잃게 된다는 것을 깨달았습니다. 업무를 수행하는 과정에서 우리에게서는 엄청난 양의 아드레날린이 분비됩니다. 그렇게 일한 후 집에 돌아

---

11 Order of Interbeing. 틱낫한 스님의 참여불교 교단

가면 우리를 훌륭한 경찰로 만들어 준 것들(즉, 아드레날린)이 우리가 좋은 배우자가 되는 데 방해가 됩니다. 퇴근 후 집에 돌아오면 충돌이 일어나게 되고 가족은 마음의 문을 닫는 것입니다.

일할 때 아드레날린이 분비되면 우리는 자신이 세계 최고인 것처럼 느끼고, 많은 사람이 겪는 업무 과다와 동시 작업의 위험 수준을 넘어서게 됩니다. 우리는 직장에서 열심히 일해서 승진하고, 집에 돌아오면 충돌이 일어나고, 이러한 과정이 반복되면서 우울증을 겪고, 그제서야 사람들은 역기능적 삶의 방식을 해결해야 한다는 것을 깨닫게 됩니다. 우리는 악순환의 고리를 이해하지 못하기 때문에 가족과 친구들과 이런 과정을 반복합니다. 우리는 무슨 일이 일어나고 있는지 전혀 이해하지 못합니다.

저는 이와 관련된 훈련을 시작했고, 저의 영적 여정의 언어를 형사사법 종사자들이 이해할 수 있는 언어로 번역하는 방법을 배웠습니다. 저는 그것을 건강과 심리적 안녕, 그리고 윤리와 다양성의 훈련이라고 불렀습니다. 저는 우리의 교육과정에 윤리를 포함시켜야 한다고 주장했습니다. 우리는 형사사법 체계의 문화에 깔려 있는, 서류에 적힌 그 어떤 것보다 더 강력한 암묵적 동의와 사회적 규약을 개선하기 위해 노력했습니다. 저는 이 훈련을 경찰관과 판사와 변호사를 위하여 진행했습니다. 또한 저는 경찰서에 있을 때 경찰관들을 위해 마음챙김 훈련을 진행했습니다. 저는 형사사법 문화에 존재하는 암묵적 규범들을 변화시키기 위해 노력했고, 어느 정도 성공했다고 생각됩니다.

2002년에 저는 프랑스 플럼빌리지에서 틱낫한 스님에게 안수를 받았고, 2003년에는 우리 교단[12]과 국제 교단의 도움으로 형사사법 지원 전문가들을 위한 피정 진행을 위해 틱낫한 스님을 초대했습니다. 저는 수많은 비판과 비난 메일을 받았고, 시(市) 변호사 사무실에 불려가서 해명을 해야 했습

---

12 역자 주: sangha. 불교에서 같은 가르침을 신봉하고자 모인 교단

니다. 당시 저는 이렇게 할 만한 가치가 있는가 여러 번 의문을 품기도 했습니다. 개인적이고 정서적인 피해가 시작된 것이었습니다. 그때 저는 저 자신에게 계속 '너의 의도는 무엇인가?'라고 질문했습니다. 훈련은 참으로 잘 끝났고, 참가자들의 변화를 불러일으켰다고 생각합니다. 가장 강력했던 마지막 날 밤에 경찰관들은 그곳에 참가한 모든 사람을 위해 진심을 다해 세션에 참여했습니다. 경찰관들이 정서적으로 다른 사람과 소통하고, 경찰관이 된다는 것과 그 영향이 어떤 것인지, 그리고 다른 사람들은 그것을 어떻게 인식하는지에 대하여 이야기를 나눌 수 있다는 것을 알게 된 것이 놀라웠습니다.

저는 업무 복귀 후 경찰서장에 지원해서 마지막 후보 2명 중 1명이 되었고, 내부의 지원을 많이 받았습니다. 저는 조건이 맞는다면 서장으로 임명될 것이고, 그렇지 않다면 탈락할 것이므로 어떤 결과이든 받아들일 준비가 되어 있었습니다. 저는 사실 임용 준비 과정과 공인으로서의 역할이 그리 즐겁지는 않았습니다. 그것은 매우 힘들고, 어느 정도는 아직까지도 계속되는 큰 책임감을 부과하는 것이었습니다. 저는 경찰서장이 되지 못했고, 그후 경찰서를 떠나서 위스콘신주 보호관찰 및 집행유예센터장으로 발탁되었습니다. 저는 그곳에서 매우 압도적이었지만 좋은 경험을 쌓았으며, 인종, 윤리, 건강 및 심리적 안녕과 관련된 많은 일을 했습니다.

저는 위스콘신주 보호관찰센터에 있는 동안에 가장 창의적인 공공 안전 프로젝트를 시작하는 데 기여했습니다. 데인 자치주 시간 은행 (Dane County Time Bank; danecountytimebank.org), 즉 사회계층의 평등화와 자원 접근에 도움이 되는 물물교환 시스템을 개발했습니다. 예를 들어, 우리는 경찰서에서 처음 조사받거나 체포되는 아이들을 위한 예방 프로그램을 진행했습니다. 경찰이 그들을 청소년 모의 법정으로 회부하면 또래 배심원들을 만나게 되고, 아이들이 선고된 복역을 마치면 시간 달러를 받게 되는 것입니다. 우리는 또한 교도소를 출소하는 사람들을 위해 재통합 프로젝트를 시작하였는데,

저는 그 프로젝트의 이사회장직을 맡게 되었습니다. 그러나 그 일은 주지사가 임명한 매우 힘든 역할이어서 당시 저는 결국 좌절감을 느끼게 되었습니다. 심지어 아들이 학교를 중퇴하게 되자 저는 완전히 자신을 주체할 수 없었고, 저의 일이 제2의 윌리 호튼(Willie Horton)[13]으로부터 주지사를 보호하는 것이라는 것을 알게 된 후 저는 그 일을 그만두고 상담-자문역을 맡게 되었습니다.

그 후 저는 법무부장관에게 발탁되어 현재 법무부 차관보로 재직 중입니다. 법무부장관은 제가 원하는 때에 원하는 프로젝트를 하도록 약속해 주었습니다. 저는 그곳에서 여러 가지 공동체 조직 프로젝트를 운영할 뿐 아니라, 법무부에서 '건강과 심리적 안녕'을 주제로 하여 사람들에게 마음챙김 훈련을 할 수 있게 되었습니다. 저는 또한 지역 치안 강화 프로젝트를 미주 연방으로 확장할 수 있는 기회를 갖게 되었습니다. 저는 마음챙김 훈련을 그들이 이해할 수 있는 언어로 전달했습니다. 예를 들면, 비폭력적 의사소통 대신에 언어의 무술(verbal judo)[14]이라는 용어를 사용했습니다. 우리는 자신의 직업에서 신임을 얻어야 합니다. 이제까지 저는 형사사법부의 모든 영역에서 일을 해 오면서 많은 사람과 접촉하게 되었고, 신임을 얻게 되었습니다. 저는 단지 뉴에이지(New Age)[15]에 미친 사람이 아니며, 제가 그들의 일을 이해하고 있다는 것을 그들도 알고 있습니다. 저는 형사사법 시스템에 마음챙김을 적용하는 방식에 대하여 참으로 긍정적으로 느낍니다. 저는 마

---

13 역자 주: 미국의 강간 살인범으로, 종신형을 선고 받고 복역 중이다.

14 역자 주: 언어적 자기 방어로 폭력과 긴장을 완화, 종결, 예방하기 위한 언어 사용으로 verbal aikido라고도 한다.

15 역자 주: 개인의 영성적 변화. 즉 인간의 내적 능력을 개발시켜서 우주의 차원에 도달하는 것을 추구하는 신문화운동이다. 인간의 의식을 확장시켜서 신비적인 것에 도달하는 것에 주된 관심을 보이는 이 운동은 의식의 확장을 위해서 여러 종교에서 나타나는 다양한 요소와 과학 · 심리 · 기술 · 정신분석 등을 혼합시키며, 여러 곳으로 분산되어 작은 그룹을 이루고 있으므로 정확하게 정의하기가 어렵다.

음챙김 연습이 저의 삶에 가져온, 그리고 앞으로도 계속 가져올 축복에 대하여 감사한 마음이 듭니다.

저는 항상 사회적 정의와 관련된 일을 해 왔습니다. 마음챙김의 여정을 시작한 이후 저는 매우 다른 방식으로, 훨씬 더 효과적으로 일을 하게 되었습니다. 저는 마음챙김의 과정에서 가장 중요한 것은 우리가 스스로 그 일을 하는 것이라고 확신합니다. 그러면 그 과정이 자동적으로 진행되고 모든 가르침이 내면에서 통합될 수 있을 것입니다. 그것은 우리가 틱낫한 스님을 보는 것과 같은 것입니다. 그것은 그가 말하는 것이 아니라 그가 살아가는 방식입니다. 그가 움직이는 방식이 법어[16]이며, 그의 존재 그 자체인 것입니다. 저는 사람들이 자신의 전통으로 돌아가도록 격려하는 틱낫한 스님의 가르침을 좋아합니다. 세상 속에서 존재하는 이러한 방법은 누구나 배울 수 있습니다.

일이 저에게 미친 악영향에 대하여 생각할 때, 참으로 흥미로운 것은 마음챙김 연습을 하는 과정에서 폭력을 사용하지 않고자 하는 동기가 참으로 강화된다는 것입니다. 그렇습니다. 경찰관들은 일상 업무 속에서 폭력을 사용해야 하는 경우가 많이 있습니다. 우리는 당신이 듣고 싶지 않은 상황에 직면하도록 강요받습니다. 자동차 사고 후에 머리를 다친 사람들이 여기저기 쓰러져 있는 곳으로 가야 하고, 닫힌 문 뒤에서 펼쳐지는 그 모든 슬픈 이야기와 아픔을 알게 됩니다. 그리고 그 당시에는 분명하지 않지만 어떤 종류의 2차 트라우마를 다루어야 합니다.

그리고 "당신은 영향을 받지 않으면서 자신과 다른 사람들을 돌볼 정도로 강한가?"라고 묻는 남성적 사회화의 분위기가 있습니다. 그것은 어려운 일이지만, 해야 할 일이 있기 때문에 우리는 그 일을 하기 위해서 무언가를 내

---

16 역자 주: dharma talk, 법문(法文) 또는 법어(法語). 불교 스승의 가르침. 법어는 불교 교리의 정신에 합치되면서 동시에 그것이 설파되는 상황에 부합되어야 한다. 교리에는 맞지만 청중의 필요를 채우지 않는 법어는 적절하지 않은 것이다.

려놓아야 하고, 그렇지 않으면 그 일을 할 수 없습니다. 나는 이 마음챙김 연습을 시작하기 전에 내가 더이상 열정적으로 일을 하지 않는다는 것을 깨달았습니다. 우리가 직면하고 느끼는 것이 무엇인가에 대한 이해가 부족하다면 우리는 어떤 면에서는 우리의 일을 더이상 효과적으로 하고 있지 않은 것입니다.

자신을 돌보는 것은 다음의 3가지를 포함한다고 생각합니다. 첫째, 우리는 일어나는 일과 그 주기를 이해하고, 그것을 있는 그대로 바라볼 필요가 있습니다. 둘째, 경찰관의 사람들과도 친구 관계를 맺는 것이 중요합니다. "나와 나의 동료들만 이것을 잘 알아. 다른 사람들은 이해 못해."라는 우리 대(對) 그들의 심리 상태가 있기 때문에 나는 업무 외의 관계에서는 경찰관과의 접촉을 제한하기 위해 노력했습니다. 제 배우자는 경찰관이 아닙니다. 저는 일할 때 효과적인 면담과 취조를 하는 데 요구되는 당당한 태도가 친밀한 관계에서는 좋은 파트너가 되게 해 주지 못한다는 것을 이해하게 되었습니다. 우리는 그것을 구분해야 합니다.

누구든 이 일을 해야 합니다. 저는 경찰관에 대한 존경심을 갖고 있습니다. 위스콘신에서는 경찰관을 평화 지킴이(peace officers)라고 부르기 때문에 저는 위스콘신의 법령을 좋아합니다. 저는 경찰관이 매우 고귀하고, 매우 어려운 직업이라고 생각합니다. 우리는 경찰관을 만나기를 원하지 않을 것입니다. 왜냐하면 당신이 경찰관을 만난다는 것은 무엇인가 문제가 생겼다는 의미일 테니까요. 우리가 일을 하면서 일반 대중으로부터 지지를 얻는 것은 참으로 어려운 것입니다.

셋째, 저는 저 자신을 돌보기 위해서 매일의 연습을 개발했습니다. 저는 교단에 속해 있는데, 틱낫한 스님에 의하면 공동체의 지지를 받는 것은 지극히 중요합니다. 제 배우자는 저와 같은 영적인 가치에 헌신하고 있습니다. 저는 이 작업을 매우 지지하는 공동체 사람들과 함께하고 있고, 그들은 이것이 용기를 필요로 한다는 것을 압니다. 저는 제가 가치를 발전시키고 제가 못 보거나 처음 들어선 길을 이해하도록 돕는 지지 체계를 가지고 있으므로 저는 정직하게 살아갑니다.

저는 다음에 무슨 일이 일어날지 모르지만 그것은 분명 멋진 일일 것입니다. 저는 항상 내 앞에 위대한 단계, 내가 작업할 위대한 마음의 장소를 맞이했습니다. 여러분은 앞에 놓인 바로 다음의 올바른 일을 위해 노력하세요. 그러면 그것은 자연스럽게 진행될 것입니다. 저는 저의 삶에서 그렇게 하지 않았던 때가 있었습니다. 저는 정서적 경험의 세계가 인지적 경험의 세계와 완전히 다르다는 것을 이해하지 못했습니다.

저는 이 연습과 관련하여 아직은 초보자라고 생각합니다. 경찰관에 대한 틱낫한 스님의 교훈 중 제가 좋아하는 것은 그가 온화한 온정(compassion)과 사나운 온정의 필요성을 이해한 것입니다. 분노가 아니라 우리의 마음으로부터 올바른 의도를 가지고 두 가지를 행한다면 우리는 훨씬 더 많은 것을 얻을 것입니다. 그것은 엄청난 차이를 만듭니다. 당신은 어떤 마음의 장소로부터 일을 합니까? 당신의 마음 안에 무엇이 있고, 어떻게 당신의 일에 접근합니까? 당신은 이 작업을 진행하기 전에 자신의 마음 속 공간에 평화를 만들어야 합니다.

제4부
트라우마 관리를 위한
자신의 길을 발견하기

5가지 방향 따르기

여행을 시작하면서 혼자가 아니라는 것을 기억하라. 거의 모든 영적 전통에는 우리가 나아갈 길을 안내해 주는 이야기와 메시지가 담겨 있다. 이 전통들 모두에서 당신과 다른 사람들에게 최대한 유익을 줄 수 있는 해답을 찾도록 도울 것이다. 이 책에서 나는 항해를 위한 도구로서 '5가지 방향'을 제안한다. 이것은 우리의 나침반이 되어 우리가 어떻게 하고 있고, 무엇이 필요한지에 대하여 지속적으로 평가하는 데 도움이 될 것이다.

'5가지 방향'을 개발하는 과정에서 나는 아시아, 아메리카, 그리고 유럽의 초기 문화에서 공통적으로 나타나는 세상에 대한 관점을 사용하였다. 고대인들은 동서남북의 4가지 기본 방향에 덧붙여 5번째 방향을 가정하였는데, 이는 하늘과 땅과 지구를 연결시키는 핵심 요소라고 보았다. 이것은 '중심' '여기' 또는 '영적 방향'으로 다양하게 기술되었다.

고대인들은 이 5번째 방향이 다른 4가지 방향과 완전하게 연결된 것으로 이해하였다. 현대 사회에서 동서남북은 지형을 가로지르는 길의 방향을 의미하는 글귀에 지나지 않지만, 고대인들에게 각 방향은 자연의 현상과 색깔, 물질, 계절뿐만 아니라 그것과 관련된 은유적 특성과 연결된 것이었다. 예를 들어, 동쪽은 새벽의 방향이고, 중국인들에게 동쪽은 봄의 계절과 초록과 파란색, 그리고 나무와 관련되었다. 반면, 체로키 원주민에게 동쪽은 빨간색과 겨울에서 다시 깨어남, 그리고 새로운 생명을 상징하는 것이었다.

이러한 묘사를 통해 나침반의 각 지점이 어떻게 해서 영적 경험의 다양한 측면과 밀접하게 연관되는지를 쉽게 이해할 수 있다. 특히 아메리카 원주민 전통에서 인간의 삶의 여정은 5가지 방향의 상호작용으로 자주 묘사된다. 우리 모두는 삶의 어떤 시점에서 4가지 기본 방향으로 대표되는 상징적 목적지로 여행한다. 우리는 여행을 하는 과정에서 중심에서 멀어졌다가 다시 중심으로 돌아오게 된다.

이제 당신은 이 모델이 트라우마 관리하기를 위한 능력을 개발하는 과정과 밀접하게 관련된다는 것을 알게 될 것이다. 5번째 방향은 우리 안에 서로 연결된 핵심부, 즉 자기의 중심이다. 새로운 길을 내딛을 때 우리의 경험은 우리가 개인으로서 누구인가에 따라 다양할 것이다. 우리는 또한 이러한 경험으로부터 배울 수 있는 가능성을 향해 우리를 열게 되고, 그 경험은 우리를 변화시킬 것이다. 따라서 우리는 그 다음 여행을 할 때 그 전과 다른 방식으로 세상에 접근할 수 있다. 우리의 중심은 우리의 안내자이며, 우리가 충만한 삶을 산다면 중심은 항상 진화할 것이다.

우리는 일을 할 때 현재 순간에서 우리의 중심을 발견함으로써 힘을 찾는다. 동시에 우리는 의식적으로, 그리고 구체적으로 우리 삶의 기본적 요소에 초점을 맞춤으로써 우리의 자기 지식을 향상시키고자 애쓴다. 트라우마 관리하기 나침반의 바깥쪽에 있는 4개의 지점에서 우리가 배우는 것은 우리 자신의 중심을 잡는 매일의 연습을 개발하는 데 사용할 수 있는 도구가 될 것이다. 우리의 중심과의 연결이 깊어질 때 우리는 지혜, 자유 의지, 온정(compassion), 균형의 내적 본성에 다가간다.

'5가지 방향'은 세상을 설명하고, 세상 속에서 길을 만드는 방법을 알려 주며, 가장 힘든 시기에도 우리의 웰빙을 창조하고 유지할 수 있는 과정을 안내한다. 전 세계의 전통을 이어받아 각각의 방향은 우리 안에 있는 이해, 평화, 건강, 충만, 그리고 기쁨에 대한 가장 큰 희망이 존재하는 장소로 돌아갈 수 있도록 도와준다.

당신은 '5개의 방향'을 다양한 방법으로 사용할 수 있다. 이것을 시작할 때 당신은 내가 이미 설명했던 질문, 초점, 온정, 균형과 중심 잡기를 통해서만 나침반의 각 지점에 초점을 맞추기를 바랄 수 있다. 그러나 나중에는 다른 유형의 이미지를 사용해서 이 '5가지 방향'에 대하여 생각하는 것이 도움이 된다는 것을 발견할 것이다. 이제 방향과 전형적으로 관련된 색깔과 요소를 간단하게 언급하면서 각 방향에 대한 논의를 시작하고자 한다. 우리 각자는 중심에 도달하는 다른 경로를 취할 것이다. 어떤 사람들에게는 땅에서 나오는 자양분의 느낌을 불러일으키는 것이 공동체와 온정에 대하여 이성적으로 생각하는 것보다 더욱 효과적일 수 있고, 다른 사람들에게는 그 반대일 수 있다. 당신의 선택은 각 방향에 대한 추가적 설명을 통해 확장될 수 있다.

책의 끝부분(p. 307 참조)에 묘사된 그림에서 볼 수 있는 것처럼, 각 방향은 고유하지만 생명력 있는 전체를 형성하기 위하여 함께 맞추어진다. 이 이미지는 매일매일 당신이 방향을 잡을 때 무엇이 중요한지를 시각적으로 빠르게 일깨워 준다. 출퇴근할 때나 일을 시작할 때, 또는 밤에 침대에 누워서 각 방향에 대하여 명상하는 시간을 몇 분간 가져 보라. 이렇게 하는 것은 매일의 마음챙김 연습을 시작하는 한 가지 방법이 될 수 있다. 물론 당신은 '5가지 방향'을 당신 자신의 의식에 대하여 영감을 주는 자극으로 사용할 수 있다.

5가지 방향과 요소 사이에서 움직임으로써 우리는 중심을 잡을 수 있는 매일의 연습을 만들고 유지할 수 있다. 우리가 중심을 잡으면 우리는 5번째 방향에 있는 것이다. 우리가 살아가는 동안에 일을 하는 과정에서 해일이 덮치고, 불이 나고, 모래가 늪처럼 빠지고, 회오리바람이 부는 경우가 있을 것이다. 우리는 때때로 하루에 몇 번씩 압도당하고, 폭탄이 터지고, 게임에서 지고, 어찌할 바를 모르는 느낌을 가질 수 있다. '5가지 방향'은 우리가 누구인지, 우리가 어디를 향하고 있으며, 우리에게 무엇이 필요한지를 다시 기억하고 침착해질 수 있도록 안내한다. 우리 주변의 모든 것과 모든 사람이 아무리 통제되지 않는 것처럼 보일지라도 중심을 잡는 것은 늘 지혜와 전망, 진실성이 샘솟는 오아시스를 갖도록 해 준다. 우리가 개인적 연습을 수행할 때, 우리는 환경에 대하여 반응적이 아니라 주도적으로 접근할 수 있다. 지속적인 노력으로 우리는 자신과 타인과 지구를 돌보는 데 필요한 내적 자원을 유지할 수 있다. 이 능력은 트라우마 관리하기의 기초다.

다음 장에서 나는 우리가 연습을 수행하는 데 도움이 되는 다양한 제안을 할 것이다. 나는 새로운 길을 여행하기 원하는 사람들에게 '5가지 방향'을 권한다. 탐험의 과정에서 자신의 마음을 자유롭게 유지하기 원한다면 매일의 연습을 통해 고유한 방식으로 발전할 것이라는 확신을 가지고 계속 읽어 가기 바란다.

북쪽: 질문을 위한 공간 만들기

우리는 용기와 지혜, 그리고 물(water)의 방향인 북쪽에서 여행을 시작한다. 우리는 마음속에서 일어나는 시끄러운 소음을 멈추고 지금 이 순간으로 돌아와 단순히 우리 주위에 있는 것을 알아차림으로써 이 여행을 시작한다. 우리는 바다 건너 수평선을 바라볼 때처럼 광대하고 넓은 감각을 창조한다. 이처럼 시야가 확 트인 좋은 위치에서 우리는 자신에게 두 가지 중요한 질문을 한다. "나는 내가 하고 있는 것을 왜 하고 있는가?" "이것은 나를 위한 것인가?" (이 질문에 대답하기 위하여 우리는 트라우마 통제의 개념을 검토할 것이다.) 우리가 알고 있는 모든 생명체가 물에 의존하는 것처럼, 우리의 삶의 질은 우리의 작업과 관련된 의도를 이해하는 것에 달려 있다.

나는 내가 하고 있는 것을 왜 하고 있는가

나는 코아웰텍 부족의 파이프 연주자이자 라코타 태양 춤 댄서인 조지 알바라도(Jorge Alvarado)를 만난 적이 있는데, 그는 치유 의식에서 함께 일한 여성에게 이렇게 말했다고 한다. "당신은 매일 당신 자신에게 '나는 누구인가? 나는 여기서 무엇을 하고 있는가?'를 질문해야 하는 그런 종류의 사람입니다." 어떻게 보면 이는 우리 각자가 대답해야 할 질문이다. 마음챙김은 지금 이 순간의 감각에 민감해짐으로써 시작되며, 그것은 우리가 우리의 삶 속에서 무엇을 하고 있는지에 대한 더 큰 자각으로 확장된다. 그러나 나의 경험으로는 무엇이 우리에게 동기를 불러일으키는지 알아차리지 못한다면 우리가 무엇을 하고 있는지에 대하여 완전히 의식하는 것은 어렵다. 우리가 하고 있는 것을 왜 하고 있는지 아는 것만큼 강력한 것은 거의 없다. 19세기 프로이센 철학자 프리드리히 니체(Friedrich W. Nietzsche)는 "왜 살아야 하는지 이유를 가진 사람은 어떠한 상황도 견뎌 낼 수 있다."라고 말했다.

우리가 이런 종류의 질문을 우리의 작업에 적용하는 것은 우리 자신의 의도, 동기, 소망을 이해하는 틀을 제공해 준다. 우리는 왜 우리 삶의 중요한 부분으로서 사람들을 돕고 치유하기 위하여 노력하는 것을 선택했는가?

나는 사람들에게 현재 하고 있는 일에 왜 참여하고 있는지에 대하여 정직하도록 격려한다. 가장 간단한 질문으로 시작해서 그 질문이 당신을 어디로 이끌어 가는지 보라. 무엇이 당신을 아침에 버스에 오르게 했는가? 무엇이 당신을 공동체 모임에 계속 나가도록 하는가? 아마도 그것은 당신의 업무 분야에 중요한 기여를 하는 것일 수도 있고, 당신의 컴퓨터에 이력서가 어디에 있는지 모르기 때문일 수도 있다. 아마도 당신은 건강보험이 절박하게 필요하거나 변화를 두려워할 수도 있고, 또는 다음에서 논의할 트라우마 통제를 성취하기를 바랄 수도 있다. 어떤 대답을 하든지 당신이 하고 있는 일을 왜 하고 있는지 스스로 체크하는 것은 당신이 선택한 것을 이해하는 데 있어서 전혀 다른 차이를 만들어 낸다.

이것이 내가 이 일을 하는 이유가 될 수 있을까? 내가 아는 사람들이 너무 자주 교도소에 수감되기 때문인가? 여기 우리 가족의 이야기가 있다. 나의 할머니는 거동이 불편하여 흔들의자에서 벗어날 수 없으셨는데, 백인 경찰이 삼촌을 체포하러 왔을 때 가지고 있던 권총으로 그 경찰을 마구 때렸다고 한다. 그때 삼촌은 하루 종일 집에 있으면서 손빨래를 하고 있었는데, 경찰이 삼촌을 잡으러 왔고, 할머니는 경찰이 떠날 때까지 그 경찰관을 마구 때렸다고 한다. 이 이야기는 늘 나와 함께, 내 마음속에 있다.

— 블랙 팬서(Black Panther)[1] 전 당원,
희망의 마을(Village of Hope) 교도소 재수감 전문가,
시애틀에 있는 자유 교회(Freedom Church)의 남성사역부장인 존 브루킨스(John Brookins)

매일 '내가 왜 이 일을 하고 있는가?'를 명확히 하기 위해서는 성찰의 기회가 필요하다. 우리가 2장에서 이야기한 것처럼 어떤 조직들은 조직 구조 내에 위기 모드를 채택함으로써 업무 위기 상황에 적용한다. 이러한 조직들은 성찰하는 것에 대하여 불이익을 주고 일이 잘 진행되는 것을 보상하는 작업 문화를 창조할 수 있다. 당신은 조직과 동료들이 반대하거나 이해해 주지 못하는 상황에서 성찰하는 시간을 갖기 위해 지속적으로 헌신해야 할 것이다.

"당신은 왜 당신의 삶 속에서 오리 사냥을 하게 되었는지
바로 지금 당신 자신에게 물어봐야 할 거야."

---

1 역자 주: 흑인 공동사회에서의 자결권, 완전고용, 병역 면제, 공정한 재판 등을 목표로 하는 흑인 단체

당신이 흔들리기 시작한다면 성찰의 과정이 트라우마 노출의 결과로 우리가 느낄 수 있는 무력감에 대한 강력한 해독제라는 것을 기억하라. 일을 하면서 노력하고 어려움을 겪는 과정에서 우리가 하는 일을 왜 하고 있는지에 대한 감각을 잃어버릴 수 있다. 우리의 의도에 대하여 숙고하는 시간을 갖기 위해 애쓸 때 우리는 우리의 경험의 밑바탕에 있는 욕구와 바람에 새롭게 연결된다. 우리는 삶의 과정을 변화시키기 위하여 행동할 수 있다는 것을 기억해야 한다. 이렇게 하는 것은 우리가 통제할 수 없는 압도적인 사건의 파도 속에 던져진 것 같은 느낌을 완화시키는 데 도움이 된다.

이렇게 해 보세요

1. 일을 시작하기 전에 하던 일을 멈추고 자신에게 질문하는 시간을 갖는다. "나는 내가 하는 일을 왜 하고 있는가?" 그에 대한 대답을 듣고 나서 당신이 그 일에 대하여 선택을 할 수 있다는 것을 기억한다. 깊게 숨을 쉬면서 이러한 인식 속에서 책임감과 자유를 호흡한다.

2. 당신이 하고 있는 일을 왜 하는가에 대하여 정기적으로 누군가와 이야기를 나눈다. 신뢰할 수 있고, 지지적이며, 현명한 사람을 선택한다. 이 사람에게 주의를 기울여 듣고 피드백을 달라고 요청한다. 우리 일에서 고립되지 않도록 하는 것이 중요하다.

3. 당신이 하고 있는 일을 왜 하는가, 당신의 의도가 무엇인가에 대하여 정기적으로 글을 써서 간직한다. 고객 자문, 담당자 회의, 위원회 워크숍에서 돌아와서 길을 잃은 것처럼 느껴질 때 당신의 의도를 기록한 종이를 찾는다. 무엇이 당신 자신을 위한 것이고, 무엇이 당신을 위한 것이 아닌지 다시 기억한다.

북서부 이민자 권리 프로젝트(The Northwest Immigrant Right Project: NWIRP)는 워싱턴주의 저소득 이민자들의 존엄과 법적 권리 향상을 위하여 25년 이상 운영해 온 기관으로서 법률적 변호, 교육, 그리고 공공정책을 통하여 그들의 법적 지위의 보존을 추구하고 있다. NWIRP는 남미와 아시아, 중동, 동서 유럽, 그리고 아프리카 출신의 저소득 이민자들을 포함한 모든 국적의 사람에게 서비스를 제공한다. 내가 1990년대에 NWIRP에서 트라우마 스튜워드십과 관련된 일을 할 때 그 조직의 문화는 특별하고 훌륭해 보였다. 직원들의 엄청난 헌신과 고객을 위한 끝없는 온정은 내가 거기에 갔던 매 순간 명백히 알 수 있었다. 그곳은 매우 특별한 장소였고, 지금도 그렇다.

NWIRP는 활동을 시작한 이후 줄곧 가슴 아픈 이야기와 긴급한 사건들, 글자 그대로 삶과 죽음을 포함한 많은 사건을 다루어 왔다. 그러나 1990년대 중반에 이르러 모든 지원 요청을 처리할 수 없게 되었다. 변호사들은 너무 많은 법정 사건을 동시에 처리하는 과정에서 몇몇 고객의 사건을 망치게 되어 업무 과실에 대해 고소를 당하게 될까 봐 두려움을 느끼기 시작했다. 한계에 다다랐을 때 그들은 접수 안내 직원에게 도움이 덜 필요한 고객을 돌려보내도록 요청했다.

도나 레웬(Donna Lewen)은 NWIRP에서 7년 동안 가정폭력팀의 책임자로 일했다. "그 결정을 회상해 보면 접수 안내 직원이 바라보던 눈길이 기억나요. 누군가의 전화를 받고 죽음과 직면하여 절망적으로 법적 도움이 필요한 사람들의 끔찍한 이야기를 반복해서 듣고 난 후에 '죄송합니다. 더이상의 사건을 받을 수 없어요'라고 말해야 했을 것입니다. 그 사람들을 어디로 보낼 수 있겠어요? 그들 대부분은 보낼 수 있는 곳이 어디에도 없었어요. 사람들에게 이렇게 말해야 하는 것은 접수 안내 직원들을 압도되게 했어요." 직원들은 과잉 업무에 짓눌려서 무너지기 시작했다.

더이상 지탱할 수 없는 상황이 되자 NWIRP의 전무이사인 비키 스티프터 (Vicky Stifter)는 직원들로부터 많은 피드백을 받은 후에 예외적으로 어려운 결정을 내렸다. 즉, 사건 접수를 완전히 중단하는 것이었다. NWIRP는 문제를 해결할 수 있을 때까지 어떤 새로운 고객도 받지 않았다. 이것은 '가라앉는 배를 지키기' 위한 노력이라고 스티프터는 상기했다.

"우리는 우리가 다룰 수 있는 것보다 더 많은 사건을 받았고, 그 결과 모두 소진되었어요."

스티프터는 직원들을 위해 위기에 개입하여 문제를 해결하는 것이 전무이사인 자신의 책임이라고 느꼈다.

나에게는 고객들로부터 직접 이야기를 들어야 하는 것보다는 멀리 떨어져 있는 것이 쉬운 일이었습니다. 조직의 구성원이 한계를 정하도록 하는 경우에 그들은 트라우마를 겪는 사람들을 계속해서 반복적으로 대면하기 때문에 그러한 결정을 하는 것은 불가능합니다. 이러한 결정을 내리는 것은 기관의 관리자들이 할 일입니다.

'사건 접수 중단'을 통해 사람들이 개인적으로나 집단적으로 더 강해지고, 엄청난 스트레스가 어느 정도 감소한다고 느끼게 되기를 바랐습니다. 나는 조직에서의 트라우마 노출로부터 사람들을 보호하기를 원했죠. 그것은 엄청나게 어려운 결정이었고, 곤궁에 처한 사람들이 도움을 요청하는 데 응답하지 않는 것은 마음 아픈 일이었어요. 그러나 우리 모두는 '사건 접수 유지'가 결과적으로 우리에게 바람직하지 않다는 것을 알고 있었습니다. 우리가 비록 더 많은 사건을 받는다고 하더라도 우리는 여전히 그들의 요구를 만족시킬 수 없을 테니까요. 우리는 이와 관련하여 가능한 한 전략적이고 건강해질 필요가 있었습니다.

이 결정을 내리기 전에 중요한 내부 갈등이 있었다. 접수 안내 직원들은 무력함을 받아들이는 것이 얼마나 어려운지 알게 되었다. 다른 직원들에게 최선을 다하지 않는다고 화를 내고 비난하는 것이 더 쉬운 일이었다. 변호사들의 입장에서는 현 상태의 조직에서는 그들이 담당 사건을 책임 있게 관리할 수 없다는 것을 알았다. 그러나 그들 중 몇몇은 접수 담당 직원들을 비난했다. 그들은 만약 접수 안내 직원들이 최적의 수준으로 고객을 선별했다면 접수 안내 중단은 피할 수 있었을 것이라고 생각했다.

레웬은 회상했다. "우리가 접수를 얼마 동안 중단할지는 불확실했고, 접수 중단이 길어질수록 저는 사기가 떨어진다고 느꼈어요. 우리는 여전히 물속에 있으면서 방향을 잡으려고 노력하고 있어요. 기관은 수용 능력을 훨씬 초과한 상태이고, 모든 사람이 괴로운 시간을 보내며 일을 하는 것은 자신을 갉아먹는 것입니다. 관리 능력이 조금 더 나아지면 여전히 지쳐 있더라도 조금은 회복이 됩니다. 이제 우리는 저녁 7시가 아니라 6시에 퇴근합니다. 새로운 사건을 받지 않는데도 여전히 이렇게 바쁘다는 것이 놀라웠어요. 그전에 우리는 어떻게 그 일을 했을까요? 그리고 또다시 그렇게 할 수 있을까요?"

그녀는 계속 이야기했다. "우리는 모든 것을 할 수 없다는 현실을 인정하고 계획적으로 일하기 시작했어요. 우리는 스스로에게 질문하기 시작했어요. '우리가 할 수 있는 바로 그 일을 어떻게 할 것인가? 사람들을 돌려보내는 일을 하는 직원들을 어떻게 보호할 것인가?" 나는 이렇게 생각했던 기억이 난다. "우리가 이 사람들을 도울 수 있는 유일한 사람이라는 환상을 갖지 말자." 스티프너는 나와 같은 생각을 말했다. "우리는 특정한 장소에서 특정한 일을 하는 소명을 받았습니다. 우리가 모든 일을 감당하고, 모든 사람을 돌봐야 할 것 같은 느낌을 갖는 것은 과대망상입니다." 그녀는 계속 이야기했다. "따라서 이 일이 나에게 맡겨진 한 부분이라는 것을 겸손하게 깨닫고, 이 일에 최선을 다하기 원합니다. 나는 정원 전체를 맡아서 관리할 수는 없습니다."

드디어 NWIRP는 절차를 간소화하기 위해 많은 변화를 주었다. 장기적 계획을 담당하는 관리자를 지원하기 위해 외부 자문을 고용했다. 고객들을 일대일이 아니라 그룹으로 안내하기 시작했고, 안내 자료를 더 많이 제작했으며, 접수 시간과 날짜를 제한하였다. 그리고 잠재 고객에게 초기 정보를 제공하는 전화 시스템을 개발했다. 접수 안내 직원이 고객을 돌려보내는 일을 직접 하는 대신에 음성 메시지로 안내하기 시작하였다. 레웬은 말한다. "우리는 '직원이 직접 전화로 사람을 돌려보내는 일을 안내하는 것이 자원을 유의미하게 사용하는 것인가? 이 일을 사람이 직접 하지 않는 것이 윤리적인 것인가?'라고 자문했습니다."

접수 중단의 현실은 어려운 것이었다. 어떤 단체의 지도자와 기관은 협조적이었지만, 다른 사람들은 비판적이고 심지어 모욕적이기까지 했다. 레웬은 비판과 싸우면서도 "우리는 더 큰, 그리고 문제가 많은 사법 체계의 일부다. 왜 나는 우리나라의 외국인 정책에 대하여 개인적으로 책임을 느끼는가?"라고 생각한 것을 기억했다.

준법률가이자 공식적으로 16년간 NWIRP의 대표로 재직한 조나단 무어(Jonathan Moore)는 접수 중단이 기관으로서의 NWIRP의 명성에 해가 된다는 말을 들었다. 그는 다음과 같이 회상했다. "이것이 사회적 정의를 위해 일하는 우리의 열정을 약화시키는 것으로 인식될 수 있다는 생각에 사기가 매우 저하되었습니다." 스티프너 또한 NWIRP의 의도를 이해하지 못하는 사람들을 다루는 것이 얼마나 끔찍한 일인지에 대하여 설명했다. "매일 매일 사람들을 직접 만나는 접수 안내 직원들에게 사람들의 맹렬한 비난을 경험하게 하는 것은 매우 가혹한 것입니다. 사람들은 모두 접수 중단을 받아들이지 않았어요. 나는 그것이 최선이라고 생각하지 않아요. 그러나 과로를 하지 않는 방법을 알아내는 것이 중요하다고 생각해요. 그리고 그 방법을 발견할 수 없을 때 유일한 대안은 모든 것을 멈추는 것입니다."

접수 중단의 결정은 힘들었지만, 레웬은 다음과 같이 말했다. "결과적으로 의미 있는 변화가 나타났습니다. 때로는 안도감과 고요함을, 때로는 허무함을 느낍니다. 머릿속에서 다른 사람들을 돕고자 하는 간절함과 도울 수 없다는 것에 대한 고통스러운 마음이 계속 아우성치는 소리가 사라지지 않아요. 이전에 우리는 미친 듯이 일했지만 이제 우리는 한 사람, 한 사람에게 좀더 온전히 집중할 수 있습니다. 이제 우리는 더이상 전투적인 변호를 하지 않고, 항상 위기의식을 갖지 않습니다. 우리가 하지 않은 일 대신에 우리가 하고 있는 일에 대하여 깊이 생각할 마음의 여유와 분별력을 갖게 되었습니다. 나는 우리 마음속에서 들리는 아우성을 줄이는 것이 도움이 된다고 생각합니다. 그리고 여전히 접수를 재개하는 것이 긴급하다는 생각이 듭니다. 접수 중단이 책임감 있는 결정이었지만, 모두가 그것에 대하여 안타까운 마음을 느끼고 있습니다."

무어는 이렇게 말했다. "저는 당신이 사건에 대한 이야기를 처음부터 끝까지 듣고 거절해야 했던 때를 기억해요. 그것은 매우 힘든 일이지요. 당신은 좋은 일을 하기를 원하기 때문에 당신은 진심으로 그 일을 하고 있었고, 그렇기 때문에 맡은 사건을 잘하는 것과 더 많은 사건을 맡는 것 사이에서 갈등을 느끼죠. 그리고 당신의 충실성은 당신이 실제로 변호하는 사람들에 대한 것입니다. 당신은 아직 맡지 않은 사건에 대하여 우선순위를 두거나 의무감을 느낄 필요가 없어요. 하지만 당신은 여전히 그것에 대하여 생각합니다. 당신은 사건에 대한 모든 것을 문서화하기 원하고, 당신은 그 일을 너무 많이 하고 있지만 스스로는 전혀 알지 못합니다. 언제 당신이 일을 충분히 많이 했는지, 그리고 언제 더 많은 일을 할 수 있는지 판단해야 하는데, 그것은 어려운 일입니다."

또 다른 NWIRP 관리자는 사람들이 사건을 종결하기 전에 일의 속도를 늦출 수 있는 방법이 거의 없음을 느낀다고 말했다. 그녀 자신은 "아이를 가진 경우에만 일에 쏟는 에너지를 중단하는 것이 정당화된다고 느꼈어요. 내가 하고 있는 일을 멈출 수 있는 유일한 방법은 임신을 하는 것이라고 생각했던 기억이 나요. 나는 아이를 갖기 원하기도 했지만 불안할 수밖에 없었죠."라고 했다. 그녀는 자신의 직장생활이 다르기를 원했다. "우리가 사회적 정의와 관련된 일을 할 때 우리는 정말 모든 사람이 최악의 상태로 살아남는 것이 아니라 더 잘 살기를 희망해요. 만약 우리가 그러한 열악한 환경에서 살아간다는 것이 어떤 것인지 정말로 안다면 우리가 업무 환경에서 그렇게 하는 것처럼 그것을 미화시키고 있지는 않을 거예요."

무어는 다음과 같이 기억했다. "우리는 항상 접수 상담을 변화시켜 보려고 노력했어요. 때로는 우리가 문제 주변을 배회하는 것 같았지만 조직 내에서는 항상 수많은 토론이 있었고, 그러한 토론은 도움이 되었다고 생각해요." 스티프너는 말했다. "당시에는 '트라우마 노출 반응'이라는 개념을 몰랐어요. 알았다면 좋았을 거예요. 만약 사람들이 무엇에 직면해 있는지 정확히 알았다면, 바라는 것이 무엇인지 알았더라면 내가 좀더 효과적으로 대처했을 거라고 생각해요." 접수 상담을 중단하면서 NWIRP는 보다 온건한 방향으로 변화되었다. 스티프너는 말했다. "조직의 전략으로서 채택된 온건함이 스며들게 되면서 사람들이 이 새로운 문화에 대하여 다른 기대를 갖게 되었어요."

그녀는 삶에서 균형을 잡고자 하는 자신의 변화를 설명했다. "저는 개인적인 삶을 잃어버렸어요. 삶의 여정에서 수많은 작은 것을 잃어버렸던 것이죠. 큰 전환점은 아이를 갖는 것이었지만 그렇게 되지 않으리라는 것을 깨달았어요. 대가가 너무 컸죠. 제가 한 일 중 최상의 것은 선택과 집중의 결과였어요. 하나를 선택하고 나머지 12개를 거절한 것이죠. 그렇게 하는 것이 최선이었죠. 그렇게 할 때 결과가 얼마나 좋은지 확인했어요. 내가 NWIRP의 전무이사로 일할 때 일주일에 3번 오후에 YMCA에 가서 수영을 하고는 했어요. 사람들은 이에 대하여 말하곤 했죠. 사람들은 내가 어떻게 시간을 마련했는지 이해하지 못했어요. 나는 사람들에게 말했죠. '나는 그냥 정문으로 걸어가요. 그러면 돼요.' 나는 1시간을 사용할 거야. 나는 수영하러 갈 것이고, 그래도 괜찮다는 것을 알아. 수영장에 갔다 돌아오면 나의 일들은 그대로 있었어요. 그리고 그렇게 한 것이 너무 좋았어요."

스티프너는 현재 오리건(Oregon)주의 후드 강(Hood River) 근처에 있는 한 교회의 목사다. 우리는 정해진 시간에 대화를 마쳤다. "무슨 일이 있어도 저는 매주 화요일 요가 수업에 가기로 나 자신과 약속했어요. 그래서 지금 나가야 해요."

트라우마 통제는 나를 위한 것인가

나는 나의 트라우마가 그립다.

— 트라우마 생존자

우리가 하고 있는 일을 왜 하고 있는지 생각할 때, 우리의 삶 속에서 트라우마 통제의 존재에 대하여 확인한다면 도움이 될 수 있다. 트라우마 통제는 트라우마를 다루는 한 가지 방법을 설명한다. 많은 트라우마 생존자에게 트라우마 사건을 통제할 수 없는 것은 가장 무섭고 불안한 것이다. 트라우마 사건에서 불안을 느끼는 정도는 우리가 삶 속에서 일반적으로 얼마나 많은 통제감을 느끼는지에 따라 사람마다 다르다. 우리의 철학, 영성, 또는 종교에서 더 높은 힘에 대한 믿음을 가지라고 말해 줄 수 있지만, 트라우마에 대하여 여전히 가장 힘든 문제 중 하나는 통제가 불가능하다는 느낌이다.

인간은 종종 이러한 통제 불능의 문제를 해결하기 위하여 가능한 한 트라우마 사건과 유사한 상황을 창조하거나 재창조한다. 우리는 무력감을 느꼈던 트라우마 상황을 떠올려 유능감과 책임감을 느끼는 새로운 상황으로 변화시키려고 애쓴다. 우리는 자신에게 이번에는 다른 결과가 있을 것이라고 말하거나 또는 그렇게 되기를 바란다. 이 복잡 미묘한 대응 메커니즘은 대체로 무의식적으로 이루어진다. 우리가 트라우마 통제를 추구한다는 것을 의식한다면, 그리고 통찰, 마음챙김, 정직함을 가지고 항해한다면 이 메커니즘은 우리의 치유에 공헌할 것이다. 하지만 우리가 트라우마 통제를 시도할 때 의도나 자각이 부족한 경우가 더 많다. 우리는 반사적으로 행동하면서 통제감을 느끼기를 원하지만, 압도당하거나 무력감이 더 강화될 수도 있고, 극단적으로는 무의식적인 트라우마 통제로 인하여 심지어 신체적으로 해를 입거나 위험한 상황에 노출되는 위험성을 증가시킬 수도 있다. 이것은 분명히 우리를 손상시키고, 트라우마를 통제하고자 시도하는 악순환이 다시 시작될 수 있다.

우리가 자신과 다른 사람에 대한 겸손과 공감의 자리에서 이 탐험의 과정을 시작했다는 것은 중요하다. 통제 시도는 트라우마에 대처하기 위한 인간의 기본적 방법이다. 우리가 이것을 완전히 이해하지 못하면 우리 자신을 질책하고 고통을 겪는 피해자들을 비난하는 것으로 끝맺을 수 있다. 우리가 마음을 열고—판단하지 않고—이러한 역동이 우리 자신과 다른 사람들에게 어떻게 작용하는지 생각한다면 우리는 소중한 통찰을 얻게 된다. 트라우마 통제가 쟁점이 아니라고 결단하더라도, 우리가 동료와 일할 때 온정적이 되는 것은 서로에게 중요하다.

삶의 3가지 주요 영역, 즉 우리의 활동, 관계, 일에서의 선택에서 트라우마 통제가 드러난다. 먼저 활동에 대하여 이야기해 보자. 우리가 시간을 어디에서 보내기로 결정했는지 생각해 본다면 트라우마 통제를 발견할 수 있을 것이다. 예를 들어, 배낭여행을 간 사람은 저체온증에 걸릴 수도 있고, 손가락이나 발가락을 다칠 수도 있다. 하지만 이 사람은 다음번에는 불행한 일이 생기지 않기를 바라면서 해마다 같은 곳에 계속 갈 것이다. 트라우마 통제 행동은 자연재해 이후에 자주 나타난다. 내가 허리케인 카트리나 발생 9개월 후에 뉴올리언스에서 열린 워크숍에서 이 개념에 대하여 설명했을 때 한 참가자가 "글쎄요, 그것 참 멍청하네요."라고 말했다. 생각할 시간을 가진 후에 그녀의 동료인 디나 벤튼(Dina Benton)이 말했다. "알다시피 트라우마 통제에 대하여 생각해 보면 뉴올리언스에서 우리 대부분이 지금도 하고 있는 것이 바로 이것입니다." 그녀는 뉴올리언스에 머물면서 그녀와 그녀의 동료들이 그들에게서 익숙한 삶과 자기감(sense of self)을 빼앗아 간 환경을 부분적으로라도 통제하려고 애쓰는 것처럼 느꼈다.

우리는 또한 관계 속에서 트라우마 통제를 추구할 수 있다. 한 친구가 나에게 말했다. "난 더이상 친구가 없는 지경에 이르렀어. 담당 케이스가 있을 뿐이지."[2] 당신은 당신 자신이나 다른 사람들이 이렇게 이야기하는 것을 들은 적이 있을 것이

---

2 역자 주: 친구들과의 관계에서 갈등을 겪을 때 하는 말

다. "난 친오빠랑 결혼한 것 같아." 또는 "난 엄마랑 데이트하는 느낌이 들어."[3] 의사인 린다 무니(Linda Mooney)에 의하면, 아메리카 원주민의 영성은 이러한 현상이 우연이 아니라고 간주한다. 그녀의 전통에서는 우리의 삶에 나타나 도전하는 사람들에 의해 혼란을 느끼거나 희생자가 되는 대신에 이 사람들을 내면으로 초대하는 것이 우리의 역할이라고 가르친다. 무니는 우리가 우리에게 가르침을 제공할 선생님들을 우리의 삶에 불러들이며, 이 선생님들은 우리가 꼭 필요한 교훈을 배울 때까지 한 사람, 한 사람씩 다시 등장한다고 말했다. 이 철학은 우리가 속한 가족도 우리가 선택한 것이라고 말하는 듯하다. 당신이 이러한 믿음을 가지는지 여부와 관계없이 우리의 삶에서 문제를 일으키는 사람들에 대하여 우리를 괴롭히는 사람이 아니라 선생님으로 재평가하는 것은 매우 유용하다. 우리가 우리 자신의 관계 속에서 강력한 역할을 하고 있다는 것을 인식한다면 엄청난 지혜를 얻을 수 있다. 우리는 우리 자신에게 다음과 같이 물을 수 있다. "내가 전에 여기 왔던 적이 있었나? 만약 그렇다면 "내가 배워야 할 어떤 것을 남겨 두었는가?"

> 트라우마를 처음 경험할 때에는 개인적 고통을 느끼게 되지만, 그것은 사회적이고 예술적인 행동으로 승화될 수 있고, 따라서 사회적 변화의 강력한 요인이 될 수 있다.
>
> ── 보스턴의 임상의, 연구자이자 교사인 베셀 반 데어 콜크(Bessel A. van der Kolk)

마지막으로, 우리는 종종 우리의 일과 경력을 선택하는 과정에서 트라우마 통제를 경험한다. 이러한 역동은 사람들이 누군가를 '돕는 직업'이 보수가 낮고, 힘들고, 자원이 빈약하다는 것을 알면서도 이 직업을 떠나지 않는 이유이기도 하다. 어떤 사람들은 어린 시절의 트라우마와 연결된 영역에서 일하도록 끌어당겨지는 것을 느끼며, 그로 인해 의식적으로든 무의식적으로든 어린 시절의 잊을 수 없는 메아리

---

3 역자 주: 배우자나 연인과의 관계에서 갈등을 겪을 때 하는 말

를 통제하고자 한다. 출산 후 우울증을 겪었던 사람이 처음 아이를 낳은 부모 집단을 지원하는 일을 하는 것, 가뭄 피해 생존자가 지역 우물 프로젝트의 국제적 지원을 옹호하는 것, 또는 법률 집행 사무관의 아버지가 예전에 경찰의 공무 집행 도중 사살된 경우 등이 포함될 수 있다. 사회복지 석사 입학 서류를 검토하던 사람은 지금까지 읽은 모든 지원자의 자기소개서에서 사회복지를 전공하기로 결정한 주요 요인으로서 트라우마 경험을 인용했다고 하였다.

자신의 일을 선택하는 과정에서 트라우마 통제가 중요한 역할을 한 많은 지도자가 있다. 루빈 '허리케인' 카터(Rubin 'Hurricane' Carter)도 그 경우다. 카터는 다른 사람을 살해한 것으로 오인되어 20년간 교도소에 수감되었던 권투 선수로서 지금은 교도소에 잘못 수감된 사람들을 돕는 탁월한 변호사다. 그가 어렵게 얻은 지혜와 무엇이 자신을 움직이게 하였는지에 대한 의식은 세상을 더 좋은 곳으로 만드는 데 기여해 왔다. 나의 아버지의 여정도 그러한 화해의 과정으로 볼 수 있다.

나의 어머니가 돌아가셨을 때 부모님은 이혼한 상태였지만, 그들은 20년간 결혼 생활을 유지했었다. 당시 나의 형은 16세, 나는 13세였고, 아버지는 프리랜서로서 마케팅 분야에서 성공적인 경력을 가지고 있었다. 어머니가 돌아가시고 10년 뒤, 아버지는 마케팅 과정에서 암 환자의 자녀를 돕는 병원 프로그램에 연결되었는데, 첫 번째 회의를 하자마자 그는 자신의 마케팅 사업을 정리하고 암 환자의 자녀를 지원하는 데 헌신하는 재단을 설립했다. 그는 이 사업과 관련하여 국내적, 국제적으로 일을 해 왔으며, 이 주제에 대한 책을 펴내기도 하였다. 매일 그는 자신의 일에 강렬한 열정과 놀랄 만한 헌신을 나타냈다. 이러한 헌신은 그의 책의 헌정사 "이 책을 나의 두 멋진 (성장한) 아이, 크레이그(Craig)와 로라(Laura)에게 사랑으로 바칩니다. 내가 무엇인가 더 했으면 좋았을 텐데…."라는 글을 읽어 보면 잘 이해할 수 있다.

트라우마와 씨름하는 사람들은 자신의 일을 진행하는 과정에서 과거의 경험에서 온 것과 현재의 경험을 구분하는 것이 어렵다는 것을 발견한다. 수단 다르푸르(Darfur) 지역의 난민 출신으로서 난민들의 권리를 위해 일을 하게 된 사람이나 아동 학대 생존자가 공소담당 변호사가 된 경우 등 트라우마 통제에 기반하여 자신의 직업을 선택한 사람들은 그들이 하고 있는 일의 위험성이 엄청나게 높다는 것을 뼛속 깊이 안다. 그들 자신과 다른 사람들에 대한 기대는 지켜질 수 없고, 파괴적인 것일 수 있다. 개인적으로나 직업적으로 우리의 삶에서 펼쳐지는 트라우마 통제의 모든 여정을 탐험하는 것은 자각을 위한 첫 번째 단계다. 우리 자신에 대한 온정이 가장 중요하다. 트라우마 치유를 위한 주의 깊고 정교한 연습을 개발함으로써 우리는 앞으로 한 걸음 나아간다. 세상에는 수많은 역할 모델—여전히 자신의 마음을 치유하는 과정에서 세상을 효과적으로 치유하는 사람이 있다.

때로는 통제하기 원하는 트라우마가 우리 영역 밖에 있어서 우리는 뚜렷이 다른 활동을 통해 고통을 조화시킴으로써 스스로를 치유하기 위해 노력한다. 나의 동료는 서아프리카 깊숙한 다우림 지역에서 영장류와 거대한 포유류를 연구하던 도중에 시민전쟁이 일어나서 그 일을 중단해야 했다. 그가 다시 돌아왔을 때 그는 더이상 동물들과 함께 일을 계속할 수 없었으나, 치유를 할 수 있는 다른 방법을 발견하였다. "저는 저의 과거와 어떻게 화해해야 할지 모르겠지만, 저의 화해 전략이 좋은 일을 시도하는 과정에서 단순히 앞으로 나아가는 것이라는 생각이 들어요. 지난 여름에 저는 한 지방 병원에서 수십 케이스의 분만 누공 수술을 하는 3명의 산부인과 의사 팀을 이끌었어요. 의심할 바 없이 이 케이스들 중 일부는 전쟁 중 발생한 심각한 성폭력에 의한 산부인과 외상이었어요. 제가 처음 본 수십 명의 여성의 삶은 분명히 바뀌었어요. 이것이 제가 앞으로 나아간다는 말의 의미입니다. 저는 미래를 향해 나아가는 과정에서 반드시 악몽을 겪어야 한다는 것을 믿게 되었어요. 서아프리카에서의 경험은 저에게 이러한 교훈을 가르쳐 주었어요."

이렇게 해 보세요

1. 당신이 일을 하는 과정에서 트라우마 통제가 어느 정도 영향을 주고 있는지 생각해 보자. 당신이 왜 이 일을 하고 있는지 자신에게 물을 때 당신에게 동기 부여한 과거의 상처가 있는지 살펴보자.

2. 트라우마 통제가 당신의 일에 이끌린 한 가지 이유라고 생각한다면 당신의 삶의 다른 영역에서 어떤 다른 방법으로 이 원상처를 돌보고 있는지 평가해 보자. 이와 관련하여 당신의 일에 대한 잠재적 의존성을 감소시킴으로써 당신의 치유를 지원할 추가적인 방법이 있는가?

3. 개인적으로나 미디어를 통해 당신이 알고 있는 사람들 중에서 자신의 일을 하면서 트라우마 통제를 사려 깊게 적용한 사람들을 생각해 보자.

[✿ 자이드 하산(Zaid Hassan)의 이야기(영국 런던)]

> • 현직: 집단 훈련 촉진자, 작가, 레오스 파트너스(Reos Partners) 창시자, 문명 파괴에 대한 능동적 반응의 진행에 대한 책의 저자
> • 전직: 제네론 컨설팅(Generon Consulting)에서 근무 – 북미와 유럽의 지속 가능한 식량 공급 체계, 인도의 어린이 영양실조, 그리고 캐나다 원주민과의 관계에 대한 장기 프로젝트에 참여

나의 가족에 대한 이야기를 먼저 하는 것이 적절하다고 생각합니다. 영원한 난민이었던 우리 가족 안에서 나는 문제가 없는 것이 정말 문제라는 말을 되새기며 자라 왔습니다. 어린 아이였을 때부터 문제에 대해 화를 내거나, 절망하거나, 우울해지는 것은 금지되었습니다. 우리는 문제가 없다는 것은 너무나 큰 것이어서 그것에 압도될 것이라는 태도를 가지고 성장했고, 그것에 대하여 오랜 시간 궁금해하지도 않았습니다. 나는 지난 5~6년간 일을 하면서 이것을 바라보기 시작했다고 생각합니다.

나의 조상들과 부모님의 역사는 나의 개인적인 역사의 일부입니다. 매일 나는 나의 개인적 역사가 나의 일에 얼마나 많은 영향을 주는지 깨닫습니다. 이것은 너무나 당연한 것 같지만, 나에게는 당연한 것이 아니었습니다. 콜카타에 살고 있는 나의 조부모님과 가족은 1947년에 인도-파키스탄 분쟁이 일어났을 때 동부 파키스탄으로 이주하였습니다. 그것은 역사적으로 매우 큰 집단 이동이었습니다. 그것은 트라우마적 사건이었고, 이 과정에서 우리 가족은 모든 것을 잃었습니다. 그러고 나서 1971년에 동부와 서부 파키스탄 사이에 전쟁이 있었고, 그 때 나의 가족은 방글라데시 쪽에 있었는데, 카라치로 추방되어 또다시 모든 것을 잃었습니다. 그 후 우리 가족은 1990년대에 중동에서 살다가 1992년에 떠나야 했습니다. 나의 아버지가 그

지역의 통치자 중 한 명과 의견 충돌이 있었기 때문입니다. 이러한 이상한 패턴이 반복되었습니다. 우리는 이러한 경험을 통해 특정한 사고방식 또는 신념 체계를 가지게 되었습니다. 나는 그 모든 것이 어떤 의미인지, 또는 그것이 나에게 어떤 영향을 미쳤는지 다 알 수는 없었습니다. 그러나 나는 안개 속에서 어렴풋이 그것을 알았습니다. 그 안개를 깨끗이 없앨 수는 없었지만….

제너런 사(세계적으로 해결하기 어려운 사회적 문제를 다루는 컨설팅 회사로서 우리가 인터뷰한 하산의 근무지)에서 일하면서 나는 매우 복잡하고, 어떤 수준에서는 꼼짝할 수 없었으며, 트라우마가 점점 증가하는 상황에 노출되었습니다. 내가 점차 관여하는 일은 1차 트라우마와 관련된 일이었습니다. 사람들이 이렇게 순응적인 태도를 가진 조직에서 일하는 것은 2차 트라우마와 트라우마 관리가 생성되는 방식입니다. 우리는 믿을 수 없을 정도로 오랜 시간 동안 일을 하고, 항상 기차나 비행기를 타는 엄청나게 부담을 주는 생활 방식을 가지고 있었습니다. 삶의 균형이란 무엇인가에 대한 대화를 하고는 하지만, 결코 그 자체로 해결되지는 않습니다. 영양실조와 관련된 인도 프로젝트를 진행할 때 나의 생각은 명료해졌습니다. 인도에서 우리 팀은 당시 제너런이 가진 사내 문화를 개조했습니다. 즉, 절대 불평해서는 안 되고, 맡은 업무는 10배 더 열심히 해야 하며, 사내 규범을 준수하여야 한다는 극단적인 남성적 업무 규범이었습니다. 그러한 문화에서 프로젝트를 진행하면 모든 사람이 소진되고 녹초가 될 수밖에 없습니다. 사람들이 더 많이 피곤할수록 복잡한 문제들을 다룰 수 있는 능력은 감소하게 되었습니다. 3주 기간 중 마지막 날은 내 삶에서 최악의 날이었습니다. 조직 내 그룹이 와해되었고, 우리는 실패했으며, 모든 것이 끔찍하게 흘러갔습니다.

나는 친구에게 이 경험을 설명하면서 단독 행동을 하는 사람이 숲속으로 혼자 들어가 버릴 때 어떻게 다루어야 하는지에 대하여 이야기했습니다. 구성원 중 한 사람이 1시간 동안 자기 텐트에 들어가 있었는데, 나중에 알게 된 사실이지만 그는 매우 심각한 트라우마를 겪은 힘든 어린 시절을 보냈고, 그러한 상처를 제대로 치유하지 못한 것이었습니다. 그녀는 다음과 같이 물었습니다. "심리사회적으로나 개인적 수준에서 트라우마가 표출될 때 사람들은 어떤 대비를 하고 있나요?" 나는 이 사람의 경우에 나쁜 일이 일어나지 않은 것이 참으로 행운이었다는 것을 깨달았습니다. 그녀는 "당신은 프로젝트 참가자가 자살을 하도록 내버려두어서는 안 됩니다."라고 대답했고, 나는 참으로 충격을 받았습니다. 나는 우리가 준비가 안 되어 있었으며, 그것은 우리 문화를 반영한 것이라는 것을 깨달았습니다. 나는 인도에서 우리 문화로부터 온 많은 것을 투영하였으며, 우리가 우리 자신의 건강에 주의를 기울였더라면 얼마나 많은 것이 달라졌을까를 생각했습니다. 그래서 마지막 해에 나는 신체적·심리적 건강을 위한 과정을 주의 깊게 설계하는 작업을 했습니다.

제너런에서 우리는 신체적·심리적 건강이 무엇을 위한 것인지에 대하여 머리로만 알았습니다. 인도에서 우리의 생각은 '이 훈련은 꼭 필요한 것은 아니다'에서 '이 훈련은 필요불가결한 것이다'로 완전히 바뀌었습니다. 사람들이 공감과 관심을 가지고 일하기를 원하고, 이것을 잘하기 위해서는 건강과 트라우마에 대한 훈련을 설계해야 합니다. 우리의 집단 작업에서 점점 더 중요해지고 있는 한 가지는 체현(體現, embodiment)에 대한 것, 즉 '우리가 하는 일이 어떻게 공간과 우리 자신에게 구현되는가?' 하는 것입니다. 우리가 일할 때 갖는 문제적 패러다임은 항상 물질적으로 구현됩니다. 당신은 언어 수준에서—대화를 함으로써—그 패러다임에 대한 작업을 하거나, 물질적 수준에서 작업을 할 수 있습니다. 나는 체계적 문제를 불러일으키는 비언어적 패러다임을 변화시키는 방법에 관심이 있습니다. 만약 당신의 정책이 잘 진행되지 않거나, 창문이 없는 건물 여러 채를 가지고 있다면 무엇이 중요하고 무엇이 중요하지 않은가에 대한 사람들의 믿음을 글자 그대로 나타내는 것입니다.[4]

또 다른 방법은 실제로 신체적 변화가 어떤 영향을 미치는지 바라보는 것입니다. 이것은 신체적 수준에서 구현되는 것입니다. 우리는 자신을 어떻게 돌보나요? 건강에 대한 우리의 신념이 나의 장소(방)에서 어떻게 드러나요? 이것을 들여다보는 것은 매우 불편한 일입니다. 나의 경험에 의하면, 사람들은 자신의 공간 밖에 있는 것을 바라보는 것을 좋아합니다. 다른 공동체나 타인의 행위에서 문제를 보는 것은 쉽습니다. 그러나 고개를 돌려 자신을 바라보는 것―우리가 지금 이 순간 이 일에 어떤 기여를 하고 있는지 바라보는 것―은 많은 용기와 의지가 필요합니다. 우리는 전형적으로 우리 자신으로부터 멀리 떨어진 시스템의 변화를 생각합니다. 그러나 일은 밖에서가 아니라 안에서 일어나는 것입니다. 단지 우리가 그것을 보지 않는 것입니다.

컨설팅 과정의 일부로서 한 공동체의 사람들이 역할극을 했던 경험이 있습니다. 나의 동료 한 명이 바디워크(bodywork)[5]와 춤을 가르쳤는데, 그녀가 갑자기 와서 말했습니다. "여기서 정말 무슨 일이 일어나는지 보세요." 거기에는 한 남자가 공동체를 대표하는 한 그룹의 사람들에게 강의를 하고 있었습니다. 그녀는 사람들의 역동적인 신체 움직임을 가리켰습니다. 그것은

---

4 역자 주: 사람들이 중요하게 여기는 것이 외부 현상으로 나타난다. 즉, 정책에 사람들의 필요가 잘 반영되지 않아서 문제가 생기게 되고, 창문이 없는 건물은 그 건물을 지은 사람들이 창문을 중요하게 생각하지 않는다는 것을 반영한다.

5 역자 주: 바디워크는 'body(몸)'와 'work(일)'의 합성어다. 몸이 제대로 기능할 수 있도록 치유하는 작업이라는 뜻으로, 인체의 구조를 변화시켜서 바른 자세와 균형을 회복하고 신체 기능을 개선하기 위한 일련의 기법을 말한다. 따라서 바디워크는 대체의학 분야에서 신체를 접촉(touch) 또는 비접촉(non-touch)하는 물리적 요법, 에너지 요법, 심리적 요법을 모두 포괄하는 통합적인 개념으로, 인간의 신체(손, 언어, 에너지)를 이용하는 치료적 요법(therapeutic work), 힐링 요법(healing work), 인간계발 요법(personal development work) 등을 통칭한다. 바디워크는 신체적·정신적인 치유를 목적으로 몸에서 몸으로 전달되는 손, 호흡, 언어의 소통 작용이 생체 에너지를 교류하는 과정을 통해 인체의 구조와 기능을 향상시킬 수 있다고 주장한다. 약물이나 의료기기 등 도구의 이용을 최소화하는 형태의 자연적인 치료법이라고 할 수 있다.

우리가 몸을 움직인 결과 권력이 방 안에서 어떻게 드러나는지, 그리고 이 것을 변화시킴으로써 실제로 권력 역동이 어떻게 바뀌는지에 대한 실제적인 통찰이었습니다. 우리가 연결시키고자 했던 것 중 하나는 권력 역동이 징후로 나타난다는 것입니다. "시스템은 정확하게 그것이 작동한 결과를 생산하도록 설계되어 있습니다." – 나는 늘 이 문장을 생각합니다. 나에게 좌절이 되는 것은 당신이 수많은 트라우마를 경험하게 하는 시스템을 가지고 있을 때 사람들은 그 트라우마에 초점을 맞추고, 트라우마의 원천에는 거의 관심을 두지 않는다는 것입니다. 고통을 겪는 사람들을 양산해 내는 시스템은 어떤 것일까요? 자원이 무한하지 않다는 것은 저도 압니다. 그러나 만약 우리가 자원의 10%라도 트라우마를 생성하는 것에 투여한다면 변화를 만들 수 있을 것입니다. 그렇지 않으면 우리 모두는 압도당하고 말 것이라고 생각합니다.

나는 당신의 삶에서 이 모든 것이 드러나게 하는 것은 엄청나게 어려운 것이라는 것을 배우고 있습니다. 개인적으로 변화를 시도하는 것은 커다란 부담과 책임감을 요구합니다. 그렇습니다. 변화가 시작되는 첫 번째 장소는 바로 개인의 영역입니다. 하지만 나를 둘러싼 시스템과 문화가 건강을 지원하도록 설계되어 있지 않을 때 나 자신의 건강을 위한 책임을 받아들이는 것은 매우, 매우 어렵습니다. 아주 좋은 예는 여행하는 동안에 건강한 음식을 섭취하려고 노력하는 것입니다. 나는 일하는 방식을 바꾸려고 노력하는 것이 참으로 흥미롭다는 것을 발견했습니다. 예를 들어, 나는 여행을 많이 해야 하는데, 대서양을 횡단해서 하루 동안 비행기를 타야 하는 경우에도 사람들은 내가 갈 것이라고 기대합니다. 이럴 때 나는 "가지 않을 거예요." 라고 말합니다. 동료들의 처음 반응은 화를 내는 것이고, 나는 전화기를 들고 있습니다. 그들은 "당신은 거기에 가야 해요. 긴급한 일이에요."라고 말하고는 합니다. 그러면 나는 "당신에게는 중요하겠지만, 불행히도 나에게는 다른 우선순위가 있어요."라고 말합니다. 공동체 밖 어딘가에서 일어나는 자살이 더 큰 문제라고 생각하는 맥락에서 당신의 건강을 우선시하는 것은 어려운 일입니다.

당연히 트라우마 중심에 있는 사람들은 그보다 더 긴급한 일은 없다고 느낍니다. 그리고 어떤 의미에서 그것은 맞습니다. 우리는 세상을 구하는 것과 삶과 죽음에 대하여 이야기를 나눕니다. 나는 "아니오."라고 말하기 시작했습니다. 나는 내가 거기에 가지 않는다고 해서 세상이 끝나지 않는다는 것을 깨달아야만 했습니다. 한 걸음 뒤로 물러서서 이렇게 물어보는 것이 중요하다고 생각합니다. "내가 거기에 가는 것이 정말로 필수적인 것인가?" 누군가로부터 "당신이 대서양을 날아서 이곳에 와 주시기를 바라요."라는 말을 듣는 것은 참으로 멋진 일입니다. 우리 모두는 누군가가 우리에게 그렇게 말해 주기를 바랍니다. 하지만 그것은 환상입니다.

우리는 우리를 지원하는 체계를 필요로 합니다. 그러한 체계를 제공해 줄 수 없는 단체에서 일하는 대신에 나는 스스로 단체를 만들기 시작했습니다. 나는 처음부터 탄탄한 체계를 형성하기 위해 노력하고 있습니다. 나는 어떤 패턴이 처음에 형성되면 사람들은 그 패턴 속에서 살게 된다는 것을 굳게 믿는 사람입니다.

작년에 나는 일이 참으로, 참으로 많았습니다. 그 결과 나는 아무것도 하지 않는 시간이 없었습니다. 그런 미칠 것 같은 한 해를 보낸 후 내가 선택한 것은 일주일 동안 집에서 혼자 지내는 것이었습니다. 그렇게 하는 것은 어려웠지만 그것은 정말, 정말, 정말 좋았습니다. 단지 나 혼자 있을 수 있다는 것, 혼자 편안하게 지내는 것, 무엇이든지 생각나는 대로 내가 원하는 것을 하는 것은 멋진 일이었습니다. 처음 이틀간은 힘들었습니다. 우리 주변에는 주의를 분산시키는 것들이 너무 많지만 우리는 아무것도 하지 않을 수 있습니다. 자기 자신과의 관계를 구축하는 것은 엄청난 특권입니다. 그래서 나는 규칙적으로 생활하기를 원합니다. 이곳에서 3일을 보내고, 저곳에서 일주일을 지내려고 노력하며 아침에 일어나서 무슨 일이 일어나는지 살펴보았습니다. 이러한 규칙은 일반적으로 잘 지켜집니다. 이것은 공식적인 훈련은 아니지만 여유를 갖는 것만으로도 큰 변화가 일어납니다. 나의 경우는 그렇습니다.

가족과 함께하고 친밀감을 나누는 것 또한 지지 체계에서 가장 큰 부분입니다. 가족 안에서 우리는 많은 것을 배우고, 어떤 면에서는 인내심을 배우게 됩니다. 내적으로 인내심을 더 많이 기를수록 외부의 복잡성을 위한 인내력을 더 많이 개발할 수 있습니다. 집에서 생활하면서 매일 매일 가족을 대하는 것은 흥미로운 선택이었습니다. 일이 나에게 영향을 많이 줄수록 집에 있는 것은 더 힘들었습니다. 내가 1주일간 출장을 다녀온 후 나의 부모님은 이렇게 말했습니다. "너는 여기 없구나. 너는 어디에 있니?" 내가 "저 여기 있잖아요."라고 말하면 부모님은 "아니야, 너는 여기 없어. 너는 참으로 여기 있지 않아" 아이러니하게도 나의 어머니는 상담이나 트라우마 훈련을 받은 적이 없지만, 이것을 참으로 명확하게 알고 있었습니다. 어머니는 오랫동안 이렇게 말해 왔습니다. 내가 이 모든 경험을 해야 했고, 오랫동안 어머니가 나에게 말해 온 것을 모든 전문가가 나에게 말하고 있다는 것을 들으면 어머니는 재미있어 하실 것입니다.

나 자신을 돌보는 이러한 훈련을 하는 것은 필요불가결한 것입니다. 어렵기는 하지만 필수적입니다. 내가 그렇게 하지 않으면 소명으로 받은 일을 할 수 없습니다. 내가 방 안에 현존한다고 말하는 것을 믿는다면 나는 방 안에 존재해야 합니다. 이리저리 뛰어다니며 자료 절반을 잃어버리는 것은 너무나 쉽습니다. 당신이 알아야 할 것은 당신 바로 앞에 있습니다. 당신이 지치고 균형을 잃어버리고 우왕좌왕한다면 당신은 인간으로서의 생명 작용을 잃어버리게 되는 것입니다.

내가 하는 일에 대한 이해도는 극적으로 변화되었습니다. 사회적 상황은 50년 또는 500년 동안 개선되지 않았습니다. 당신은 변화를 만드는 방법을 이해할 필요가 있습니다. 어떻게 집단 사람들이 익숙한 방식에서 벗어나 다른 패턴을 선택하도록 지원할 수 있을까요? 나는 이것은 새로운 기술 ― 창의성, 혁신 등―을 가르치는 것이라고 생각해 왔습니다. 이제 나는 해야 할 일이 여유 공간을 만들고 그것을 비우는 것이라는 것을 깨달았습니다. 여유 공간을 만들고 이미 그곳에 있는 지혜가 표출되도록 하려면 어떤 기술이 필요할까요? 어떻게 해야 침묵하고, 자신과 함께하며, 온정적이고 인내심을 가질 수 있을까요? 여유 공간을 채우는 것은 걱정과 두려움과 불안이며, 습관적인 반응에 매달리게 되면서 많은 일을 하게 됩니다. 천천히 자신의 패턴을 알아가고, 무엇이 당신을 자극하는지 아는 것이 중요한 부분입니다. 개인과 단체의 수준 모두에서 사람들은 빈 공간을 두려워합니다. '공간을 채워라, 공간을 채워라.'라고 하는 것 같습니다. 어떤 사람이 심리학자 융(Carl G. Jung)에게 질문했습니다. "우리가 잘해 낼 거라고 생각하시나요?" 그의 대답은 언제나 같았습니다. "우리가 내면 작업을 한다면 그렇게 될 것입니다."

이것이 나에게 효과가 있는가

나의 가족은 당신에게 내가 (변화에) 저항적이라고 말할 거예요.
나도 알지만, 나는 내가 변화를 원하는지 잘 모르겠습니다.

— 인신매매 희생자들을 돕는 자원봉사 활동가

우리가 하고 있는 일을 왜 하고 있는지 설명할 수 있게 되면 우리는 자신에게 "이것이 나에게 효과가 있는가?"라고 질문하는 다음 단계로 넘어갈 수 있다. 이 질문에 대한 대답이 떠오르게 되면 우리는 어떤 요소를 언제 어떻게 다룰지에 대한 전략을 짤 수 있다.

"나는 채찍은 신경 쓰지 않아. 나를 의기소침하게 만드는 것은 칸막이들이야."

제임스 무니(James Mooney)는 다양한 삶의 도전에 맞서 싸우는 사람들을 위한 아메리카 원주민 의식을 진행했다. 전국에서 사람들이 그와 그의 아내와 함께 작업하기 위해 비행기를 타고 왔다. 의식은 하루 종일, 때로는 밤새도록 진행되었다. 사람들은 무니 맞은편에 앉아서 자신의 삶과 구체적인 상황을 설명했다. 무니는 허브와 향나무를 태우면서 사람들의 이야기를 들었다. 무니는 사람을 바라보며 물었다. "그것이 당신을 위해 효과가 있나요?" 무니는 이 질문을 아무렇지도 않게 했지만, 조지 알바라도(Jorge Alvarado)처럼 무니는 실제로 그 사람의 상황의 표층 구조를 뚫고 들어간다. 우리의 삶 속에서 진실하지 않음에 대한 중압감으로 인하여 느껴지는 무력감, 변화의 위험에 저항하기 위하여 우리 안에서 계속되는 부정직함, 진정한 자기 모습을 비틀어진 이상과 일치시키기 위하여 왜곡하는 방법을 뚫고 들어간다. 실제로 그는 이렇게 물었다. "당신은 누구인가요? 정직하게 당신의 마음을 연결해 보세요."

무니에게 당신이 간단하게 말할수록 당신은 더욱 정직한 것이다. 처음 그와 함께 작업했을 때 나는 길게 뒤얽히고 과도하게 지적인 대답을 했다. 그는 나를 온화한 표정으로 바라보며 말했다. "사랑스런 분이여, 나는 초등학교 3학년이에요. 나는 당신이 하는 말을 이해할 수 없어요." 그래서 또다시 시도했다. 나 자신과 그에게 전적으로 솔직할 수 있는 용기를 낼 수 있을 때에만 나의 대답은 이해할 수 있는 것이 되었다. 왜냐하면 그 대답은 나의 머리가 아니라 가슴에서부터 나온 것이기 때문이다. 내가 하는 말이 드디어 이해할 수 있게 된 것이다.

우리 대부분은 사회적으로 큰 가치가 있다고 믿는 일을 하는 도중에 그것이 실제로 효과적이지 않음을 발견하게 된다. 이것을 인정하는 것은 매우 어려울 수 있다. 우리 삶의 어떤 시기에 어떠한 활동과 선택이 우리가 생존하는 것을 돕거나 우리의 행복에 기여했을 수 있다. 우리는 사람들과 마찬가지로 변화하는 과정에서 우리에게 필수적이라고 생각했던 이와 같은 행동들이 더이상 최적의 관심사가 아님을 깨닫게 된다. 우리는 이러한 패턴들이 우리의 정체성의 일부이고, 이 패턴들에 광범위하게 의존할 가능성이 있기 때문에 이것을 바꾸는 것은 엄청나게 어려울 수 있다. 기공 치료자가 나에게 "이것은 더이상 당신에게 도움이 안 됩니다. 이제는 당신에게 해를 줄 뿐이지요. 이것을 내려놓을 준비가 되었나요?"라고 말했던 것처럼.

당신에게 이 질문을 할 때 자기 판단에서 해방되고, 자기 평가에서 정직해지기 위해 노력하는 것이 중요함을 발견했다. 우리의 삶에서 일의 효과는 매우 작거나 극도로 큰 형태로 나타날 수 있음을 기억하라. 진실에 대하여 마음을 열 때 이러한 질문을 할 수 있다. "이것이 나에게 효과가 있는가? 어떻게 효과가 있는가? 그것이 나에게 왜 효과가 있는가?" 그리고 당신이 이 질문에 대답을 한다면 다음의 질문이 따라올 것이다. "나는 모든 상황에서 나의 일에 진심을 다하고 있는가? 이것을 하는 이유가 도덕적인가?"

나는 많은 사람이 일을 받아들이는 이유가 오랫동안 유지해 온 세계관을 강화시키기 때문이라고 말하는 것을 들었다. 인신매매 희생자를 돕는 일을 하는 사람은 자신의 트라우마 노출에 대한 반응을 탐험하는 과정에서 다음과 같이 말했다. "실제로 나는 이 일이 내 안에 이미 존재했던 것을 훨씬 더 극단적으로 만들었다고 생각해요." 한 공익 변호사도 비슷하게 말했다. "나는 '물이 반이나 차 있다'고 말하는 종류의 사람이 아니며, 이 일은 나의 냉소주의를 강화시켰습니다." 메아리 효과는 강렬하지만, 고통과 부정적 효과를 종종 강화시킨다. 이러한 순환은 중단시키기 어려울 수 있다.

반면, 일은 많은 사람에게 세상 속에서 고장난 것으로 보이는 것을 고치는 수단을 제공해 주기도 한다. 특히 우리의 목표가 불공정을 바로잡는 것일 때, 공유된 목표를 위해 함께 일할 수 있는 같은 마음을 가진 동료를 발견하는 것은 위안이 될 수 있다. 우리 대부분은 규범적으로 갈등을 최소화하고, 괴로움을 감추며, 차이를 무시하도록 격려하는 공동체에서 성장해 왔다.

세계무역센터의 잔해가 그대로 남아 있었을 때, 당시 대통령이었던 조지 부시 (George Bush)는 국민의 결의에 대한 증거로서 쇼핑을 가도록 호소했다. 슬퍼하거나, 서로를 위로하거나 이미 일어난 엄청난 폭력과 희망 없는 공격으로 인한 상처와 비극에 대하여 겸허하게 반성하거나, 공동체의 변화를 만들기 위해 협력하라고 하지 않고 쇼핑을 가라고 했다. 이 말에 대하여 여러 가지 의견이 있을 수 있지만, 이 말은 미국의 문화와 행정부가 얼마나 산만해지고 완전히 몽롱해질 수 있는지에 대한 훌륭한 본보기가 되었다. 이것은 또한 사회와 환경의 정의를 위하여 일하는 것이 얼마나 이질적이 될 수 있는지를 나타낸다. 많은 사람에게 괴로움을 야기하는 실재적인 원인들을 보게 되는 것도 힘든 일이지만, 동시에 헌신적으로 그들 자신과 우리의 의식으로부터 자각을 은폐하려는 사람들에게 둘러싸이는 것도 미칠 것 같고 외로운 일일 수 있다.

이것은 부분적으로 미국의 여성주의 운동 초기에 매우 충격을 주는 것이었다. 드디어 수십 년 동안 이루어진 성차별 과정에서 여성들이 겪었던 이름 없는 경험들에 대하여 이름을 붙이고, 설명하고, 가시화하였다. 한동안 어느 누구도 더이상 외롭거나 미칠 것 같은 느낌을 가질 필요가 없었다. 이것은 미국의 전 부통령 앨 고어(Al Gore)가 지구 온난화 인식을 위해 싸우는 과정에서 느낀 것과 유사할 것이다. 그는 자신의 영화 〈불편한 진실(An inconvenient truth)〉에서 이렇게 말했다. "알다시피 실제로 문제에 대하여 무엇인가를 하는 중간 단계에서 멈추지 않고 문제를 부인하다가 곧바로 절망하는 많은 사람이 있습니다." 이 영화는 전 세계적인 기후 위기의 한가운데서 그의 여정이 어떻게 자신을 위해 효과적인 커다란 희망을 가져오는지를 보여 준다.

세상을 더 좋은 곳으로 만들기 위해 분투하는 것은 어떤 사람들에게는 효과가 있다. 그들은 돌봄이 필요한 것을 보살피는 과정에서 삶을 즐길 수 있도록 하는 더 큰 구조와 방법을 발견하기 때문이다. 이것은 노엄 촘스키(Noam Chomsky), 레이 수아레즈(Ray Suarez), 반다나 시바(Vandana Shiva), 또는 버락 오바마(Barack Obama) 같은 사람이 당신이 중요하게 여기는 어떤 것에 대하여 이야기할 때 당신이 느끼는 영감이나 자양분과 비슷한 것이다. 이것은 "이것 참 우울한 일이네. 이런 종류의 일을 어떻게 하지?" 하는 생각이 들 때, 당신의 일에 대한 다른 반응들의 균형을 유지하는 데 도움이 될 수 있다.

우리의 일이 더이상 우리 자신을 위해 효과가 없음을 인정하는 데에는 용기가 필요하다. 나의 친구이자 동료인 자이드 하산(Zaid Hassan)은 종종 견고하고 해로운 사회적 상황을 개선하는 데 도움을 제공하기 위하여 초대된다. 그는 때로는 수년간 변혁이 일어날 때까지 그들을 돌보았다. 그는 인도의 고아부터 남아프리카의 AIDS 희생자, 캐나다 원주민들의 공동체에 이르기까지 광범위한 사람들을 도왔다. 그는 캐나다에서 자살, 약물 남용, 가정폭력 등의 문제를 돕기 위하여 애를 썼다고 말했다. 그는 런던에 있는 집으로 돌아오는 비행기에서 몇 주간 쌓인 이메일을 읽는 시간을 가졌다. "나는 2주 전에 친구의 남동생이 집에 돌아오는 길에 살해당했다는 메일이 온 것을 읽었어요. 나는 메일을 읽으면서 지구 반대편에서 자살률을 줄이기 위한 일을 하는 내가 친구가 고통을 겪는 동안에 나에게 연락을 했는데 도움을 줄 수 없었다는 것을 믿을 수 없었어요. 나는 그때 이런 일이 다시는 일어나기를 원하지 않았어요. 그러나 나는 일에 너무 소진되어서 도움이 필요한 친구를 돌봐 줄 수 없었어요."

우리가 일을 하는 이유에 대한 통찰을 얻고 우리를 위하여 효과적인 특별한 부분을 발견했을 때 대단한 선물을 받은 것 같은 느낌이 들 수 있다. 교도소 재수감 전문가이자 남성사역부장인 존 브루킨스(John Brookins)는 이렇게 말했다. "나는 내가 원하는 곳에 있습니다. 내가 더 일찍 왔으면 좋았겠지요. 그러나 블랙 팬서로서 나는 너무나 화가 나서 인종차별을 안 할 수 없었어요. 이제 나이도 들고 성숙해져서 나는 교도소에서 나의 일을 하면서 현존할 수 있습니다. 나는 스스로에게 이렇게 말합니다. '나는 이것을 할 수 있다. 우리는 이것을 할 수 있다. 이것은 가능하다. 나는 내가 원하는 곳에 있다.'

빅토르 프랑클은 그의 책 『죽음의 수용소에서(Man's Search for Meaning)』에서 우리가 다른 사람을 돕는 과정에서 자신을 돕는 소명을 발견하는 과업에 초점을 맞추었다. 그는 자신이 하고자 하는 일을 이해하는 것은 그 추구의 과정에서 경험하는 어려움을 견딜 수 있게 한다고 했다. "사람들에게 실제로 필요한 것은 긴장이 없는 상태가 아니라 가치 있는 목표, 스스로 선택한 과업을 위해 분투하는 것이다. 만약 건축가가 노후한 아치형 구조물을 강화하기를 원한다면 그 위에 부설된 부하를 증가시키기 위하여 부분들을 더욱 강하게 조합할 것이다." 따라서 "이것이 나를 위해 효과가 있는가?"라는 질문에 대하여 탐험하는 것은 일시적으로 우리의 부하를 증가시킬 수 있지만, 장기적으로 우리는 이 질문을 다룬 결과 더욱 안정적이 될 것이다.

이렇게 해 보세요

1. 당신이 하고 있는 일이 당신 자신을 위하여 효과적이라고 생각되는 5가지 측면을 생각해 보자.

2. 심호흡을 3회 한 후 1번에서 작성한 목록을 다시 보라. 그러한 방법들이 당신의 최적의 관심사인지 아닌지, 또는 당신이 돕는 사람들의 최적의 관심사인지 평가해 보자.

3. 당신의 일이 당신 자신과 당신이 돕는 사람들에게 혜택을 주는 5가지 이상적인 방법을 생각해 보자. 그리고 두 목록을 비교해 보자.

동쪽: 우리의 초점을 선택하기

이제 우리는 동쪽으로 가서 많은 문화에서 진실의 수호자와 모든 에너지의 원천으로 숭배되는 불의 요소가 가진 새로운 생명과 깨우침을 경험해 보자. 우리는 스스로에게 어디에 초점을 두고 있는지 질문하고, 플랜 B를 상상함으로써 가능성의 범위를 확장할 수 있다. 우리에게는 자신의 관점을 변화시킬 수 있는 능력이 있다는 것을 이해함으로써 자유에 대한 새로운 감각을 얻을 수 있다. 영감(inspiration)을 향해 우리 자신을 열면 열정을 재발견할 수 있다. 이때 우리는 현재 하고 있는 일에서 우리가 성취할 수 있는 것과 가능한 대안에 대하여 정직해질 수 있는 순간을 경험하게 된다.

나의 초점을 어디에 둘 것인가

> 발견을 위한 진정한 여행은 새로운 경치를 찾는 것이 아니라 새로운 눈을
> 가지는 데 있다.
>
> ― 프랑스 지식인이자 소설가인 마르셀 프루스트(Marcel Proust)

우리가 어디에 초점을 맞추고 있는지를 자각하는 것은 우리의 삶과 상호작용하는 방법을 선택하는 데 있어서 믿을 수 없을 정도로 엄청난 자유가 있다는 것을 가르쳐 준다. 나는 최근 멕시코 여행 중 이것에 대하여 다시 생각하게 되었다. 그곳에서 서핑을 배우는 과정에서 대부분의 서퍼에게 서핑이 종교이자 철학이자 삶의 방식인 이유를 깨닫게 되었다. 경이롭게도 나는 서핑, 즉 파도타기가 삶에 대한 은유로 이해되었다.

당신은 파도를 붙잡기를 바라면서 드넓게 펼쳐진 대양 앞에 있다. 당신은 사람들이 멀리 떨어져 있고 파도가 잘못된 방향으로 부서지는 것에 대하여 화를 낼 수도 있고, 또는 푸른 하늘 가운데 해가 뜬 것을 보면서 기다리는 것을 좋아하는 낯선 사람들과 함께 있다는 것을 알아차릴 수도 있다. 파도가 몰려오면 당신은 그것을 전혀 통제할 수 없게 된다. 삶에서처럼 서핑을 하는 동안에 파도가 계속해서 밀려오고, 당신은 그것이 무엇과 같은지, 파도가 어떻게 부서질지, 또는 얼마나 멀리 떠나갈지 결정할 수 없다. 당신이 선택할 수 있는 것은 어떤 파도를 붙잡을 것인가, 어떤 파도에 초점을 맞출 것인가다.

당신은 파도를 선택하고 최선을 다한다. 때때로 당신은 절묘하게 파도에 올라탄다. 어떤 때에는 파도에 올라탔다가 심하게 굴러 떨어진다. 인생에서처럼 그 순간 당신은 결정을 내려야 한다. 당신은 파도에 올라탈 수 있는 두 번째 기회에 초점을 맞추면서 올라탈 수 있는 또 다른 파도가 있다는 것을 기뻐하고, 어쨌든 다시 한 번 더 시도해 볼 수 있는 위치에 있음을 축복받은 것으로 느낄 것인가? 아니면 당신이 충분히 강하지 않았던 것에 대하여 자신을 폄하하고, 파도를 저주하고, 다른 서퍼

들을 비난하고, 당신이 서핑보드를 다르게 조절했다면 파도를 더 잘 탔을 것이라고 자신에게 말할 것인가? 우리가 우리의 초점을 어디에 둘 것인가는 언제나 우리에게 달려 있다. 우리의 파도타기가 어떤 것인가를 결정하는 것은 궁극적으로 바로 이와 같은 선택에 달려 있다.

"어니, 나 지금 휴가 중인데 내 칵테일에 작은 우산 하나 꽂아 주시겠어요?"

이 가르침은 전 세계 문화에서 나타난다. 인디언 의사이자 영적 스승인 디팩 초프라(Deepak Chopra)는 인생이란 일련의 장면들이 펼쳐지는 과정이며, 매 순간 우리는 어디에 주의를 기울일 것인지를 결정하게 된다고 설명했다. 우리는 부정적이고, 고통스럽고, 괴로운 사건들에 초점을 맞추는 습관을 형성할 수 있다. 눈을 들어 우리에게 익숙한 고통, 불안, 걱정을 넘어서 다른 눈을 통해 진정으로 세상을 바라보기 위해서는 훈련이 요구된다.

루빈 '허리케인' 카터는 레스라 마틴(Lesra Martin)에게 이렇게 말한 적이 있다. "우리를 붙잡고 있는 장소를 초월하는 것은 매우 중요합니다. 내가 글을 쓰기 시작했을 때, 나는 이야기를 하는 것 이상의 일을 하고 있다는 것을 발견했어요. 내가 글을 쓰기 시작할 때마다 나는 이 감옥의 벽을 넘어설 수 있었어요. 나는 뉴저지주를 둘러싼 벽을 넘어서 넬슨 만델라가 교도소 안에서 책을 쓰는 모습을 볼 수 있었어요. 나는 휴이(Huey), 표도르 도스토옙스키(Fyodor Dostoyevsky), 빅토르 위고(Victor-Marie Hugo), 에밀 졸라(Émile Zola)를 볼 수 있었어요. 그것은 마술과 같았어요." 우리의 외부 세상이 아무리 통제 불가능하고 고통스럽더라도 우리는 우리가 초점을 두는 것에 대한 통제를 유지할 수 있다. 우리는 우리의 경험을 재구성함으로써 우리의 삶을 변화시킬 수 있다.

> 나는 그날 할 수 있는 일에 초점을 둡니다. 무슨 일이 진행되고 있는지, 무엇이 변했고, 무엇이 움직이고, 내가 무엇을 할 수 있는지에 초점을 맞춥니다. 그날의 일을 마친 후에는 나머지를 남겨 둡니다.
>
> ── 공동체 건강 클리닉의 소아과 의사

현장에서 관점 바꾸기(reframing)는 다양한 형태로 나타날 수 있다. 이는 때로는 당신 앞에 있는 것에 집중하는 것을 의미하고, 때로는 뒤로 물러나는 것을 의미한다. 만일 당신의 내담자가 사망했다면 당신은 살아 있는 다른 사람들을 기억해야 할 필요가 있다. 세상이 너무나 압도적이라면 개인에게 집중하는 것이 나을 수 있다. 스트리트 요가(Street Yoga)는 오리건주 포틀랜드의 가출청소년들에게 요가, 명상, 건강 수업을 지도하는 활동가들을 지원하는 기관이다. 활동가들은 새로운 사명선언문을 써야 할 때 그들은 자신에게 스스로가 충분하지 않았다는 느낌을 남기지 않도록 하기 위하여 주의를 많이 기울였다. 가출청소년이 직면하는 압도적인 현실 한가운데서도 그들은 확실히 손이 닿을 수 있는 것에 초점을 맞추는 방법을 찾았다. 그들의 사명선언문에는 "스트리트 요가는 모든 사람이 자신의 몸과 마음, 그리고 그들 자신의 공동체 안에 집이 있다는 것과 따라서 어느 누구도 궁극적으로 집이 없는 사람이 없다는 것을 확실히 알리기 위하여 이 일을 합니다."라고 쓰여 있다.

자원 만들기(resourcing)는 신체감각경험[1] 분야에서 초점을 맞추어 작업하는 구체적인 방법이다. 급작스럽게 또는 만성적으로 균형을 잃는 느낌이 들면 자신의 '자원들'―부교감 신경계가 작동하는 순간들, 사람들, 장소와 경험들―을 기억하고 재정비할 수 있다. 부교감 신경계는 휴식 시간에 주로 활동하는 신경계다. 예를 들어, 당신은 자신을 평화롭게 하고 즐거운 감각을 느끼게 하는 이미지나 기억을 떠올릴 수 있다. 당신은 또한 지금 당장 즉각적 위기가 없다는 것을 알 필요가 있다. 최소한 당분간은 지구가 흔들리지 않을 것이고, 재판은 휴정 상태이며, 수술은 끝났고, 자금 지원 신청도 마친 상태다. 당신이 자신에게 이 휴식을 허락할 수 있다면 당신의 신경계는 진정되고 스스로 조절하기 시작할 것이다. 심장 박동 수가 느려지고, 호흡이 더욱 깊어지며, 아드레날린은 천천히 감소한다. 이것을 알아차리면서 당신이 항상성(원래 자기 위치로 돌아가려는 성질)의 자리로 돌아갈 수 있다는 것을 기억하자.

이것은 내가 만성 기침으로 인한 괴로움을 설명했을 때 나의 숙련된 주치의가 알려 준 기법처럼 간단하지만 도움이 될 수 있다. 그녀는 나의 가슴 앞쪽 근처에서 느껴지는 통증에만 집중하지 말라고 하면서 "당신의 등으로 주의를 가져갑니다. 당신의 등에서 어떤 느낌이 드나요? 폐에서는 어떤 느낌이 드나요?" 이와 같은 심리적 노력을 통하여 우리는 고요함과 균형을 향상시킬 수 있다. 현재 순간으로 돌아와서 내적·외적 자원에 초점을 맞추는 연습을 더 많이 할수록 즉각적이거나 만성적인 스트레스를 경험하는 경우에 우리 자신을 돌보기 위한 더 많은 기법을 가질 수 있게 된다.

우리가 의도적으로 어디에 초점을 둘 것인가를 선택함으로써 삶의 환경과 상호작용하는 방법을 변화시킬 수 있다는 것을 이해하는 것은 엄청난 힘이 있다. 과학

---

1 역자 주: 신체감각경험(somatic experiencing)은 트라우마 치료자인 피터 레빈 박사에 의해 개발된 대안적 심리치료 방법으로서 환자(내담자)의 신체감각경험에 초점을 맞춤으로써 외상 후 스트레스 장애와 기타 정신–신체적 외상 관련 건강 문제의 증상을 완화시키는 것을 목적으로 한다.

자인 대니엘 시겔과 불교 수도승인 잭 콘필드(Jack Kornfield)는 최근의 뇌 생리학 연구와 가장 오래된 마음챙김 연습을 조합하여 이것을 가르치기 시작했다. 그들은 당신이 주의를 기울이는 방식이 당신의 뇌의 부분들을 매우 특별한 방식으로 활성화시키며, 이러한 뇌신경의 활동은 실제로 뇌 자체의 구조적 변화를 이끈다고 설명했다. 다시 말하면, 일시적이고 의도적으로 형성된 마음챙김 상태는 시간을 들인 연습을 통해 지속적인 심리적 특성으로 변화될 수 있는 가능성이 있다는 것이다. 우리가 어디에 초점을 두는가를 자각하는 것이 아무리 사소해 보여도, 그것은 우리 삶의 경험에서 큰 변화를 이끌 수 있다. 미국 철학의 선구자이자 심리학자이며, 의사로서 훈련 받은 윌리엄 제임스(William James)는 "나의 경험은 내가 참여하기로 동의한 것이다."라고 말했다.

몇 년 전에 시애틀 환경주택센터가 완전히 불타버린 사건이 있었다. 적어도 당분간은 재생 가능하고, 지속 가능하며, 친환경적인 빌딩 건설을 위한 놀라운 자원이 파괴된 것이다. 그 회사가 화재 후 보내온 엽서가 다음에 있다. 이것은 어려움 속에서 빛을 비추는 태도를 묘사한다.

"헛간이 다 타버려서 이제 나는 달을 볼 수 있어요."

이렇게 해 보세요

1. 도전이 되는 업무 상황을 생각해 보자. 그것이 어떤 면에서 도전적인지 3가지를 기록해 보자. 그리고 그것에 대하여 감사하는 3가지를 적어 보자. 목록을 살펴보며 자신에게 물어본다. "내가 어디에 더 초점을 두고 있는가? 그리고 왜 그렇게 하고 있는가?"

2. 하루 날을 잡아서 당신의 마음속에 작동하고 있는 생각들(running commentary)[2]에 전적으로 주의를 기울이는 시간을 가져 본다. 당신의 마음은 반 컵의 물을 보면서 '반밖에 없다' 또는 '반이나 있다'고 하는 습관이 있는가? 당신은 어떤 것을 볼 때 '반이나 있다'고 관점을 바꿀 수 있는가? 혹은 '반밖에 없다'라고 보는 것이 일종의 투자라고 느끼는가?

3. 거울 앞에 서서 자신을 바라보면서 처음 자신의 마음에 떠오르는 것 3가지를 알아차리자. 긍정적이고 사랑스러우며 다정한 것들이 떠오르는가? 그렇지 않다면 다시 한번 시도해 보자.

---

2 역자 주: running commentary는 중계방송이라는 뜻으로서 마음속에서 계속해서 떠오르는 생각이나 비판, 설명, 논쟁 등의 자기 대화를 의미하는 것으로 볼 수 있다.

> •현직: 변호사/자문위원
> •전직: 미국 패티 머레이(Patty Murray) 상원의원의 법률 자문, 빌 클린턴 (Bill Clinton) 대통령의 특별보좌관 및 부수석, 미국 가족계획연맹 공공정책 부의장, 워싱턴주 게리 로크(Gary Locke) 주지사의 부수석

나의 여동생과 나는 우리가 일을 왜 하는지, 이야기를 나누고는 했어요. 나는 그것이 아버지가 매일 출근하는 모습을 바라본 것에 기인했다고 생각해요. 내가 어렸을 때 우리는 아버지가 아침마다 놀러 나간다고 생각했어요. 왜냐하면 아버지는 자신이 하는 일을 매우 좋아했기 때문이죠[헬렌 하웰의 아버지 렘 하웰(Lem Howell)은 시애틀에서 오랜 기간 시민권 운동가이자 유명한 개인 상해 변호사로 활동했다]. 이러한 어린 시절의 경험이 개인의 삶에서 일이 갖는 의미에 대한 나의 과도하게 높은 기대를 매우 잘 설명해 준다고 생각합니다. 나는 나의 일에 대하여 충족시켜야 하는 많은 기준을 가지고 있어요. 일은 자극적이고, 도전적이며, 중요한 것이어야 합니다. 내가 변화를 만들고 있다고, 즉 세상을 더 좋은 곳으로 만들고 있다고 느껴야 합니다.

나는 일을 계속 하고 있기 때문에 나의 일을 즐겨야 합니다. 나는 매우 치열하고, 시간 제약적이며, 사람의 생명을 소진시키는 종류의 일들을 해 왔습니다. 매우 신나게 일을 하고 있을 때 나는 개인적으로 비참했습니다. 그러던 중에 고개를 들어 보니 7년의 세월이 지나갔어요. 우리가 불행함을 느끼는 것은 우리에게 심각한 영향을 줍니다. 나는 엄청난 능력을 가지고 있고, 일에서 엄청난 만족을 느꼈어요. 나는 수년간 해 온 것처럼 일을 계속할

수 있을 것 같았지만, 나는 곧 그렇지 않다는 것을 깨달았습니다. 일이 저절로 진행되지는 않으니까요. 삶에는 무엇인가가 더 있어야만 합니다.

나는 우리가 자신을 완전히 소진시키지 않으면, 즉 문을 열고 집 안으로 들어가 녹초가 되어 쓰러지지 않으면 일을 하는 게 아니라고 생각했습니다. 당시 나는 정부의 행정 부서에서 근무했습니다. 그곳에는 완전히 헌신적으로 일하는 사람들이 있었는데, 그들은 퇴근할 때 4시 30분에 출발하는 셔틀을 타야 했습니다. 그들이 떠난 후 나는 주위를 둘러보며 생각했습니다. 점심시간도 아닌데 다들 어디로 가는 거지? 왜 나와 나의 동료 한 사람만 여기에 있는 거지? 우리는 아직까지 여기에서 무엇을 하고 있는 거지? 딸이 생겼을 때 나는 나의 인생에서 다른 것들을 할 수 있을지도 모른다는 것을 깨달았습니다. 나는 부모가 될 수 있었던 것이죠. 우리가 부모가 되기를 원한다면 우리는 분명히 하루를 마칠 때 에너지가 남아 있어야 합니다.

몇 달 후 딸이 태어난 것은 나에게 전환점이 되었습니다. 그때 딸은 호흡기 바이러스 질환에 걸렸는데, 내가 업무에 복귀한 직후였습니다. 딸이 3일간 입원해 있는 동안에, 나는 수석보좌관에게 단 한 번 전화를 했고, 일과 관련된 것은 아무것도 하지 않았습니다. 이 일, 저 일을 꼭 해야 하는 것도 아니고, 이것, 저것이 꼭 필요한 것도 아니었습니다. 다른 어떤 것보다 딸을 돌보는 것이 훨씬 더 중요한 일이었고, 함께 일했던 동료들도 모두 이해했으며, 아무도 나에게 압박감을 주지 않았습니다. 그러나 무엇보다도 중요한 것은 내가 완전히 현존하고 있었고, 당시에 나의 우선순위가 무엇인지 생각할 필요조차 없다는 것입니다. 나는 온전히 현재에 존재하고 있었고, 그것은 내게 경이로운 것이었습니다. 나에게는 내가 몰랐던 능력이 있다는 것을 깨닫게 되었는데, 그 능력은 나의 직장생활을 완전히 중단시킬 수 있다는 것이었습니다. 나는 어떤 사람도 110%의 능력으로 일하지 않는다는 것과 그렇게 일하는 것이 비정상일 수 있다는 것을 깨닫게 되었습니다. 나는 그와 관련하여 매우 비현실적이었습니다. 내가 극도로 치열한 방식으로 삶을 살고 있었다는 것을 깨달은 것은 나에게 전환점이 되었습니다.

나는 다른 흑인 아이들과 마찬가지로 절반이라도 얻으려면 두 배로 더 잘해야 한다는 것과 다른 사람들에 대한 책임감을 내면화하면서 성장했습니다. 많은 것을 가진 사람에게 많은 것을 기대한다는 믿음이 있었지요. 나는 또한 허레이쇼 앨저(Horatio Alger)[3]의 이야기처럼 자수성가한 아버지를 둔 이민자 가정에서 자랐습니다. 그리고 순교자와 같은 나의 어머니가 정치적 신념은 가장 급진적이었지만, 개인적으로 자신을 돌보기 위해 애쓰는 모습을 보면서 자랐습니다. 나는 부모님의 고향 서인도제도의 자메이카가 영국의 식민지가 되면서 그들이 받은 영향을 내면화하면서 성장했습니다. 부모님은 무엇이 옳고 그른지, 그리고 사람이 무엇을 해야 하는지에 대하여 집착했습니다. 게다가 해군 출신 법률가로서 삶은 온통 규칙들로 가득했습니다. 세상에는 많은 괴로운 일이 있지만 나는 축복을 받은 행운아라고 생각하며 성장했습니다. 세상에 기여하기 위해서 무엇을 해야 하는가에 대한 감각을 내면화한 것은 바로 나 자신입니다. 가끔 나는 끊임없이 무엇인가 추구하는 것같은 느낌에 대하여 지치기도 하고, 나의 삶의 여정은 어떤가에 대하여 궁금해 합니다. 내 마음 깊은 곳에서 이 여행은 나의 잠재력을 실현하는 어떤 곳을 향해 나아가는 것이라고 믿고 있지만, 이것은 꽤 어려운 과정이어서 언제 이만하면 됐다고 느낄지 잘 모르겠습니다.

아프리카계 미국 여성으로서 사람들과 이야기할 때 사람들은 무의식적으로 나에 대하여 신뢰하거나 내가 유능할 것이라고 생각하지 않습니다. 내가 애쓴 일들은 사회적으로 큰 가치를 인정받지 못하고, 그 결과 나는 나에게 중요한 것을 존중하지 않는 사회에서 살고 있습니다. 궁극적으로 과소평가되는 느낌이 있지만, 나는 박해받는 느낌의 영역으로 나아가는 것에 대하여

---

3 역자 주: 미국 아동문학가. 2년 만에 목사직을 버리고 소설가의 꿈을 안고 뉴욕으로 진출해 '가난한 소년이 근면, 절약, 정직의 미덕으로 성공하는' 소설들을 발표하였다. 앨저의 이야기라고 함은 자수성가하여 출세하는 이야기를 의미한다.

걱정이 됩니다. 그리고 변호사로서의 일 자체가 매우 힘이 듭니다. 다른 사람들의 삶에 미치는 광범위한 영향을 알면서 결정을 내리는 것이 어렵습니다. 이와 관련하여 엄청난 책임감을 느낍니다. 그리고 가치의 충돌과 갈등이 표면화됩니다. 심지어 연립 정부 파트너와의 관계에서도 우리는 미국 워싱턴 주 국민, 여성, 저소득층, 그리고 유색인종을 위해 무엇이 최선인가에 대하여 거의 동의하지 않습니다.

나는 무거운 삶의 짐을 가지고 다니지만 불평하지 않을 것입니다. 우리 가족에게 치열하다는 것은 무언가 끔찍한 일이 일어난 것을 뜻합니다. 나의 아버지가 성장할 때 진짜 문제는 열 살짜리 아이가 다음에는 어디에서 밥을 얻어먹어야 할지, 엄마를 언제 잃을지 모른다는 것이었습니다. 그리고 미국 대통령을 위해 일하기 위하여 그의 일정에 맞추어야 합니다. 대통령은 오전 7시부터 밤 11시까지 일정이 있었고, 그 후에는 몇 권의 책을 읽고는 했습니다. 대통령이 우리보다 훨씬 더 열심히 일했기 때문에 모든 게 순조로웠던 것이지요. 그것은 매우 중요한 일이고, 우리에게는 많은 시간이 있을 뿐입니다. 우리는 항상, 계속해서 이런 일을 수행합니다. 심지어 당신이 쉬는 날에도 뉴스를 보면서 내일 일정이 어떻게 될지, 그리고 그것이 무슨 의미인지 생각하고 있을 것입니다.

나의 플랜 B는 무엇인가

> 나는 언제나 꿈을 꿔요. 꿈을 꾸고, 꿈을 꾸고, 꿈을 꾸죠.
> 쉬운 것은 아니었지만, 나는 결코 꿈을 꾸는 것을 멈춘 적이 없어요.
>
> — 40년간 미국의 학교 선생님이자 교장으로 재직하였으며,
> 은퇴 후에는 멕시코의 지역사회 주민들과 음식점을 연 롤리 딕(Rollie Dick)

우리가 자신의 초점을 결정할 수 있다는 것을 어느 정도 깨닫게 되면 우리는 또한 우리의 삶과 일을 구성하는 방법과 관련하여 우리가 생각했던 것보다 더 많은 선택이 가능하다는 것을 알 수 있다. 이러한 자각이 깊어지도록 하기 위하여 나는 종종 워크숍에서 사람들에게 그들의 삶을 영위하는 방법에 대한 새로운 이미지를 떠올리도록 격려한다. 다시 말하면, 플랜 B를 창조하도록 한다.

내가 이 책에서 제안한 대부분의 연습처럼 플랜 B, 즉 두 번째 대안을 개발하는 것은 당신 자신과 주변 사람들에게 강력하고 불안정한 것이 될 수 있다. 태평양 연안 북서부의 사립학교 교장들을 위한 트라우마 관리하기 워크숍을 마쳤을 때 한 신사가 손을 들고 말했다. "저는 정직하게 말해야겠어요. 나의 일부는 당신이 나의 고향에 있는 동료들을 훈련시키러 와주면 좋겠다고 생각해요. 또 다른 나는 당신을 학교 캠퍼스에 초대하고 싶어 하지 않아요. 나는 함께 일하는 모든 사람이 떠나도록 할 형편이 안 되거든요. 만일 그들이 가진 선택에 대하여 생각할 기회를 너무 많이 갖게 되면 그들은 뭔가 다른 일을 하기로 결정할지도 몰라요."

대안을 가진다는 것은 우리가 하는 일이 자유로운 의지에 의한 행동이라는 것을 일깨워 준다. 플랜 B는 경력 변화, 새로운 곳으로 이사하기, 현재 하고 있는 일에 대한 새로운 접근, 또는 전적으로 다른 삶을 사는 것 등을 포함할 수 있다. 우리가 알고 있는 것으로부터 떠나는 것을 생각하는 것은 두려운 일이 될 수 있다. 그러나 우리가 플랜 B를 실행하지 않는다고 하더라도, 대안을 생각해 보는 단순한 행동은 우리가 하고 있는 일에 대한 이해를 확장시키는 시작점을 만들어 준다.

플랜 B를 떠올리기 어려운 경우에는 연습을 계속 시도해 볼 만한 가치가 있다. 우리는 실행 계획, 세부 사항들, 그리고 우리의 일을 짐스럽고 부담이 되고, 끝장난 것으로 보도록 하는 우리의 삶의 제약으로 인하여 압도당할 수 있다. 플랜 B를 창조하고 또 재창조함으로써 우리는 궁극적으로 우리 자신이 하고 있는 일을 스스로 선택한다는 것을 이해하게 된다. 이러한 이해에는 커다란 책임이 따르지만 또한 엄청난 자유도 부여된다. 우리는 우리가 무엇을 할지, 어디에서 그것을 할지, 그리고 주어진 일에 대하여 어떻게 접근할지를 변화시킬 수 있는 대안을 가지고 있다.

"선택적 교배를 통해 나는 법률에 대한 적성을 갖게 되었지만,
나는 아직도 얼어붙은 호수에서 죽은 오리를 꺼내는 것을 좋아해요."

이러한 지식은 우리를 엄청난 방법으로 도와줄 수 있다. 빅토르 프랑클은 "사람은 아무리 정신적, 육체적으로 고통스러운 상황에서도 영적인 자유와 마음의 독립성을 보존할 수 있습니다. 강제 수용소에서 살아남은 우리는 함께 오두막길을 걸었던 사람들이 다른 사람을 만나면 자신에게 남은 마지막 빵을 줄 수 있다는 것을 기억하고 있습니다. 물론 그러한 사람은 많지 않지만 인간으로부터 모든 것을 빼앗을 수 있어도 단 한 가지 인간의 마지막 자유, 즉 어떤 상황에서도 자신의 태도와 방식을 선택할 수 있는 자유는 빼앗을 수 없다는 충분한 증거가 됩니다."라고 했다.

플랜 B를 갖는 것에는 더 적은 심리적 보상도 있다. 당신이 동료 또는 사랑하는 사람과 당신의 꿈을 나눌 때, 그들이 주의를 기울이게 되면 삶이 가능성으로 충만하다는 것을 깨달을 수 있다. 동료는 당신에게 정원 관리에 대한 기사를 가져다줄 수도 있고, 사랑하는 사람은 남아메리카에 살고 있는 국외 거주자들에 대한 뉴스를 전달해 줄 수도 있다. 이것은 당신이 직업적으로 하고 있는 일이 자아의 핵심(core self)이 아님을 일깨워 주는 선물이 된다. 13세기 페르시아의 법학자, 신학자, 시인이었던 루미(Rumi)는 "고요한 마음으로 당신이 진정 사랑하는 것이 당신을 더 강하게 이끌도록 하세요."라고 말한 것처럼 말이다.

1980년대 후반, 마이크 테르나스키(Mike Ternasky)는 H. 스트리트 스케이트보드(H Street skateboards)를 창설하는 것을 도왔다. 그가 사업 파트너인 몇몇 친구와 함께 성공적으로 사업을 이끌어 가는 동안에도 그는 이렇게 말하고는 했다. "만일 이 일이 잘 진행되지 않는다면 우리는 플랜 B를 하면 됩니다." 테르나스키는 H. 스트리트가 불안정해졌을 때 실제로 플랜 B를 가동하여 스케이트보드를 가장 잘 타는 청소년들을 모아 팀을 만들어서 스케이트보드의 세계를 휩쓸었으며, 이는 단체 홈페이지에 게시되어 있다.

나는 종종 사람들에게 지금 하고 있는 업무 분야와 상관없는 플랜 B를 생각해 보도록 격려하지만, 플랜 B를 현재 우리가 하는 일에 적용할 때에도 도움을 받을 수 있다는 것에 감사하게 된다. 플랜 B는 전적으로 다른 삶의 방식일 필요는 없으며, 그것은 우리의 태도와 현재 맡은 일에 접근하는 방식의 변화와 같이 미묘한 것일 수 있다.

세상에서 우리가 원하는 변화는 어떤 주어진 직업에 얽매이지 않는다는 것을 기억하는 것이 도움이 된다. 게다가 우리 자신은 어떤 한 직업 안에서 전적으로 제한될 수도 없고, 완전한 자기 실현을 할 수도 없다. 각각의 직업은 더 큰 목표를 성취하기 위하여 사용될 수 있는 수백만 가지의 도구 중 하나일 뿐이다. 내가 무엇인가를 수리하는 경우에 잠시 동안 망치를 사용할 필요가 있겠지만, 나중에 드라이버를 집어 들었다고 해서 나에게 실패했다고 말할 사람은 아무도 없을 것이다. 우리가 무엇인가를 고치는 일을 할 때에는 모든 장비가 들어 있는 도구 상자가 필요하다. 그러나 일을 하면서 우리 대부분은 그 일이 단지 우리가 추구하는 변화를 위한 수단이라고 생각하지 않고, 그 자체가 목적이라고 생각하게 된다. 우리는 바로 그 장소에서 그 일을 하는 것에 매우 집착하게 된다. 우리는 그 일을 (그 도구를 사용해서) 하는 것을 멈추게 된다면 수리하는 일 자체를 모두 멈추어야 하는 일이 생길까 봐 걱정한다.

계승 구조나 경쟁의 관점에서 다양한 분야를 생각하는 것은 역효과를 낳는다. 우리가 비영리적인 일을 하거나 극단적인 일에 앞장서는 경우가 아니면 우리 자신이 '상품으로 팔리게' 된 것이라고 우리를 억압하는 문화가 있다. 우리는 세상을 더 나은 곳으로 만드는 데 기여하기 위하여 단 한 가지 확실한 방법이 있다고 믿는 빈곤한 상상력에 연루될 필요가 없다.

코니 버크(Connie Burk)가 말했다. "나는 나의 자아의 핵심에 온정에 대한 의지가 있다는 것을 발견했습니다. 나는 나의 보수를 받는 직업과 이 의지 사이에 연결이 매우 명백한 직업을 가진 것이 굉장히 다행입니다. 하지만 내가 현재 하는 일을 멈춘다고 해서 올바른 행동을 하는 것으로부터 제외되는 것은 아닙니다. 내가 미래에 무슨 일을 하든지 나는 매일 내가 하는 일과 나의 핵심 의지 사이의 연결을 유지할 필요가 있을 것입니다." 19세기 미국의 철학자이자 노예해방론자였던 프레더릭 더글러스(Frederick Douglass)의 작품에서처럼, 온정은 다른 사람의 고통에 대한 단순한 반응 이상일 수 있다. 그것은 주도적인 것이며, 당신이 의식적으로 선택하는 어떤 것이 될 수 있다.

우리가 삶 속에서 가지고 있는 우리 자신의 가장 깊은 의지가 무엇인지 알게 되는 것은 플랜 B, C, D를 개발하는 데 엄청나게 큰 도움을 줄 것이다.

"다른 종류의 일에 대하여 생각해 본 적이 있으세요?"

이렇게 해 보세요

1. 당신 자신에게 '내가 이 일을 하지 않았다면 나는 무엇을 하는 것을 좋아했을까?' 라고 물어보자.

2. 앞으로 5주간 당신의 플랜 B를 깨닫는 데 도움이 될 수 있는, 당신이 할 수 있는 5가지 일의 목록을 만들어 보자.

3. 사랑하는 사람 3명에게 당신의 플랜 B에 대하여 말하고, 그들에게 한 달에 한 번 이상 이와 관련하여 당신을 격려해 달라고 부탁해 보자.

남쪽: 온정[1]과 공동체 세우기

남쪽에서 우리는 대지(大地)로부터 오는 평화와 회복을 바란다. 나를 지지해 주는 친구와 가족 같은 소집단 문화를 발달시킴으로써 대지가 우리를 지탱하는 것처럼 우리를 유지해 주는 환경을 만들어 낸다. 나 자신뿐 아니라 타인에게 온정을 베풂으로써 우리는 스스로의 기반을 다진다. 이것은 고립에서 빠져나와 대자연의 중심 에너지에 다가가고, 나 자신과 집단의 건강과 안녕을 도모하는 원천이다.

소집단 문화 만들기

거의 매주 일요일마다 나는 가족과 소울푸드를 먹는다. 퇴직한 고모는 아침 일찍 요리를 시작한다. 당신은 4세대가 한데 모여 과거와 현재의 이야기를 나누는 것을 볼 수 있다. 시간이 흐르면서 나는 월요일을 행복하고 편안하게 시작

---

1 역자 주: 온정, 즉 compassion은 육체적, 정신적 또는 정서적 고통을 겪는 타인이나 그들 자신을 돕고자 하는 마음이다. 연민, 사랑 또는 긍휼지심이라고 할 수도 있다.

함으로써 한 주가 잘 흘러가는 것 같다고 느끼게 되었다.

— 빈곤퇴치옹호자 찰란 하트필드(Charlann Hartfield)

당신이 이것을 교단(sangha, 산스크리트어로 집단 또는 의회), 자문 집단, 여성 모임, 술동무, 친구 집단 중 무엇이라고 부르든 당신을 지지하는 소집단 문화(microculture)를 형성하는 것은 중요하다. 소집단 문화란 쉽게 말하면 공동체이지만 나는 소집단 문화라는 용어를 좋아하는데, 왜냐하면 이 용어는 우리가 선택한 집단이 넓은 의미의 문화보다 다양한 가치를 강조함으로써 우리를 성숙하게 할 수 있음을 떠올리게 하기 때문이다.

『변화의 춤(The dance of change)』에서 피터 센게(Peter Senge)는 "의식적 감독(conscious oversight)"에 대해 이야기했다. 그는 이 생각을 퀘이커 교도에서 빌려 왔다. "모든 퀘이커 교도 공동체에는 공동체 전체의 건강과 지속가능성 증진을 담당하는 감독위원회가 있다. 초기 문헌에 따르면, 이것은 '감독 임무를 특별히 몇몇 사람에게 위임하고, 이들이 성실하게 관리하면 서로를 위해 감독하는 특권을 공유할 수 있다.'" 센게는 의식적 감독이란 부분적으로는 속도를 늦추는 것, 즉 "체계와 상황을 다양한 시점과 다양한 사고방식으로 숙고할 수 있게끔 하는 것이다. 또한 지속적인 심사숙고를 모든 사람의 준거틀에 가져오는 것이며, 하루하루 살아가면서 장기적인 안목을 갖도록 도와주는 것이다."라고 말했다.

"맞아요, 적들이 있죠. 하지만 당신이 파 놓은 해자가 사랑까지 막고 있지는 않나요?"

우리의 소집단 문화는 우리에게 용기를 주고, 책임감을 갖게 하는 두 가지 방법으로 우리를 지지할 수 있어야 한다. 소집단 문화의 구성원은 우리가 소식을 전하고, 함께 웃고, 브레인스토밍하고, 조언을 나누고, 함께 울며 더 나은 사람이 될 수 있게 하는 이들이어야 한다. 고독은 억압의 토대가 되는데, 의식적으로 다른 사람들과 연결되어 있음으로써 우리는 트라우마 돌보기를 위한 중요한 한 걸음을 내딛는다. 전 세계의 샤머니즘 전통에서 공동체는 고통과 트라우마를 겪고 또 치유하는 데 있어서 사회적 결속이 얼마나 중요한지 인식한다. 의례는 대개 공동체 전체를 포함하고, 개인을 통합하고, 집단을 유지시키며, 이렇게 짜인 사회적 구성물은 노래와 춤, 그리고 궁극적으로 축제의 형태를 띤다.

우리 안의 해로운 패턴에 얽혀들지 않도록 하는 것은 우리가 만든 공동체의 중요한 역할이다. 다른 원주민 공동체들과 유사하게, 캐나다 브리티시 컬럼비아주의 캐나다 원주민들은 누군가가 원을 만들자고 요청하면 한데 모인다. 공동체의 그 누구라도 무엇을 축하하거나 도움을 요청하기 위해 원을 만들자고 할 수 있다. 이 특별한 공동체에서는 하나의 합의가 존재한다. 만약 공동체의 누군가가 원을 요청하면 당신은 거기에 나간다. 하지만 거기에서 그치지 않는다. 과거에도 두 번 이상 이 원에 요청된 적이 있다는 것을 알게 되면(즉, 같은 사람이 동일한 문제로 세 번째 도움을 청한다면) 당신은 일어나서 6미터(20피트)를 가야 한다. 원 전체는 일어서서 당신을 따른다. 그 어려움을 다시 논의하고 싶은 사람은 혼자 앉아 있을지, 아니면 몸을 일으켜서 새로운 원에 합류할지를 결정해야 한다. '원을 옮긴다'는 것은 이제는 우리 가족과 친구들에게서 흔한 표현이 되었다. 우리 중 누군가가 무언가를 충분히 심사숙고한 것 같을 때 이렇게 말한다.

마르텐 드베리(Marten W. deVries)는 『트라우마 스트레스(Traumatic stress)』라는 책에 이렇게 썼다. "문화는 재앙을 예방할 수 없고 폭력의 물리적 힘과 배신의 정서적 충격을 완화시킬 수도 없다. 문화는 그저 그러한 일이 있기 전에 회복탄력성을 갖추도록 돕거나 사건 이후에 확인과 원상회복, 재활을 도울 뿐이다. 사회적 지지나 자조집단과 같은 문화의 과정은 외상 경험에 대한 공적인 문화적 수용과 결합될 때 원상회복을 위한 강력한 힘이 된다."

> 우리 가족에는 언제든지 누구나 가족에게 포옹을 요구할 수 있다는 규칙이 있
> 다. 당신이 무엇을 하고 있든 문제가 되지 않는다. 누군가 '가족 포옹'이라고 말
> 하는 것을 들으면 우리는 하던 모든 일을 멈추고 포옹한다. 서로를 껴안고 하나
> 가 되어 시간을 보낸 뒤 각자 하던 일로 되돌아간다.
>
> — 캐나다 원주민 의료노동자

하나의 모형 프로젝트에서 소집단 문화는 트라우마로부터의 회복을 증진시키기 위해 사용되었다. 버지니아주 이노바 지역의 트라우마 센터의 재건(rebuild) 프로그램은 트라우마 사건부터 트라우마 돌봄에 이르는 전체 여정에 걸쳐 개인, 가족, 공동체를 지원한다. 회복 중인 환자들은 서로 지지집단, 자기 관리 수업, 새로운 환자 멘토링을 통해 트라우마의 장기적인 결과에 서로 대처할 수 있도록 돕는다. 이 환자들은 또한 응급 의료 요원, 의사, 간호사, 사회복지사, 소방관 및 재활전문가를 포함한 기타 의료 전문가를 교육시킨다. 발표 과정에서 재건 프로그램의 구성원은 구조·입원·재활 과정에서의 경험을 이야기하고, 모든 트라우마 환자가 공유하고 있는 심오한 여행을 위한 가치 있는 통찰을 제공한다.

회복 중인 트라우마 환자들은 포럼에 참석하여 치료 과정에서 중요한 역할을 담당한 의료 요원, 간호사, 의사, 치료자들에게 감사를 표한다. 그들은 또한 트라우마 경험을 종결하고 환자와 간병인 모두가 성장할 수 있도록 자신의 경험을 피드백한다. 간병인이 환자와 다시 만나는 것은 간병인들에게도 커다란 영향을 주는데, 한 설문조사에 따르면 이들은 자신의 직업에 대한 가치 있는 통찰과 새로운 책임감을 느꼈다고 밝혔다. "사람들의 삶에 진정으로 변화를 만드는 것이야말로 내가 의료 요원(소방관, 간호사, 치료자 등)이 된 이유예요."라고 대답한 이들이 많았다.

나는 당신이 만약 그들이 직면한 것이 무엇인지 철저히 이해하도록 하고, 무엇이

문제를 일으켰는지 알려 준다면, 그들은 스스로 프로그램을 만들 것이고, 당신은 그들이 프로그램을 만들 때 함께 행동할 수 있을 것이라고 믿습니다.

— 미국 흑인 민족주의 지도자이자 아프리카계 미국인 연대 기구
(Organization of Afro- American Unity) 설립자 맬컴 엑스(Malcolm X)

이렇게 해 보세요

1. 당신의 선조들, 그리고 당신을 길러 준 사람들이 자기 자신과 타인을 치유하기 위해 지금까지 무엇을 해 왔는지 스스로에게 물어보자. 그들은 트라우마를 경험했을 때 어떻게 했는가?

2. 당신의 소집단 문화 구성원을 확인해 보자. 그들은 얼마나 희망과 책임, 진실함을 키우고 있는가? 이 영역들에서 당신이 더 강한 롤 모델을 활용할 수 있는지 생각해 보자.

3. 당신의 내면 상태가 주변 환경과 어떻게 연결되어 있는지 시간을 가지고 점검해 보자. 내면의 현실을 더 평화롭고 생산적으로 만들기 위해 외부의 현실을 바꿀 수 있는 것들이 있는가? 당신의 이웃, 당신이 돌보는 집, 당신이 먹는 음식은 어떤가? 당신이 살고 있는 지역뿐 아니라 지구적인 안녕을 위해 당신이 선택한 역할은 무엇인가?

> • 현직: 존스홉킨스대학교 공중보건교실 박사과정 학생
> • 전직: 이노바(Inova) 지역의 트라우마 센터 재활 프로그램 코디네이터

    내 삶의 첫 번째 트라우마는 내가 십대였을 때 친구 힐러리가 죽은 것이었다. 이 일이 일어난 그날 저녁은 충격적이고 공포스러웠을 뿐 아니라 다른 트라우마와 마찬가지로 이해하기 어려웠고, 다른 사람들이 트라우마와 함께 살아나가는 것과 비슷하게 살아 왔다고 생각했다. 이 경험 이후 나는 공포스럽고, 무섭고, 역겹고, 소름 끼치고, 압도되는 것을 겪는다는 게 무엇인지 이해한 것 같은 느낌이 든다. 그러나 내 경험에서 다른 점이 있다면, 힐러리의 가족이 다시 모였을 때 우리가 이 비극을 더 큰 공동체에 속한 사람으로서 통합할 수 있었다는 것이다. 나는 이제 내가 사람들의 삶에 어떤 영향을 줄 수 있다고 믿게 되었는데, 왜냐하면 나의 경험이 이 비극과 개인적으로 관련되기 때문이다.

    플랑크 씨네 가족이 힐러리의 장례를 치르고자 결정한 방법은 우리에게 일어난 일을 통합하는 과정에서 몹시 중요했다. 그들은 딸을 우리 농장에 매장하고 싶다고 말했는데, 이는 장례 절차에 공동체가 함께 참여할 수 있기를 바랐기 때문이기도 했다. 그래서 그녀의 삶의 일부분이었던 사람들 모두가 그녀의 죽음을 애도하는 과정에 참여할 수 있었다. 그녀는 병원에서 집으로 옮겨졌고, 장례 방침을 정한 이후로 변한 것이 아무것도 없었음에도 우리는 하나가 된 듯한 기분이 들었다. 우리는 그녀와 함께 존재할 수 있었고, 원하는 경우에는 조금 더 오래 머무르면서 그녀를 보고 어루만질 수 있었으며, 그렇게 모든 장례 절차를 치르는 데 하루 이상의 시간이 걸렸다. 사

람들은 그녀의 관을 짜는 방식을 함께 결정했고, 묻을 장소도 찾아냈다. 관이 들어갈 구덩이를 삽으로 파는 데에는 상당한 시간이 소요될 것이다. 그녀를 위해 우리가 만든 것들 중에서 무엇을 관에 넣을지도 함께 결정했다. 우리는 모든 일을 함께했다. 장례식의 모든 절차는 매우 유기적이었다. 할 일이 생긴 뒤 우리가 무엇을 할지를 생각해 냈다. 아무것도 사전에 결정된 것이 없었다. 못을 찾아야 할 때에는 잠시 기다렸고, 그 다음에는 이 커다란 상자를 저 구덩이에 어떻게 운반할지를 생각해 내야 했고, 매장한 뒤에는 함께 모여 그녀에 대해 이야기하고 식사를 나눌 차례라는 것을 알게 되었다. 우리가 그래야만 한다고 느끼는 것과는 다른 매우 진실한 느낌이었다.

그렇게 장례 절차를 통합하고, 그 과정에 대해 논의하고, 그리 괴상하지 않게 장례를 치르는 데 시간을 쏟은 우리를 놓고 보건대, 장례식 이후 몇 달간 우리가 얼마나 잘했는지는 잘 모르겠다. 그녀의 가족은 이전에 다른 농장으로 이주할 계획을 세워 놓은 상태였고, 나 역시 전학을 갈 예정이었다. 그녀의 가족은 결국 이사했고, 내가 학교를 옮길 때 나는 내게 무슨 일이 있었는지를 아무에게도 이야기하지 않기로 마음속으로 결심했다. 당신의 삶을 통틀어 가장 커다란 일이 어떻게 되어 가는지를 이야기하지 않는다면 당신은 다른 사람이 되겠다고 생각한 것이고, 결국 당신은 당신과는 다른 사람이 된다. 어떤 면에서 나는 힐러리의 성격 중 몇 가지, 내게는 전혀 없는 몇 가지 특성을 가지게 될 기회가 왔다는 것을 깨달았다. 그녀는 매우 쾌활했고, 지적이었고, 외향적이었고, 긍정적이었고, 그것들은 이제 나의 성격으로 덧입혀졌다. 그 시기를 되돌아보며 당시 나에게 이러한 변신이 일어났다는 것을 알아차리기까지는 10년이 넘는 시간이 걸렸다.

우리가 하나의 공동체로서 했던 것 중 또 다른 특별한 것은 그녀가 죽은 뒤 약 15년 동안 모였다는 것이다. 그녀의 여동생은 커다란 상실로 인한 후유증을 어느 정도 겪으면서 여러 난관을 헤쳐 나가고 있었다. 15년 전 우리에게 큰 도움이 되었던 과정은 당시의 그녀의 연령에는 적합한 것이 아니었고, 그녀는 어떤 수준에서 의도치 않게 배제되었다. 그녀의 부모는 위기정리(debriefing)[2]의 성격을 띤 모임을 계획했고, 그 모임에는 그 현장에 있었던 거의 모든 사람이 어찌어찌하여 참여할 수 있었다. 전국, 전 세계에 흩어져 있는 사람들의 스케줄을 맞추는 데 오랜 시간이 걸렸지만, 그녀의 부모는 결국 그 모임을 만들어 냈다. 그 사건 스트레스 위기정리 모임에서 우리는 말 그대로 우리가 무엇을 했는지 이야기했지만, 나는 그 사실을 10년 동안 깨닫지 못했다. 첫 번째 사람은 무슨 일이 일어났는지에 대해 이야기했다. 우리는 그 특정한 세부 사항들을 시간 순으로 살펴보았다. 모든 사람이 이 사례의 사실에 관해 기억하는 것들을 공유했다. 아마 한 시간 넘게 이어졌을 것이다. 그 후 우리는 그 조각들을 함께 맞춰 나갔는데, 여기에는 정말 무엇인가가 있었다. 왜냐하면 다른 모든 사람이 가지고 있는 경험, 그녀의 죽음과 그 이후의 시간들을 살아 나간 그들 자신만의 분명한 경험을 나는 전혀 몰랐기 때문이다. 그렇게 해서 우리는 그녀의 죽음이 당시의 우리에게 어떤 영향을 미쳤는지를 살펴볼 수 있게 되었고, 그러한 각각의 경험이 앞으로의 남은 삶에 어떠한 영향을 미칠지를 표현하게 되었다.

두 가족이 이러한 일을 함께하고자 한 것은 정말 특별하였고, 두 가족은 정말로 잘해 냈다. 경험에 이름을 붙일 수 있게 된 것은 큰 도움이 되었다. 나는 그녀가 나의 삶 속에서 계속 사는 것 같은 느낌을 이야기할 수 있었다. 그 시간 동안에 나는 내가 많은 것에 대한 죄책감을 짊어지고 살아 왔던 것을 기억했는데, 모든 이가 이 말에 전적으로 동의했다. 그들 모두 죄책감을 느끼는 각기 다른 부분들이 있었다. 모든 이가 솔직했기 때문에 그러한 죄책감들은 사라지게 되었다. 우리 모두의 감정을 그녀의 가족이 기꺼이 받아 주고, 그녀의 생전 모습이 나를 통해 다양한 방식으로 나타나는 듯하다고

---

2 역자 주: 위기가 되는 사건이 발생한 후 3일 내에 이루어지는 것으로서 위기사건의 영향을 감소시키고, 정상적인 회복 과정을 촉진하기 위한 구조화된 집단 활동을 의미한다.

내가 느끼는 것을 그들이 알고 크게 기뻐한 것은 마음에 안도감을 주었다. 우리가 회복을 위해 해 왔던 것들에 대한 판단 없이 모두가 서로의 축복을 받는 것은 우리 모두에게 큰 의미를 주었다. 이 과정은 장장 4시간 이상 이어졌지만, 지치기보다는 오히려 기운이 나는 듯했다. 우리는 말 그대로 서로에게서 떨어져야 했다. 당신은 무언가로부터 어떻게 떠나는가? 우리는 모두 각자의 삶으로 돌아가야 하고, 그것은 어려운 일이라는 것을 인정할 필요가 있었다.

그 후 나는 이 일들이 내가 하는 일의 일부가 되어야 한다는 것을 알게 되었다. 나는 학교로 돌아가는 것을 한 번도 생각해 본 적이 없었지만, 결국 사회복지사가 되기 위해 학교에 갔다. 사회복지사가 트라우마 상황에서 일한다는 것을 들었을 때 나는 예전에 '내 일에서 일어나야만 하는 단 하나의 일은, 내가 응급실에 있어야 하는 거야.'라고 생각했던 것을 기억했다. 나는 내가 거기에 있었던 것을 회상하고, 다른 곳이 아닌 바로 그곳이 내가 있을 곳이라는 것이 이토록 명백하다니 웃음이 났다. 그곳에서 급여를 받을지 여부나 몇 시간 일할 수 있을지는 상관없다는 것을 알았다. 마치 '내가 그곳에 있어야 한다'는 듯이. 그것은 내게 주어진 단 하나의 선택지였다. 나는 4~5년이 지날 때까지 거기서 상근직으로 일하면서 한 학생과 대화하며 내가 어떻게 트라우마를 이겨 냈는지 잘 모르겠다고 말하고 있는 이유를 깨닫지 못했다. 어쨌든 우리는 힐러리의 죽음에 대해 이야기하기 시작했고, 그 학생은 내가 당시 개발 중이던 프로그램에서 진행하는 작업을 나의 과거의 경험과 연결시킬 수 있게 도와주었다. 상당 부분 암묵적이고 관찰되지 않은 작업이었다. 내가 그것을 연결시킨 일은 결코 없었다. 나의 학생이 처음 그 사건을 연결시키기 시작했을 때 나는 "음, 그건 좀 오버 아니려나!" 정도의 태도였지만, 그 후 10년이 지난 뒤 나는 "그래, 맞아!"라고 확신했고, 모든 퍼즐이 마침내 꼭 들어맞았다.

어떤 면에서는 우리가 지나 왔던 애도 경험 전체가 꽤나 자연스럽게 느껴졌는데, 왜냐하면 트라우마가 발생했을 때부터 사람들이 이것을 해 왔기 때문이다. 당시에는 그것에 이름이 붙여지지 않았을 뿐이다. 힐러리의 가족에게는 이론적 지식이 없었고, 그들은 남겨진 우리가 해낸 과정들에 다소 놀랐을 뿐이다. 나는 그 과정이 모두를 위한 선물임을 완전히 이해하고 있는지는 확신할 수 없지만, 그들은 페어팍스(Fairfax) 병원의 트라우마와 2차적 트라우마 프로그램 대하여 매우 흥분하며 관심을 가졌다.

트라우마 통제 측면에서 보면 나는 이 일을 하는 것이 나에게도 좋고 나와 함께 일하는 사람들에게도 좋다고 확신한다. 이 일이 나에게 일어났다고 동료들 중 누구에게도 말할 필요가 없다. 나는 하루 24시간, 일주일에 7일 동안 그 경험과 연결되어 있다는 것을 알고 있다. 이것은 내가 해야 하는 일이나 사명 같은 것은 아니지만, 여러 요소가 하나로 이어지는 경험을 하는 것은 그 영역을 훨씬 집중하여 보도록 만든다. 나는 그것의 일부가 되어야 했고, 그것은 아주 재미있었다. 당신이 새로운 삶을 살게 된다면 다른 사람들 또한 그렇게 되기를 바랄 것이다. 비극적인 사건으로부터 긍정적인 것을 발견하는 행운을 얻었다면, 그리고 다른 사람들도 그렇게 치유될 수 있다는 것을 안다면 당신은 그들 또한 이 기회를 잡기를 바랄 것이다. 트라우마 통제는 나에게 이런 것이다.

이 일이 나에게 지우는 부담은 전혀 없는 것처럼 느껴진다. 나는 이 일이 나에게 에너지를 준다고 느낀다. 나는 얼마나 오랫동안 트라우마를 다룰 것인지에 관한 계획을 생각해 두었다. 나는 아주 특별한 경험을 했기 때문에 온정피로감(compassion fatigue)[3]의 위험에 나 자신을 몰아넣지 않는다. 응급실에서 끔찍한 것을 보는 것에서부터 충격을 추스르고 회복탄력성을 경험하는 이들과 함께 일하는 것으로, 그리고 외상 후 수 개월, 수년이 흐른 뒤

---

3 역자 주: 온정피로감 또는 공감피로증이란 타인에 대하여 동정심을 느끼거나 공감하는 능력이 감소되어 나타나는 정서적·신체적 소진 상태를 의미한다.

자신이 어떻게 성장할지 매우 궁금해 하며 찾아오는 이들과 함께 일하는 것으로 순환 근무했다. 그들은 스스로 오기로 결정했고, 힘든 것에서 벗어나 자기 삶의 다른 장소로 이동하는 법을 알아냈다. 당신은 이들에게서 완벽한 영감을 받지 않을 수 없다.

나의 아이들은 내가 머리 부상에 대하여 완전 신경증적이고 쓸데없이 과잉보호적이라고 말할지도 모른다. 그들은 자신이 원하는 대로 자신의 삶을 살겠지만, 나는 그저 걱정이 될 뿐이다. 내가 예방에 매우 초점을 맞추는 이유는 내가 응급실에서 보았던 98%의 경우에 누군가가 그 상황에서 다르게 행동했다면 예방할 수 있었던 것이기 때문이다. 나는 갓 십대가 된 나의 아들들이 다칠 수 있는 행동을 하는 것을 볼 수 있다. 나의 아들들은 "엄마는 우리를 너무 보호하려고 해요. 정말 이상해요."라고 말할지도 모른다. 아들들은 나의 바람을 따르지 않고 자꾸 나무에 오르거나 헬멧을 쓰지 않고 자전거를 타는데, 응급실에 실려 가지 않는 것이 그저 행운이다. 나의 남편은 나의 일에 대하여 쉬운 것처럼 묘사하기 때문에 나의 직업을 아무나 할 수 있는 일로 생각한다고 말할 것 같다. 내가 그 일을 해 나가는 과정이 마치 식은 죽 먹기처럼 발랄하고 행복하다고 말할지도 모른다. 당신이 당신에게 선택권이 있음을 알아차리지 못한 채 인생을 하찮게 살아갈 수도 있다는 것이 나에게는 훨씬 큰 비극이다. 많은 사람이 그렇게 살아간다. 나에게도 나만의 주기가 있지만, 나의 일 때문에 우울의 주기에 빠져드는 것 같지는 않다.

나 자신을 돌보는 부분에 있어서 나는 나 자신을 무척이나 아낀다. 나는 운동을 열심히 하는데, 그 이유 중 하나는 운동할 때 머리를 쓰지 않음으로써 나를 완전히 리셋하기 때문이다. 그 어느 것도 머릿속에 남아 있지 않다. 이것이 나의 명상이며 내가 중심을 잡는 방법이다. 운동할 때 나는 '이게 나이고, 저것은 남이야.'라는 감각을 더 느낀다고 생각한다. 내가 의식하지 않을 때에도 나는 내가 하고 있는 일을 많이 생각한다. 내 일을 처리하는 데 신경을 쓰지 않는다고 하더라도 나는 수동적으로 무엇인가를 처리하고 있다고 확신한다. 내가 주로 하는 운동을 하면서 나의 유산소 능력이 최대치에 이르러 뇌가 일할 수 없을 때 나는 그 상태에 들어간다. 내가 누군가와 함께 뛰면 나는 동시에 사고 활동을 하고 있는 것이다. 내가 제정신이 아닌 수준으로 운동을 하지 않으면 나는 우울해질 위험이 매우 높다.

나는 거부의 감각이 과도하게 발달되어 있다. 나는 나를 일로부터 꽤나 잘 분리할 수 있고, 내가 아는 트라우마를 많이 곱씹지 않는다. 나는 과노출되어 있는 수많은 사회복지사를 알고 있고, 그들은 그 노출을 줄일 수 없어서 매우 행복한 사람이 못 된다. 내게 이런 능력이 없었다면 내가 트라우마에 사로잡히거나 나의 남편이 사로잡혔을 것이다. 나에게는 돌아갈 행복한 가정이 있고 나만의 시간도 많다. 나는 마사지를 받고, 창의적인 프로젝트들을 한다. 나는 나만의 시간을 철저히 지키는데, 이는 내가 개인적인 시간을 보장하는 2년제 기간에 있기 때문에 가능한 것이다. 나의 아이들은 성장했고, 나의 일은 유동적이 되었다. 이것은 늘 균형잡혀 있었던 것은 아니다. 나는 나만의 시간이 30분에 불과할 때에도 쾌활한 사람이 못 된다. 지금은 내가 아이들을 많이 키우지 않기 때문에 나만의 시간을 더 갖고 싶고, 내가 좋아하는 일을 하기 위해 정말로 열심히 일한다. 이러한 균형을 만들어 내는 데에는 오랜 시간이 걸렸을 수 있다. 나의 아이들이 더 행복한 엄마를 둔 혜택을 누릴 수 있었으리라고 생각하면 이 균형을 좀 더 일찍 찾았으면 좋았겠다고 생각한다.

나는 힐러리의 죽음으로부터 우리 모두가 회복할 수 있었던 과정 중 일부가 교육을 통해 이루어져야 한다고 믿는다. 우리는 이미 건강한 공동체에 소속되어 있었고, 사회 구조와 의사소통 또한 훌륭했기에 할 수 있는 일이 많았다. 우리의 성향 또한 우리가 트라우마 관리를 모두 끝마치는 데 기여했겠지만, 우리는 정말로 매우 다른 사람들이었다. 나는 우리가 환경을 보완하고 트라우마가 어떻게 다루어질 것인지에 관심을 집중한다면 우리가 환경에 무엇을 가지고 가든지 간에 모든 일이 잘될 것이라는 신념을 가지고 일한다. 우리가 트라우마를 어떻게 관리해야 하는지에 대해서는 할 일이 너무나도 많다. 사람들을 위한 공공 시스템과 구조가 우리에게도 있었다면 결과는 달라졌을 것이다. 왜냐하면 대부분의 가족은 이러한 조건을 갖추고 있지 못하기 때문이다.

나는 우리 프로그램의 서비스 제공자들과 과거의 트라우마 환자들과 함께 일할 때 가장 흥분되고 즐거움을 느낀다. 우리는 트라우마 환자들이 환자 역할에서 나와서 교육자 역할, 전문가 역할을 하도록 하고, 그들이 모든 종류의 의료 종사자 및 소방관, 구조 대원들에게 자신의 경험이 어떤 것이었는지를 이야기하도록 한다. 이러한 과정을 통해 그들은 자기 자신을 보는 방식을 변화시킬 수 있을 뿐 아니라 서비스 제공자로서 다른 사람들이 자신의 말을 경청하는 것의 만족감을 경험하게 된다. 이것은 나의 성장 과정을 통해 배운 것과 긴밀히 연결되어 있고, 나에게 이 일은 가장 짜릿한 일 중 하나다.

트라우마 생존자와 서비스 제공자들이 함께 모여 무슨 일이 있었는지 이야기를 나눌 때, 당신은 거기서 짧은 시간 동안에 많은 것을 얻을 수 있다. 구급 대원들과 소방관, 그리고 다른 서비스 제공자들이 생존자의 경험과 자신의 경험을 나란히 놓고 볼 수 있게 된다는 것은 가장 강력한 과정 중 하나다. 그들은 트라우마의 충격이 자신과 가족의 삶에 미치는 영향에 대한 생존자들의 이야기를 들을 수 있고, 어쩌면 서비스 제공자들이 트라우마 생존자들에게 미치는 영향을 인정하는 것은 너무 어렵거나 과한 일이라고 느꼈을 부분에 대하여 생존자들의 이야기를 듣고 그들의 경험이 매우 유사하다는 것을 알 수 있게 된다. 이러한 경험과 인식은 서비스 제공자들 스스로 '이것 봐! 나는 이 문제를 다르게 해결할 수 있을 거야.'라고 생각할 수 있는 가능성을 열어 준다.

자신의 일이 다른 사람들에게 얼마나 큰 영향을 미치는지를 깨닫게 되면 자신의 짐이 덜어진 듯한 느낌을 받게 된다는 것 또한 매우 흥미로운 부분이다. 그들은 자신이 변화를 만들 수 있음을 알게 된다. 그들은 이것이 얼마나 중요한지를 트라우마 생존자들에게서 직접 듣는다. 자기 자신을 돌보는 것의 중요성, 그리고 자신의 일을 잘해 내는 것의 중요성을 알게 된다.

나 자신과 다른 이들을 위한 온정 연습

만약 당신의 온정이 자기 자신을 포함하고 있지 않다면 미완성입니다.
— 미국 불교 승려이자 교육가인 잭 콘필드(Jack Kornfield)

사랑과 책임 의식 부여라는 소집단 문화가 주는 혜택을 우리가 받아들임으로써 우리는 실제로 온정을 경험하고 있다. 이것이 명백해 보일지라도 모형으로 기억하고 활용하면 도움이 될 것이다. 많은 사람은 자기 자신을 향한 온정이 무엇인지 상상하기 어려워하고, 스스로를 완전히 이상한 존재로 보는 이들이 자기 자신에게 온정을 베푸는 것을 상상한다는 것은 거의 불가능하게 느낄 수 있다.

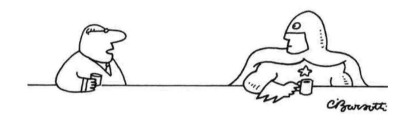

"우리 중 일부는 알려지지 않은 영웅들이다."

그럼에도 불구하고, 자신과 다른 이들을 위한 온정을 유지하고 길러 나가는 것은 트라우마를 돌보는 데 필요한 부분이다. 온정을 발전시킴으로써 우리는 우리가 가장 사랑하는 가치에 계속해서 연결되고, 거기서 자기 자신이 빛날 수 있다. 고대 동양의학 체계에서 말하는 기공(Qigong)에서는 모든 생각과 느낌, 경험을 온정으로 전환시키는 것이 1차 목표이다. 온정은 겸손, 우리가 강한 동시에 취약함을 받아들이는 것, 그리고 우리 각자가 상호 의존적임을 이해하는 것과 연결된다.

대부분의 경우에 우리는 아무런 위협을 인식하지 않을 때에는 온정에 다가가는 것이 쉽다. 우리는 다리가 부러진 강아지나 직장을 잃은 친구, 홍수 피해자에게 진심 어린 온정을 느낄 수 있다. 그러나 상사가 우리에게 소리를 지를 때 온정은 어디로 갈까? 사랑하는 사람을 죽음으로 떠나보낸 가족이 당신을 비난할 때는? 공무원이 우리에게 거짓말을 할 때에는?

이러한 환경에서 내가 말하는 온정이란 타인의 행동을 눈감아 주거나 자기 자신에게 낮은 기대를 가지는 것을 의미하지 않는다. 대신에 다음의 수피교 경구에 담긴 정신을 촉발시킨다. "당신에게 맡겨진 고통의 크기에 도달하지 않았기에 어떤 어려움이라도 극복해 내십시오." 내 삶의 개인적인 경험과 직업적 경험을 통틀어 다른 사람의 어려움에 짜증을 내지 않고 온정을 베푸는 것은 거기에 포함된 고통 전부를 줄여 준다. 우리는 다른 사람이 피해를 끼치거나, 비윤리적이거나, 해롭거나, 또는 극악무도한 방식으로 행동할 때 그들이 내적으로 엄청난 파괴로 고통받고 있음을 이해해야 한다. 그렇기에 앞서 내가 말한 것처럼 '너는 거기에 가지 말았어야 했어.'라고 생각하고 (상징적으로) 손목시계를 풀며 싸움을 준비하는 대신에 '내적 무장 해제를 연습하라.'는 달라이 라마(Dalai Lama)의 요청을 상기하려고 노력한다.

인종과 계급, 젠더가 억압 체계에 작용하는 역할에 초점을 맞췄던 미국의 작가이자 사회활동가인 페마 초드론(Pema Chödrön)과 벨 훅스(Bell Hooks)[4]는 온정이 때로 단단하고 심지어 가혹한 단계를 의미하기도 한다고 적었다. 맹렬한 온정의 행위는 상사의 비윤리적 행동을 신고하는 것에서부터 약물치료가 필요한 동료를 다그치는 것에까지 모든 것을 포함할 수 있다. 이러한 온정 이면의 힘은 절대로 독선적인 것이 아니다. 우리의 의도는 겸손, 그리고 우리의 결점이 연속선 상의 다른 장소에서 나타나게 되더라도 결코 스스로를 책망하지 않는 것을 아는 것에 기반한다. 우리의 온정은 해를 끼치지 않으려는 의도, 해를 끼치게 되는 일이 없도록 하려는 의도에서부터 오며, 비난과 판단에서 오지 않는다. '나는 이렇게 훌륭한데 너는

---

4 역자 주: 벨 훅스는 미국의 작가이자 페미니스트인 글로리아 왓킨스(Gloria J. Watkins)의 필명이다. 그녀는 3차 여성인권운동을 시작했는데, 자신의 이름보다는 일에, 자신의 성격보다는 아이디어에 초점을 맞추기 위해서 필명과 책 제목에 대문자를 쓰지 않기로 결심했다고 한다.

거기서 그러고 있구나.'와 같은 방식으로 생각하지 않는다. 내가 이 영역에서 가장 도전받고 어떤 사람이나 상황을 잃어버린 듯했을 때, 나는 나 자신에게 이렇게 물었다. "나는 한 번이라도 의식적으로, 혹은 무의식적으로 지구상에 있는 또 다른 생명체의 고통을 야기한 적이 있는가?" 나는 얼마나 자주 그래 왔는지를 즉시 떠올릴 수 있었다. 심지어 아침에 아이들을 학교에 보내기 전에도 족히 대여섯 가지는 헤아릴 수 있다. 내가 이 자리에 가게 되면 나는 숨을 내쉴 수 있고, 불교의 다음과 같이 자비 명상을 되풀이하게 된다.

내가 고통과 고통의 근원으로부터 자유로워지기를,
당신이 고통과 고통의 근원으로부터 자유로워지기를,
우리가 고통과 고통의 근원으로부터 자유로워지기를.

내가 평화와 평화의 근원을 찾을 수 있기를,
당신이 평화와 평화의 근원을 찾을 수 있기를,
우리가 평화와 평화의 근원을 찾을 수 있기를.

내가 기쁨과 기쁨의 근원을 찾을 수 있기를,
당신이 기쁨과 기쁨의 근원을 찾을 수 있기를,
우리가 기쁨과 기쁨의 근원을 찾을 수 있기를.

내가 안녕과 안녕의 근원을 찾을 수 있기를,
당신이 안녕과 안녕의 근원을 찾을 수 있기를,
우리가 안녕과 안녕의 근원을 찾을 수 있기를.

내가 자유로워지기를,
당신이 자유로워지기를,

우리가 자유로워지기를 바랍니다.

우리는 강한 사람들이고, 우리가 세계에 공헌한 것들은 심대한 영향력이 있다. 세계는 더 많은 적대감이나 판단, 사람들과 종, 국가 사이에 더 많은 장벽을 필요로 하지 않는다. 따라서 우리는 과오를 맞닥뜨렸을 때 온정적 행동을 시작함으로써 더 나은 세계를 위해 공헌할 수 있다. 우리가 이 땅과 생명에 언제나 근원적으로 연결되어 있음을 기억하자. 스퀘미시와 두와미시 부족의 최고 지도자인 셀스(Sealth)는 1854년에 우리를 '삶의 그물망'의 일부라고 말했다.

> 나는 무감각을 피하기 위해 온정을 더 깊게 만들어 왔습니다. 나는 모든 사람을 각 개인으로, 그리고 세대의 트라우마라는 더 큰 맥락에서 보려고 노력했을 뿐이고, 이것은 나를 잘 연결해 주었습니다. 나는 더 깊은 온정을 갖게 되어 감사합니다. 그것은 나의 느낌을 유지시켜 줍니다.
>
> — 인도인아동복지서비스 사회복지사

우리가 열성적으로 반대하는 이들을 향해 온정을 베풀 수 있게 된다면 우리는 우리 인생을 통틀어 아주 놀라운 학생이 될 수 있다. 우리가 맞닥뜨리는 실수나 어려움을 배움의 기회로 맞이할 것이고, 우리는 다른 사람들의 삶의 궤적을 우리의 것으로 학습할 수 있다는 것을 이해하게 될 것이다. 이것이 마치 실수와 점진적 회복의 과정과 같다는 것을 알고 나면 우리는 이와 동일한 과정을 겪는 타인에게도 온정을 쉽게 확장할 수 있다. 온정은 우리가 지켜 내야 할 숨 쉴 공간을 제공해 준다. 또한 온정은 우리를 진화시킨다. 우리가 온정을 잃어버리면 우리의 능력을 나자신, 타인, 그리고 우리의 삶과 연결시키는 데 아주 숨 가쁜 나날을 보내야 할 것이다.

부처는 이렇게 말했다. "다른 사람에게 훈계하려고 할 때에는 5가지 자질을 갖추어야 한다. 나는 적절한 때, 실제로 발생한 사실에 대하여, 관대하게, 그들에게 이익이 될 때, 그리고 자애로운 의도나 온정을 담아서 말하고자 한다."

이렇게 해 보세요

1. 어린 시절 당신에게 훌륭한 온정을 보여 준 사람을 생각해 보자. 그들의 존재가 당신에게 어떤 느낌을 주었는지 기억하면서 잠시 동안 그들을 머릿속에 떠올려 보자.

2. 당신 스스로에게 특별히 엄격했던 때를 회상해 보자. 그때 당신의 가장 깊은 곳에 있는 두려움이 무엇이었는지 자문해 보자. 눈을 감고 머릿속으로 그때를 되풀이해 보면서 당신 스스로에게 더 온정을 가지고 이야기할 수 있을지 상상해 보자. 어떤 느낌을 받게 될지 주목해 보자.

3. 당신이 생각하기에 당신의 삶에서 온정이 더 많았다면 관계의 역동을 확연히 바꿀 수 있었을 여섯 명의 사람 또는 상황 리스트를 만들어 보자. 6개월 동안 매 달 각 사람 또는 상황에 온정을 더해서 접근해 보자. 당신의 삶에 일어난 차이에 집중해 보자.

광범위한 체계적 변화를 위해 무엇을 할 수 있을까

일을 하지 않을 때 나는 내가 사는 공동 주거 공동체에 집중한다. 이렇게 하는 것은 내가 일 때문에 괴로워할 때, 나 또한 나보다 더 큰 무언가의 일부분이라는 것을 기억하도록 하는 데 도움을 준다. 나는 삶의 방식에 관해 사회적이고 생태적으로 인식하는 사람들의 보다 큰 변화의 일부분이다. 나를 다르게 만든 것이 있다면 바로 이 생각이다.

— 공공보건 노동자

내부에 초점을 맞추는 것을 매일 연습하는 것이 산만해 보이기도 하고, 전 세계적인 사회 변화의 집단적 압력보다 개인의 자기 몰두를 강조하기 위한 또 다른 변명거리로 보일 수도 있다. 그러나 오히려 그 반대가 맞다. 불교 교사들은 온정에 대하여 점점 넓어지는 원 안으로 움직여 들어가는 것이라고 말한다. 우리 자신에게서 시작하여 우리와 가까운 이들에게로 온정이 확장되고, 이윽고 전 세계의 사람들에게까지 도달하는 것이다. 우리의 온정이 깊어질수록 우리가 어떠한 행동을 해야 할지가 더욱 명확해진다.

내가 트라우마 관리 워크숍을 진행할 때마다 참가자들이 하는 질문이 있다. "내가 일하는 이 체계를 바꾸기 위해 제가 할 수 있는 것이 뭐죠?" 이 '체계'는 변두리의 작은 병원일 수도, 환경 운동일수도, 미국 민주당일 수도 있다. 나는 이 질문에 대답하면서 단지 상호작용하는 방식을 바꿈으로써 무의식중에 체계를 바꾸게 된 나의 동료들을 떠올리고는 한다. 우리는 나 자신을 변화시키는 힘, 해방과 계몽, 안녕, 정의, 권리 운동에 힘을 보태려는 헌신의 힘을 평가절하해서는 안 된다. 한 수준에서 우리가 정말로 통제할 수 있는 것은 오직 나 자신뿐이다.

이 말인즉슨, 만약 우리가 에너지를 가지고 있다면, 만약 우리가 영감을 받았다면, 만약 우리가 우리의 진실성과 건강, 자신에 대한 희망을 오롯이 간직한 채로 더 큰 체계와 상호작용할 수 있다면 우리는 더 큰 규모의 변화를 지지할 것인가를 내 손으로 선택할 수 있다. 개인에게 가장 어려운 과업은 무엇을 외면적으로 바꾸려는 모두의 이목을 집중시킬 만한 거시적인 노력이 아니라 나 자신의 행동을 조절하는 작은 찰나다. 이건 내 개인적인, 그리고 직업에서 얻은 경험인데, 이를테면 고속도로에서 다른 차가 내 앞으로 끼어들도록 두는 것, 사랑하는 사람과 대화하는 방식에 세심해지는 것, 정치 성향이 다른 이웃과 교류하는 것, 저 사람이 잘못했다고 느낌에도 불구하고 그를 용서하는 것이다. 마음챙김과 온정의 수준을 보다 큰 변화로 이어 나가려면 대단한 노력과 헌신이 필요하지만, 우리가 진실되게 변화를 만들어 내고자 한다면 기꺼이 우리의 행동에 질문을 던질 수 있어야 한다. 데스몬드 투투 대주교가 말했듯이 "우리의 목적은 언제나 결과와 상응"해야 한다.

"저 매연을 그냥 초록색으로 염색해 버릴 수는 없습니까?"

그러면 지혜를 발휘하여 보다 큰 규모에서의 변화까지 진입할 수 있는 사람들은 어떻게 해야 할까? 타인에게 베풀기 위한 행동은 결국 마음챙김 연습의 자연스러운 구성 요소로서 발현되게 되어 있다. 코니 버크가 "우리는 현실 외부 세계의 정치적·경제적·물질적 조건을 창출하기 위해 이익을 얻고 권한을 부여받은 대리인이기 때문에 이에 대한 책임이 있다. 우리는 이 조건들을 변화시킬 책임이 있고, 여기에 연결되어 있으며, 그렇게 해야 할 의무를 지고 있다."라고 말했던 것처럼.

몇몇 사람에게 책임을 지는 것이란 일터에서 험담하지 않기, 특정 구두 제조사를 보이콧하는 것일 수 있다. 어떤 사람은 시내 방과 후 프로그램에 매주 자원봉사로 참여하고, 다른 사람들은 정치에 참여한다. 생각할 여지없이 우리는 우리의 온정을 행동으로 변환시킬 수 있다.

질 로빈슨(Jill Robinson)은 6개국에서 운영되는 동물복지기관인 애니멀스 아시아(Animals Asia)를 설립했다. "아시아에서 동물 복지 문제로 몇 년을 일해 오면서 나는 더 진중하고 집중하는 사람이 되어 왔지만, 나는 천성적으로 낙천주의자다. 이것은 우리가 일하는 과정에서 동물들이 겪는 끔찍한 참상을 보면서도 계속 일할 수 있게 해 주었다. 개인적으로 나는 무서운 광경을 변화를 만드는 데 활용한다. 의사결정권자나 미디어, 지지자들의 마음에 가 닿기를 바라며 동물들의 이야기를 글로 쓰기도 한다. 진전이라는 것은 하나의 원동력이다. 일의 성과가 아시아의 동물들에게 든든한 도움으로 바뀌는 것을 보는 것은 힘이 되고 중독적이다. 물론 대부분의 긍정적인 영향은 우리의 일과 목표의 진전을 보는 것뿐 아니라, 자신들의 불행을 완전히 벗어던지는 동물들과 함께하는 것이다. 그들은 우리를 가르치고, 우리를 치유하며, 우리가 그들을 구조하는 것과 마찬가지로 그들도 우리를 구조한다. 가령 내가 힘든 하루를 보냈을 때, 나는 무전기에 대고 재스퍼('나의' 곰)와 시간을 보내고 오겠노라고 미소를 지으며 이야기할 것이다. 많은 나의 동료가 '그들의' 곰과 이렇게 시간을 보내고는 한다."

마리안느 커누스(Marianne Knuth)는 짐바브웨의 배움의 마을 '쿠푼다(Kufunda)'를 설립했다. "강하고 활기찬 공동체를 함께 만들어 낼 수 있도록 지혜와 관습, 사회체계를 실행하고 공유하여 짐바브웨와 그 일대에 영감을 불어넣는 것"이 이 단체의 목적이다. 짐바브웨는 여전히 사회경제적 위기에 놓여 있지만, 커누스는 "사람들이 풍요로움과 지혜의 감각을 되찾도록 돕는 것부터 시작이다. 우리가 갖지 못한 것에 집중하는 것을 그만둘 때, 우리가 가진 것에 주목하고 그 위에 혁신적이고 창의적인 방식으로 서로를 세워 나갈 강한 에너지가 뿜어져 나온다."고 믿었다. 쿠푼다 웹사이트에 쓰어 있는 아룬다티 로이(Arundhati Roy)의 경구처럼, "또 다른 세상은 가능한 것만이 아니다. 또 다른 세상은 이미 이루어지고 있다".

카메론 싱클레어(Cameron Sinclair)와 케이트 스토어(Kate Stohr)는 인류애 건축학(Architecture for Humanity)이라는 단체를 설립했는데, 이 단체의 사명은 "지구적·사회적·인도주의적 위기를 해결할 건축적이고 디자인적인 방안을 만들어 내는 것"이다. 그들은 세계에서 가장 황폐화된 여러 곳에서 살아 왔고 그곳에서 일했다. 그들은 매일 보금자리를 간절히 필요로 하는 사람들을 만난다. 하지만 그들은 여전히 희망적이며, "자원과 전문가가 부족한 곳에서 혁신적이고 지속 가능하며 협력적인 디자인은 차이를 만들어 낼 수 있다."는 흔들림 없는 확신으로 무장하고 있다. 세계를 바로잡는 것, 유태인 전통에서 틱쿤 올람(tikkun olam)[5]이라고 불리는 여정에 참여하는 무수히 많은 방법에는 끝이 없다.

이렇게 해 보세요

1. 당신의 삶에 주요하게 속한 집단(인종, 학급, 성정체성 또는 다른 지역)을 생각해 보자. 누군가에게 연결될 수 있는 4가지 방법의 리스트를 작성해 보자. 한 주에 하나씩 당신의 특권을 좋은 쪽으로 사용하는 행동에 전념해 보자. 예를 들어, 당신이 미국 시민이라면 이주민과 난민의 권리를 위해 활동하는 단체를 찾아보고, 그들에게 도움을 주기 위해 당신이 무엇을 할 수 있는지 알아보자.

2. 당신이 어떠한 체계에 속해 있는지를 규명하고, 이 체계 안에서 당신이 긍정적인 변화를 이끌어 내기 위해 할 수 있는 3가지 방법을 생각해 보자. 당신을 고통스럽게 하거나, 지치게 하거나, 고립되도록 하는 방법은 반드시 피해야 한다는 것을 명심하자.

---

5 역자 주: 틱쿤 올람은 세상을 치유하거나 완전하게 만들기 위한 친절한 행동이라고 정의하는 유대교의 개념이다.

3. 리더십을 가진 누군가와 관계를 발전시키고, 그 사람을 직접적으로 지원할 수 있는 것을 한 달에 1가지씩 해 보자. 음식을 나누어 먹거나, 그 사람이 하는 일을 거들어 주거나, 침술 강좌를 받을 수 있게 약속을 잡아 주는 등의 방법이 있을 수 있다. 당신은 비영리 단체의 임원이나 초등학교 교장, 선출직 공무원을 고를 수 있다. 리더십이 얼마나 자주 고립되거나, 지지를 받지 못하거나, 실패에 빠지게 되는지를 기억하자. 그들과 접촉하는 과정에서 그 리더가 당신과의 접촉에 머무르도록 최선을 다해 노력해 보자.

폴리 하프케니는 학부생으로서 정치적인 활동을 시작했고, 전일제 학생으로 학교를 다니는 동안에 엄마가 되었다. 가족과 일, 정치 활동을 어떻게 통합할 것인지 알아내는 것은 그녀에게 제법 이른 시기에 찾아왔다. 그녀는 1960년대에는 반전, 시민권, 억압반대운동에 참여하는 활동가였고, 1970년대 초에는 북부 학생운동(Northern Student Movement)과 자유 파업(Freedom Stayouts), 안젤라 데이비스 자유 협의회(the Committee to Free Angela Davis), 인종 및 정치 탄압에 반대하는 전국동맹(the National Alliance Against Racist and Political Repression)에 참여했다. 그녀는 상근직으로 일했을 뿐 아니라 1969년에는 대학원으로 돌아가 특수교육 석사학위를 취득했다. 1967년에는 공산당에 가입해 1991년까지 당원으로 활동했으며, 1991년에는 미국에서 공산당을 탈당한 사람들과 마르크시스트, 민주적 사회주의자들이 결성한 민주주의와 사회주의를 위한 교신위원회(Committees of Correspondence for Democracy and Socialism)에 가입했다. 도시 계획, 교육, 아동 보호, 정책 분석, 아동 치료 등 그녀의 직업 중 대부분은 정치와 일을 결합하고 있었다.

내가 하는 일의 대부분은 사람들이 직면한 당장의 억압에 대처하는 것이며, 여기에는 우리 가족도 포함됩니다. 우리는 저소득 가구 주택단지에 살고 있었고, 거기에는 경찰의 억압, 보스턴 공립학교에서의 인종차별 폐지에 대한 인종주의적 반발을 포함한 문제들이 상존했습니다. 나의 아이들은 공립학교에 진학했는데, 혼혈 가족으로서 우리는 인종차별적 폭력뿐 아니라 백인의 공격에 맞선 아프리카계 미국인 공동체 내의 반발까지도 직면했습니다. 나는 어떠한 맥락에서뿐 아니라 보다 큰 틀에서 이러한 요소들을 모두 포괄할 수 있는 조직을, 그리고 우리에게 필요한 것은 체계의 변화라는 목소리를 찾고 있었기에 공산당은 내게 아주 중요했습니다. 무엇을 할 것인가에 관한 많은 논쟁이 학생운동과 반전 운동, 공동체 조직에서 일어났습니다. 공산당은 우리가 마주하는 이 모든 요소를 큰 그림에 맞추어 볼 수 있게 해 주었고, 이러한 것들을 우리가 매일 어떻게 대응해 나갈 수 있는지, 체계의 변화를 꾀하기 위해 무엇을 할 수 있을지를 생각할 수 있게 해 주었습니다.

나의 아이들에 대해 묻는다면, 나는 아이들이 감당할 수 있는 방식으로 내가 활동의 균형을 맞추거나 유지해 왔다고 선뜻 말하기 어렵습니다. 내 생각에 아이들은 내가 정치 활동을 하면서 집으로부터 지나치게 멀리 떨어져 있다고 느꼈을 것입니다. 아이들이 성장하면서 내가 정치 활동을 줄이게 된 시점이 있었습니다. 다른 사람들은 그것을 인식하지 않았으리라고 생각하지만, 나는 회의를 줄였습니다. 나는 그들의 인식이 그들의 현실이라는 것을 그때부터 배웠습니다. 이것이 바로 당신이 헤쳐 나아가야 하는 것입니다. 그들의 현실에 대한 당신의 인식이 아니라, 그들의 관점과 그들의 삶에 미치는 영향에 대한 인식 말입니다.

나는 1950년대에 아주 작은 마을에서 교육을 받으며 자랐고, 내가 대학에 간 것은 기술을 배우는 것, 도시 환경에 있는 것, 그리고 정치적 변화의 한가운데에 있기 위함이었습니다. 당시에 굉장한 이데올로기적 논쟁이 벌어졌습니다. 나는 정치적이고 지적인 대화와 논쟁에 굶주려 있었고, 나는 말하자면 그 한가운데로 걸어 들어가 '여기가 바로 천국이구나.'라고 생각했습니다. 그곳에서 나를 위한 집을 찾을 수 있었습니다. 나는 더이상 자그마한 공동체에서 비트 시(詩; beat poetry)[6]를 몰래 읽는 괴짜가 아니었습니다.

---

6 역자 주: 비트 시는 1960년대 히피 문화에서 유행했던 시의 한 형태이다.

나는 활기를 띤 논쟁이 벌어지고 있는 학교에 들어갔고, '이거야말로 내 삶이야!'라고 생각했습니다. 나는 그것을 발견한 것 같았고, 그것은 더 큰 그림에 대한 것이었습니다.

일을 감당할 수 있도록 내게 큰 도움을 주었던 부분, 그리고 당시에 내가 발견해 낸 것은 바로 내가 언제나 집단의 일부분이라는 것이었습니다. 나는 늘 나를 도와주는 아주 좋은 친구들을 두었습니다. 그들은 나를 그저 지지해 준 것이 아니라, 활동가이자 가족의 책임을 져야 하는 한 사람의 현실을, 특히 나 홀로 아이를 키우는 정말 힘든 기간 동안에 나를 도와주려고 노력했습니다. 그들이 이벤트를 조직하려고 할 때에는 아이들이 포함되는 식이었습니다. 나는 함께 일을 잘하고 협력하여 나를 도와주는 커다란 가족 안에서 성장했습니다.

내게 또 다른 도움을 주었던 이들은 내가 하고자 하는 일을 어떻게 해야 하는지 파악하는 것을 훌륭한 굉장한 치료자들이었습니다. 나는 여성운동에 참여하고 있었고, 친구가 아주 많았습니다. 나는 도움을 청하는 것을 매우 어려워했는데, 나의 친구들은 이런 나를 도와주고자 할 내게 먼저 물어볼 정도로 영리했습니다. 내가 속해 있던 정치 조직은 내게 자신감을 주었습니다. 내가 속해 있던 것 중 당시에 극적으로 변화했던 한 가지는 바로 운동이 여성을 바라보는 관점입니다. 정치 및 이론 교육에 관한 공산당 내의 변화와 성장은 결국 여성이 리더십을 가져야 한다는 현실 참여로 이어졌습니다. 만약 당신이 등사기 담당자로 좌천되었는데, 그 집단 안에서 인종주의나 성차별주의에 맞서 싸우는 헌신이 없다면 몹시 지치는 일일 것입니다. 나는 언제나 계급을 분석하고 인종주의와 성차별주의에 맞서 헌신하는 조직의 일부분이었습니다. 내가 이야기할 수 있고, 내가 정말로 연결될 수 있는 사람들이 있다는 것은 아주 큰 도움이 되었고, 지금도 그렇습니다.

가장 기본적인 방어 수단은 거부였고, 나는 한부모가 되는 것이 얼마나 어려운 것인지에 대한 생각을 결코 멈추지 않았습니다. 나의 엄마는 그녀만의 방식으로 진정한 페미니스트였습니다. 나는 이러한 생각과 함께 자라났고, 엄마가 아이들의 옷을 바느질하고 할로윈 복장을 만들고, 자신만의 선물을 만들어 주고, 학교에 가기 전 점심식사를 준비하는 것을 지켜보았습니다. 그것은 엄마의 역할에 대한 나의 기대였습니다. 우리 집은 심사숙고하여 TV를 갖지 않기로 결정했고, 자녀가 잠자리에 들고 나면 엄마는 바느질 같은 일들을 했습니다.

나는 인간의 선함과 사람의 변화 가능성을 정말로 믿었고, 이 믿음은 내가 일을 계속하도록 도왔습니다. 나는 아침에 일어나 햇살을 바라보며 "자, 우리 오늘 뭐 할까?"라고 이야기하는 습관이 있습니다. 이같은 낙관주의를, 다른 세상은 가능하다는 신념을 가진 이들이 내 주변에 언제나 있었습니다. 우리가 만들어 낸 공동체는 일상의 일뿐 아니라 더 큰 신념을 지탱하도록 도와주었습니다.

나의 아이들이 중학교와 고등학교를 다닐 때, 나는 노동조합 운동에 뛰어들었습니다(Local 509 SEIU). 당시에는 아동국(Office for Children)이었던 연방 사무실에서 일하는 동안에는 지역사회 정치활동가로도 일했습니다. 나는 곧 해고될 것이었기 때문에 그 일을 그만두었고, 나는 내가 원하는 것을 어떻게 하면 가장 잘할 수 있을지 생각하게 되었습니다. 공산당에서 탈퇴하여 내 남은 삶을 어떻게 살고자 하는지, 우선순위를 분석하고, '사회주의/공산주의', 민주주의가 무엇인지에 대해 다시 생각하게 되었습니다. 공산당은 나에게 집과 같았기 때문에 나는 "또 다른 정치적 보금자리를 어떻게 찾을까?"라고 자문했습니다. 나는 아동국을 1992년 가을에 퇴직하고, 막내가 고등학교를 졸업하면서 로스쿨 공부를 바로 시작했습니다. 나는 졸업과 동시에 미국 전기·라디오·기계노조연합(UE)의 노동변호사가 되었고, 지금은 이곳의 법률고문으로 있습니다. UE는 전국적으로 독립적인 일반 조합원의 민주적인 단체로서, 미국노동총연맹-산별노조협의회(AFL-CIO)나 승리혁신동맹(CTW)과 제휴하지 않은 노동조합이라고 말할 수 있습니다. 현재 나는 내 일에서 정치를 포함하여 우선순위에 있는 모든 것을 결합할 수 있고, 이 노동조합이 이 나라의 체계적인 변화를 만들어내는 일부분이라고 생각합니다.

하지만 이것은 결코 단순하지 않습니다. 나는 당신이 두 가지를 동시에 할 수 없다고 생각하거나, 자신의 삶과 정치가 상충된다고 느낄 때 당신이 한 가지를 결정해야 한다고 생각하기를 바라지 않습니다. 나는 빚지지 않는 방식으로 교육을 받을 수 있었고, 좋은 일을 하고 있으며, 가족을 부양하기에 충분하다고 느낄 만큼 임금을 받는 전문가이자 비영리활동가로 일할 수 있는 행운을 얻었습니다. 간단히 말해, 나는 불공정한 처우에 대해 맞서는 동시에 체계적인 변화를 위해 노력해야 한다고 생각합니다. 그것이 내가 해왔던 것입니다. 나는 내가 있던 곳의 억압과 싸웠고, 동시에 미국의 경제, 사회, 권력관계의 근본적 변화와 관련된 장기적 비전에 대하여도 싸웠습니다. (대부분 홀로 육아를 담당하며) 항상 전일제 또는 시간제로 일하면서 두 아이를 키워 냈습니다.

만약 당신이 일상의 일을 하면서 당신이 어디로 가고 있는지를 큰 그림에서 규명하지 않는다면 당신은 매우 쉽게 기진맥진할 수 있습니다. 그러나 당신이 탁상공론 혁명가라면 무슨 의미가 있을까요?

서쪽: 균형 찾기

> 우리는 원의 서쪽으로 가서 공기의 에너지로부터 힘과 자기 성찰을 얻는다. 우리의 삶에서 균형을 잡고자 노력하고, 에너지를 이동시키고, 우리가 감사하는 모든 것을 떠올리도록 함으로써 우리는 숨쉬는 공기와 같은 기초적인 필요에 주의를 기울인다. 우리는 호흡을 통해 우리 내면의 자아와 연결됨으로써 얻는 힘에 기뻐한다. 전통 문화에서 공기는 우주적 힘으로 여겨진다. 바람의 변화를 받아들일 때 우리는 모든 것의 덧없음을 알게 되고, 지금 여기에 깨어 있는 것의 아름다움을 이해하게 된다.

직장 밖에서의 우리의 삶에 개입하기

제가 직장을 떠나기 전까지는 주어진 일들이 제게 얼마나 나쁜 영향을 주었는지 몰랐습니다.

— 의료노동자

'세계의 복구'에 헌신한 대부분의 사람에게 일과 삶의 균형을 찾는 것은 절망적인 분투일지도 모른다. 우리는 일이 어려울 때 자신을 단단하게 하고, 일로부터 스스로 떨어지고 싶어 할지도 모른다. 다른 한편으로, 우리를 둘러싼 잔인함에 깊이 매몰되어 자신을 돌보는 것을 완전히 잊어버리기도 한다. 어느 쪽이 되었든지 간에 통합적인 자기 자신이 되었다고 느끼기는 점점 어려워진다. 그러므로 우리는 자신을 위해 가능한 한 인간적인 업무 환경을 구축하는 것이 무엇보다 중요하다.

나는 시애틀의 아동보호시설 노동자 중 몇몇은 동네 공원에 모여 점심시간 동안 태권도 연습을 하고, 몇몇은 호숫가로 차를 몰고 내려가 캐스케이드(Cascade) 산의 경치를 보면서 점심을 먹는다는 것을 알게 되고는 감명을 받았다. 늘 정신없이 바쁜 일터인 긴급 쉼터에서 5분 동안 점심을 먹는다고 설명한 매력적인 가정폭력 변호사도 있었다. 그녀는 책상에 하얀 종이 냅킨을 깐 뒤 검소한 식사를 차릴 것이고, 가능한 한 최선의 방법으로 비교적 평화롭고 조용한 가운데 식사를 할 것이다. 반면, 다른 노동자들은 점심을 먹는 동안에 가정을 방문하거나 운전하는 동안 교통사고를 피하려고 악전고투할 것이다. 어떤 사람들은 업무 시간 내내 화장실에 가지 않을 것이고, 다른 사람들은 아플 때도 일을 한다. 사명감이 투철한 뉴올리언스의 한 간호사는 따돌림을 당하는 동안에도 병원 자원봉사를 계속했다. 이런 종류의 이야기는 드물지 않다.

"와이언도트 씨, 우리의 전체적인 접근 방식에서는 당신의 증상뿐 아니라 당신의 강아지도 치료합니다."

우리가 살펴보았듯이, 하루의 끝에 우리의 진짜 자기를 현관에서 확인하고 다시 연결되기를 바라는 것은 효과가 없다. 그게 무엇이 되었든지 우리는 우리의 일이 가치 있는 노력이 되도록 하는 전체적이거나 통합된 접근 방식을 지금 바로 만들어 낼 수 있다. 당신만의 업무 환경과 몸에 배인 일상을 생각해 보라. 어떤 순간에 내면의 안녕을 다시 살펴볼 수 있게 되는가? 회의와 회의 사이의 3분? 어떤 장소로 향하는 운전 도중? 당신의 고객이 늦었을 때 당신에게 주어진 5분? 이 모든 순간이 당신을 다시 가다듬고 중심을 잡게 하는 기회가 될 수 있다.

몇 년 동안 나는 칼렙이라는 로트와일러 종의 개를 데리고 있는 축복을 누렸다. 이 개는 마침내 나를 동물매개치료의 장으로 이끌었다. 하지만 나는 그런 영역이 존재한다는 것을 알게 되기도 전에 나의 개가 위기나 전환, 고통 중에 있는 개인이나 집단과 연결되는 것을 감명 깊게 지켜보았다. 칼렙은 가정폭력 피해자 집단 참가자 중에서 무조건적인 수용이 절실한 사람을 찾아냈다. 칼렙은 그녀에게 천천히 다가가 그녀의 다리 위에 커다란 머리를 얹었고, 그녀는 그 모임이 진행되는 동안 칼렙을 쓰다듬었다. 칼렙은 한 주 동안 그 누구와도 대화한 적이 없는, 문신과 피어싱을 하고 있고, 수척하고 심란해 보이기까지 하는 노숙자에게 몸을 기대었고, 그는 몸을 굽혀 칼렙을 끌어안고는 했다. 칼렙은 에이즈 집단에서 어떤 어린 아이가 자기를, 그리고 삶을 가장 두려워하는지 느낄 수 있었다. 칼렙은 그 아이에게 다가갈 때까지 느릿느릿 집단의 주위를 배회했다. 바닥에 드러누운 채로 50kg에 달하는 자기 몸을 최대한 작게 만든다. 그러면 마침내 아이가 다가와 자그마한 손으로 칼렙의 귀를 만졌다. 처음에는 한쪽 귀를 쓰다듬고, 그 다음에는 반대편 귀를, 머리 전체를, 남은 시간 동안에는 계속해서 쓰다듬었다.

　나는 칼렙 없이는 누릴 수 없는 방식으로 당시에 내 일을 해낼 수 있었다. 칼렙은 사람들 간에 골이 깊어졌을 때에도 다리를 놓아 주었다. 마찬가지로 칼렙은 나에게도 편안함과 영감의 기반을 제공해 주었다. 나의 소울메이트가 내 옆에 항상 있는데 어떻게 침울해질 수 있겠는가?

　　예나 지금이나 훌쩍 떠나 잠시 간의 휴식을 취하는 것은 아주 좋은 계획이다. 이로 인해 일에 복귀했을 때 당신은 보다 확신을 가지고 판단하게 될 것이지만, 계속해서 일만 하게 되면 판단력을 잃어버리게 될 것이다. 약간의 거리를 두는 것도 아주 좋다. 그렇게 하면 일이 더 작아진 것처럼 보이고, 일을 한눈에 살펴볼 때 다양한 부분의 조화나 구성의 부족함, 사물의 색깔이 보다 눈에 잘 들어오기 때문이다.

　　　　　　　　　　　　— 이탈리아 기술자이자 화가인 레오나르도 다빈치(Leonardo da Vinci)

"나는 일하는 중이 아니라고 했지! 나의 슬리퍼를 찾으러 왔을 뿐이야."

　당신이 보다 효율적인 방식으로 교대근무를 하고, 업무와 경력을 설계할 수 있다는 것을 과소평가하지 마라. 직장에서 순교자가 되는 것은 지난 과거의 일이라고 결심하라. 일을 수락하기 전에 합리적인 스케줄을 협의하고, 필요하다면 현재 계약 사항을 재조정하라. 당신이 합의한 업무 시간과 휴가를 지킬 수 있도록 당신을 도와 줄 동료들을 주변에 두라. 직장에서 긍정적인 힘이 되라. 동료가 휴가를 떠나면 그들에게 돌아보지 말고 즐기고 오라고 이야기해 주고, 당신이 모든 것을 관리할 것임을 일깨워 주라. 흔히 그렇듯 죄의식에 사로잡힌 채로 두지 않도록, "당신에게 좋을 게 분명해. 우리 모두 그렇게 시간을 보낼 수 있길 바라."라고 이야기해 주라. 우리 삶에서 참된 균형을 찾을 수 있다면 우리가 제공하는 모든 것이 전부 혜택이 될 것임을 기억하라. 데일리 타오(Daily Tao) 사에 적혀 있듯, "태양은 하루의 절반 동안 비치고, 나머지 시간에는 달이 지배한다. 명상조차도 그것의 적절한 기간이 있다". 당신이 일에서 벗어나 있다면 마음도 떠나라. 당신이 확인해야만 하는 호출기나 휴대폰 기기를 모두 꺼라. 일에서 벗어나 당신의 삶에서 활기를 회복하는 활동에 진심으로 참여하는 것은 트라우마 관리하기에서 핵심이다. 한 의료 노동자가 "나는 잠과 약속을 했다."라고 말했듯이 말이다.

최근 나의 아이들이 나에게 온 가족이 함께 시간을 보낸 마지막 날을 기억하느냐고 물었다. 그게 하도 오래되어 나는 기억해 낼 수조차 없었다.

— 콩고민주공화국 야생 자연보호 운동가

에너지가 움직이는 것

나는 지난주부터 숨을 쉬지 못했어요.

— 위기가 발생한 지역의 의료센터의 대표

우리는 다른 방법으로도 균형을 추구할 수 있다. 우리는 과도한 스트레스의 수렁에 빠질 수 없다. 우리는 내면의 에너지가 바람처럼 계속 흘러가도록 할 필요가 있다.

중국 한의학에서는 개인의 질병(disease)이 부분적으로는 정체되어 있는 에너지[1]에 기인한다고 본다. 에너지는 당신 삶의 원동력이자 활력이며, 당신이 당신 자신이 되도록 만드는 것이고, 당신의 본질이다. 이것은 당신이 아침에 일어나게 만들고, 누군가 방으로 들어올 때 당신이 느끼는 것이며, 당신이 죽은 사람이나 동물에 대하여 생각할 때 느끼는 감각이다. 이 전통에서 건강의 중요한 부분은 에너지가 흘러가게 하고, 한 가지 느낌이나 문제에 고여 있지 않도록 한다. 고통의 물결 속에서 자각하며 현존할 수 있다는 것은 고통과 관련된 일을 하는 우리에게 매우 유용한 연습이다. 그 고통의 물결을 흡수하거나 축적하는 대신에 우리는 그것을 잔물결과 함께 떠나보내는 것을 배울 수 있다.

피터 레빈은 다른 동물들은 거의 트라우마를 겪지 않는데 인간은 왜 그렇게 자주 트라우마를 경험하는지에 대한 통찰을 얻기 위하여 우리에게 야생 동물에게서 배우라고 초대했다. 그는 수십 년간의 연구를 통하여 인간과 동물이 위협에 대하여 3가지의 기본적인 반응을 가지고 있으며, 이 3가지 반응은 원시적인 파충뇌[2]에 의하여 유도된다는 것을 발견하였다. 이 3가지 반응은 도망가거나, 싸우거나, 정지하는(얼어붙는) 반응이다.[3]

우리가 위협을 지각할 때 상당히 많은 에너지가 응축된다. 우리가 싸우거나 도망칠 수 있으면 에너지는 자연스럽게 방출되고, 야생 동물과 마찬가지로 위협이 생기기 전의 삶으로 돌아갈 수 있다. 만약 우리가 위협에 대하여 싸우거나 도망칠 수 없다면 우리의 신체 기관은 자기 보존을 위한 최후의 노력으로 본능적으로 위축된

---

1 역자 주: 한의학에서 설명하는 에너지는 '기(氣)'를 의미하는 것으로 이해된다.

2 역자 주: 파충뇌는 폴 맥린(Paul MacLean)이 진화학적 관점에서 제시한 삼위일체뇌(Triune Brain) 중에서 가장 원시적인 뇌인 R복합체를 의미한다. 이에 따르면, 인간의 뇌는 진화의 과정에 따라 기본적인 신경계의 틀에서 R복합체(파충뇌), 변연계, 신피질로 안쪽부터 차례로 발달하여 왔다. R은 파충류(Reptile)를 의미하며, 뇌의 이 부분은 가장 먼저 발달한 부분으로서 뇌간과 소뇌를 포함하고 있으며, 기본적인 생존을 위한 행동과 생각을 관장한다.

3 역자 주: 이 3가지 반응의 원어는 모두 f로 시작하는 flight, fight, freezing이다.

다(얼어붙는다). 야생 동물의 경우에는 정지(얼어붙음) 반응을 통하여 위협에서 생존하게 되었을 때, 동물은 즉시 동결을 해제하여 글자 그대로 축적된 에너지를 흔들어서 털어버리고, 풀을 뜯어 먹거나 새끼를 돌본다. 즉, 원래의 삶으로 돌아간다.

그러나 인간은 레빈이 발견한 것처럼 응축된 에너지를 내보내는 것이 쉽지 않다. 우리가 위축된 얼어붙는 반응을 하게 될 때, 엄청난 양의 에너지가 모여서 신경계를 압도하기 시작한다. 만약 우리의 파충뇌의 충동적 반응이 자연스럽게 진행된다면 위협이 지나간 후에 고도로 응축된 에너지를 방출할 것이다. 그러나 우리의 고도로 진화된 신피질(이성적 뇌)이 종종 방해를 한다. 신피질에서 일어나는 두려움과 통제 욕구가 너무나 강해서 에너지를 방출시키는 파충뇌의 충동을 차단한다. 그래서 우리 인간은 다른 동물들이 잘 살고 번성하도록 하는 신경계의 주기로 가는 길목에서 발이 묶인다.[4] 우리에게 방출되지 않고 잔류하는 에너지는 깊게 뿌리내린 트라우마의 원천이 된다. 우리가 4장에서 논의한 트라우마 노출 반응 중 많은 증상이 이렇게 방출되지 않은 에너지를 억제하기 위하여 우리의 유기체가 노력한 흔적이다.

『잠자는 사자를 깨워라』에서 레빈은 다음과 같이 정리했다. "신피질은 위협과 위험에 대한 본능적인 방어 반응, 즉 싸우거나, 도망치거나, 얼어붙는 반응을 기각할 정도로 충분히 강하지 않다. 이러한 관점에서 인간은 여전히 어쩔 수 없이 동물적 속성에 매여 있다. 그러나 동물은 에너지 방출이라는 형태의 정상적 기능으로 자연스럽게 돌아오는 것을 방해하는, 고도로 진화된 신피질을 가지고 있지 않다. 인간의 경우에는 끝이 없는 본능적인 주기가 시작된 결과로서 트라우마가 생긴다."

레빈은 그의 연구를 바탕으로 '신체감각경험(Somatic Experience: SE)'이라고 하는

---

4 역자 주: 동물들은 파충뇌의 반응(flight, fight, freezing) 이후에 응축된 에너지를 방출하여 흐르게 함으로써 일상 생활로 돌아가지만, 인간은 신피질의 통제 욕구로 인하여 파충뇌의 자연스러운 반응을 차단함으로써 에너지를 방출하지 못하고 더 큰 고통을 겪게 된다는 의미로 이해할 수 있다.

트라우마 치료 접근을 개발하였다. 신체감각경험 임상가들은 "트라우마 반응의 핵심은 궁극적으로 생리학적이며, 따라서 치유도 이 수준에서 시작된다."고 믿는다. 레빈의 방법은 트라우마의 결과로서 얼어붙은 에너지를 해방시키기 위한 다양한 기법을 적용한다. 그것이 성공하면 신경계는 원래의 회복력 있는 자기조절 상태로 돌아올 수 있다.

우리의 내적인 에너지를 다루는 방법을 배우는 것이 우리 몸의 자연스러운 치유 능력을 지원하는 첫 번째 단계다. 우리는 우리의 내적인 에너지가 흐르도록 유지하는 방법을 조금씩 탐험할 수 있다. 에너지가 막혔을 때 우리는 그것을 풀어 주는 활동을 찾을 수 있다. 이것이 우리에게 필요한 장기적인 건강의 기초를 형성할 것이다.

> 나는 이 모든 독성이 내 몸 안에 쌓여 가는 것처럼 느껴져. 따라서 내가 서핑, 자전거 타기, 또는 달리기를 하러 가지 않는다면 나는 더이상 정상적인 기능을 하지 못할 거야.
>
> — 캘리포니아 산타클라라의 응급의료센터 주치의인 마크 타나시(Mark Thanassi)

유태인 전통에는 누군가 사망했을 때 시바(shiva)[5]를 지키는 관습이 있다. 대부분의 유태인에게 이 시기 동안에 사별한 사람들을 지원하는 것은 친밀한 접촉과 대화의 형태를 취한다. 그러나 전통적인 공동체에서 시바를 지키는 것에 대한 지침 중 하나는 문상을 온 방문객들이 사별한 상주와 명료한 표현으로 한 번만 이야기를 나누게 된다. 이렇게 하는 이유 중 하나는 목격자가 되는 것의 거대한 힘을 존중하기 때문이다. 이것은 우리의 행동이나 말, 또는 신체적 접촉에 대한 것이 아니라, 고통을 겪는 사람들에게 그들이 혼자가 아니고 앞으로도 결코 혼자가 아닐 것이라고 말해 주는 방식으로 함께 있는 것을 의미한다. 우리 모두는 선천적으로 연결되어 있

---

5 역자 주: 부모 또는 배우자와 사별한 유태인이 장례식 후 지키는 7일간의 복상(服喪) 기간

고, 조문객들은 비록 아무것도 하지 않더라도 사별한 사람들이 경험하는 부담을 나눌 것이기 때문이다.

우리가 신체적, 정서적, 그리고 영적으로 건강할 때에는 고통을 나누는 것이 그것을 모두 흡수하지는 못한다. 고통의 에너지는 계속 흘러야 한다. 우리가 목격한 모든 고통과 투쟁이 축적되고 뿌리내리게 되면 점점 커져서 우리 안에 가지고 있는 빛이 잘 안 보이게 된다. 이렇게 축적된 고통의 뿌리를 뽑는 것은 처음에는 그것이 뿌리를 내리는 것을 예방하는 것보다 훨씬 더 많이 힘들다. 잭 콘필드는 "우리에게 무엇이 맡겨졌는가, 그리고 우리는 그것으로 무엇을 하는가? 그것은 간단하다. 우리가 타인의 고통을 건강하지 않은 방식으로 보유할 때, 우리는 걱정하고, 사로잡히고, 평안하거나 자유롭지 못하게 된다. 모든 것은 변화하고, 그 상태도 변화할 것이라고 보장할 수 있으므로 우리는 이것을 놓아 줄 수 있는 능력, 즉 마음의 자비로움을 발견할 필요가 있다."고 말했다.

우리 대부분에게 이 개념은 어느 정도 급진적인 관점의 재구성을 요구할 수 있다. '놓아 주기'는 수동적이고 축 늘어지는 것처럼 들릴 수 있다. 우리가 움켜쥔 것을 이완한다는 생각은 우리를 두려움으로 가득하게 만든다. 우리는 '행동(action) = 움직임(movement) = 성장(growth) = 생존(survival)'이라는 것을 믿으면서 성장하였고, 따라서 당신이 고요함을 생각하면 '고요함(stillness) = 항복(surrender) = 무기력(powerlessness) = 죽음(death)'의 방정식이 떠오를 수 있다. 그러나 점차적으로 당신이 이러한 연결에 대하여 의문을 제기하고자 한다면 그것들을 바로 포기할 수 있다. 우리가 에너지를 흐르게 한다고 말하는 것은 반드시 고요함 그 자체를 통해서 해야 한다는 것이 아니라, 독성을 제거하고, 씻어 내고, 우리의 짐을 내려 놓기 위하여 마음을 챙기는 훈련된 접근을 통한다는 것이다. 어떤 사람들은 달리기와 같은 빠른 행동을 통해서 이것을 할 수 있지만, 다른 사람들은 '고요함(stillness) = 자각(awareness) = 연결(connection) = 행동(action) = 생명(life)'의 방정식을 향해서 움직인다. 이 사람들은 주의 깊은 호흡, 명상, 걷기, 정원 가꾸기, 찬팅(chanting)[6] 등을 수행한다. 틱낫한 스님은 얼마나 느긋해지는 것이 좋을지 묻는 학생에게 이렇게 말했다. "당신은 승려들이 뛰는 것을 본 적이 없지요. 우리는 천천히 걷습니다. 빨리 움직이게 되면 현존하기가 매우 어렵습니다."

이제 우리는 우리 자신을 최적의 상태로 유지하기 위한 방법으로서 에너지를 흐르게 하는 것에 대하여 이야기하고자 한다. 에너지가 흐르게 하는 한 가지 방법은 의식적으로 호흡을 하는 것이다. 놀랍게도 호흡에 주의를 기울이는 것이 우리 자신의 균형 상태를 유지하는 데 가장 중요한 것이다. 그러나 모든 고대의 전통에서는 가장 핵심적인 요소로서 의식적이고 사려 깊은 호흡을 한다. 아메리카 인디언은 태양 춤과 스웨트 롯지(sweat lodge) 의식을 수세기 동안 해 왔다. 타라후마라(Tarahumara) 인디언은 웰빙을 위한 주요 교리로서 호흡을 수행하였으며, 동부 인디언 전통은 기록된 시기 이후로 요가를 수행해 왔고, 최근에는 집중적인 웃음치료를 수행한다. 전 세계의 명상 전통은 기본적인 지침으로서 자신의 호흡을 사용하여 마음의 알아차림을 선명하게 하고 통찰력을 함양하는 기법을 개발해 왔다. 호흡은 우리가 우리 자신 안에서 언제나 관찰할 수 있는 규칙적이고 생명을 유지시키는 과정이다. 호흡은 나타나고 사라지는 현재 순간의 증거다. 호흡은 우리 자신의 생명을 포함한 모든 것이 보편적 법칙인 일시성의 법칙의 지배를 받는다는 것을 일깨워 준다. 이 관점은 더 깊은 알아차림으로 조화롭게 살기 위한 많은 선택을 깨달음으로써 이번 생(生)에서 우리를 자유롭게 할 수 있다.

참혹한 행위에 대한 일반적인 반응은 의식으로부터 그것을 사라지게 하는 것이다. 사회적 약속을 위반하는 어떤 행동들은 너무나 끔찍해서 말로 표현할 수조차 없다. 참혹한 경험은 그대로 묻히지 않는다. 참혹한 경험은 우리의 기본적인 욕구와 마찬가지로 강력해서 그것을 부인하는 것은 효과가 없다. 민속동화에는 자신들의 이야기가 알려질 때까지 무덤에서 쉬는 것을 거절하는 귀신들에 대

---

6 역자 주: 독송하듯 연이어 반복적으로 같은 소리를 내는 것을 의미하며, 영국 국교회인 성공회에서는 시편 등을 가창하는 것을 의미하기도 한다.

한 이야기로 가득 차 있다.

— 『트라우마와 회복』의 저자이자 하버드 의대 정신과 임상부교수인
유디트 헤르만(Judith Herman)

내가 뉴올리언스에서 허리케인 카트리나가 지나간 후 트라우마 관리 워크숍을 진행할 때, 허리케인 국민자선기금의 일을 할 수 있는 특권이 주어졌다. 시민들 대다수는 고통 어린, 움푹 들어간 눈을 하고 도시를 떠났지만, 나는 자선기금단체에서 얼굴에 빛이 나는 두 여성을 만났다. 공동체 창시자이면서 활동가, 교육자인 킴벌리 리차드(Kimberley Richards)와 카니카 테일러-머피(Kanika Taylor-Murphy)였다. 두 사람 모두 폭풍우가 몰아쳐 제방이 무너질 때 뉴올리언스에 있지 않았다. 두 사람은 첫 번째 응답자로서 트라우마에서 살아남았다. 한 명은 미시시피 피카윤(Picayune)에 있는 벽돌집만 남고 모든 것을 잃었다. 두 사람 모두 그 이후의 수많은 트라우마를 겪으며 살아가면서 허리케인 국민자선기금과 국민생존기구(People's Institute for Survival and Beyond)를 위하여 일하면서 다른 기관들, 가족, 친구들과 함께 뉴올리언스를 재건하기 위한 노력했다.

나는 그들에게 자신을 돌보기 위하여 도움이 되는 어떤 것을 했는지 물어볼 수 있는 기회가 있었다. 리차드는 "그때 저는 한 달 동안 머리가 아팠어요. 그 이후로 저는 매일 아침 한두 시간 동안 걸었어요. 저는 지금은 약 7명 정도의 여성과 함께 마을을 걸으면서 숨을 쉽니다. 나의 마음속에서 그럴 시간이 있으면 다른 사람들을 도와야 한다는 생각이 들기 때문에 이렇게 하는 것이 힘이 듭니다. 마음에서 이렇게 일찍 일어났으면 지원금 신청서를 작성해야 한다는 생각이 들기도 합니다. 그러나 나는 계속 걷습니다."라고 말했다. 테일러-머피는 기공 수련을 하고, 리차드와 동료들과 함께 걷는 등 자신에게 허락된 것을 계속해서 한다고 말했다.

빌리 로손은 워싱턴주 전역에서 트라우마 보고 업무 등 트라우마의 최전방에서 일을 하였다. 그녀는 매일 심호흡을 하는 것에 대하여 상기시키는 단서를 만들었다. 일하는 동안에 전화벨이 울리면 그녀는 전화를 받기 전에 숨을 깊게 들이쉬고

내쉰다. 이것은 자주 수행할 수 있는 연습이 되었다!

에너지가 흐르게 하는 다른 방법으로는 마음을 알아차리면서 운동하기, 글쓰기, 노래하기, 찬팅, 춤추기, 무술, 걷기, 웃기 등의 활동을 하는 것을 포함한다. 이라크 북쪽에서 기독교 평화 만들기 노력의 일환으로 폭격 피해자와 함께 일하는 한 동료 는 "저는 명상, 심호흡, 본성 접촉, 그리고 무엇에도 얽매이지 않는 방법에 대하여 생각하는 등 비우기 연습을 하는 것을 좋아합니다."라고 말했다.

이렇게 해 보세요

1. 편안하게 서거나 앉는다. 손을 머리 위로 들어 올릴 때 숨을 들이쉰다. 팔을 내릴 때 숨을 내쉰다. 이것을 천천히 20회 해 보자.

2. 일을 할 때 한 시간에 5분 마다 밖에 나가서 걷거나 뛰거나 자전거 타기를 해 보자. 5분간 숨을 깊게 들이쉬고 천천히 내쉬는 것에 주의를 기울이자. 당신 주변 에 있는 아름다운 것들이 느껴지면 그것을 또한 들이쉬자.

3. 당신이 정기적으로 전화할 수 있는 동료나 친구와 동료상담자 관계를 시작하고 서로 5분간 상담하기로 약속해 보자. 친구가 먼저 이야기하도록 하고, 고요한 존재감으로서 주의 깊게 귀 기울이자. 다음에는 당신이 이야기를 하는 것이다. 당신의 마음이나 생각 속에 있는 것은 무엇이든지 말하고, 그것을 당신 안에서 밖으로 내보내고, 당신의 동료는 5분간 주의 깊게 경청하는 것을 연습하도록 한 다. 이것을 자주 반복하자.

[🌸 유머는 왜 필요한가: 헤더 앤더슨(Heather Andersen)의 이야기]
(워싱턴 시애틀)

> • 현직: 휴먼소스(HumanSource) 컨설팅사 창시자, 워싱턴주에 대한 2006년
> 결혼 평등 소송의 지명 원고
> • 전직: 유머와 리더십 논문 저자, 시애틀 호스피스의 임상 이사

유머에는 당신의 관점을 바꾸는 데 도움이 되는 능력이 있습니다. 이것은 심리치료와 비슷한 역할을 하는데, 보다 효과가 빠르죠! 유머는 당신 자신과 상황을 보다 큰 그림으로 보도록 하는 작은 문을 열게 합니다. 그리고 때때로 바로 그 작은 문은 당신의 삶을 구원할 수 있습니다.

나는 몇 년 전에 자살에 대한 생각들로 매우 우울했던 때를 기억합니다. 나는 고속도로를 운전하고 있었는데, 모든 것을 그곳에서 끝내야겠다고 결심했습니다. 나는 뒤에서 거대한 트럭이 다가오는 것을 보고는 그 트럭을 향해 차를 돌려서 사고로 죽기로 결심했습니다. 그러고나서 나는 나를 죽게 만들지도 모르는 운전 기사의 얼굴을 잠시 동안 바라보아야겠다고 생각했습니다. 나는 그 기사가 다리골드(Darigold) 낙농회사의 트럭을 운전하고 있다는 것을 알게 되었고, 나는 나 자신에게 말했습니다. "헤더, 너만이 우유 회사 트럭에 치여서 건강한 죽음을 맞이하게 될 거야." 나는 소리 내서 웃기 시작했고, 그 기사 앞에서 방향을 바꾸고는 직장에 무사히 도착해서 나의 심리치료사에게 전화를 했어요. 이것은 성인이 된 후 글자 그대로 유머가 나를 살린 것이었습니다.

유머는 또한 당신을 깨부수어 당신이 치유되게 할 수도 있습니다. 나는 미칠 것 같은 혼란스러운 가족 내에서 성장했는데, 유머는 내가 가족 내에서 영리하게 헤쳐 나갈 수 있는 방법이었습니다. 나는 유머로 나 자신을 보

호할 수 있었습니다. 나는 부모님의 기분이 안 좋거나 엉망진창인 상황을 피하기 위해 어릿광대처럼 유머를 사용할 수 있었습니다. 나는 내가 부모님을 웃게 만든다면 두 분의 감정이 완화된다는 것을 알았습니다.

나는 15세 때 방과 후에 양로원에서 일을 했는데, 그곳에서 유머는 심리적 방어기제가 되었습니다. 나는 그곳에서 많은 일로 박장대소 했습니다. 한 번은 그곳에서 한 할아버지가 돌아가셔서 시체를 닦고 있는데, 그 방 반대편 벽에 TV가 켜져 있었습니다. 그때 TV에서 펩시콜라 광고가 나오고 있었는데, "생기발랄하게! 당신은 펩시 세대이니까!"[7]라는 노래가 들렸던 것이 아직도 기억납니다. 내 앞에 시체를 두고, 건강한 젊은이들이 달려가면서 "생기발랄하게! 당신은 펩시 세대이니까!"라고 노래하는 모습을 보면서 나는 웃음을 터뜨렸습니다. 나는 상황의 병렬구조를 볼 수 있었고, 그것은 나를 보호하는 데 도움이 되었습니다. 그것은 나를 그 순간에서 벗어나서 내가 해야 하는 일과 필요한 만큼 거리를 두고 그 일을 잘할 수 있도록 했습니다.

우리는 집단 내에서 유머를 많이 사용하고는 합니다. 당신을 위협하는 심리적 상황에서 유머는 그 힘을 빼앗고 감소시킬 수 있습니다. 존중하는 태도로 유머를 사용하는 것은 가는 밧줄을 타는 것과 같습니다. 유머는 상대방과 자신의 인간으로서의 존엄성을 지켜주는 것이어야 합니다. 상대방보다는 자신의 약점에 대하여 이야기하는 것입니다. 고객과의 만남에서 '아, 스트레스 받는다. 나는 이 일에 대해 말하는 것을 아침 회의 때까지 기다릴 수 없어.'라는 생각이 드는 순간에 유머는 그 상황을 헤쳐 나갈 수 있게 합니다. 그리고 고객과 다음 단계로 넘어가도록 합니다. 미국 작가이자 라디오 진행자였던 클리프턴 파디만(Clifton Fadiman)이 유머 감각에 대하여 다음과

---

7 역자 주: 원문의 "Come alive, you're in the Pepsi generation!"에서 'come alive'는 '살아나라'는 의미로 해석될 수 있다.

같이 말했던 것과 같습니다. "유머 감각이란 무엇일까요? 농담을 이해하는 능력이 절대 아닙니다. 오히려 자기 자신의 우스꽝스러움을 느끼는 것에서 출발합니다. 유머 감각이 농담을 이해하는 능력이라면, 그 농담은 자신에 대한 것입니다."

나의 오빠가 세상을 떠났을 때에도 비슷한 일이 있었습니다. 장례식 진행 요원이 시신 가방의 지퍼를 닫으려는 순간, 나는 "지퍼를 끝까지 닫지 말아 주세요."라고 말했고, 올케는 죽은 자신의 남편을 장의사에게 소개시켰습니다. 죽은 시신을 장의사에게 소개하는 유머는 나에게 충분한 심리적 거리를 부여했고, 그들은 집 밖으로 오빠의 시신을 옮길 수 있었습니다. 그리고 나는 그 순간에 슬픔에 함몰되지 않고 나의 가족과 함께 마음 깊이 현존할 수 있었습니다.

미국의 심리치료사이자 유머 치료사인 스티븐 술타노프(Steven Sultanoff)는 유머 감각에 대하여 "우리 주변에, 그리고 우리 안에 있는 유머를 받아들이도록 세상을 인식하는 방식"이라고 말했습니다. 나의 유머 감각이 유전적인지 아니면 나중에 내가 개발한 것인지 모릅니다. 선천적인 면과 후천적인 면이 모두 있다고 생각합니다. 어쨌든 나에게는 유머 감각이 있고, 그것은 내 인생에서 가장 큰 자산 중 하나입니다.

나는 결혼 평등 소송을 진행할 때 대법원 법정에 있었는데, 극도로 진지한 상황이었습니다. 내 뒤에 두 남자가 손을 잡고 있었는데, 나는 속으로 생각했습니다. '저 두 사람은 게이일지도 몰라.' 그래서 나는 엿듣기 시작했는데, 그들은 하나님께서 우리를 내리치셔서 지옥 불에 떨어지게 해 달라고 기도하고 있었습니다! 만약 그 두 남자가 손을 잡고 있는 것을 보고 게이라고 생각했던 것을 그들이 알게 된다면 두 사람은 어떤 반응을 할까를 생각하면서 나는 웃음이 터져 나올 뻔했습니다. 이러한 생각은 긴장을 완화시켜 주었고, 나는 나 자신과 자아로부터 벗어나서 어떤 면에서 더 큰 모순을 볼 수 있게 되었습니다.

나는 폴란드 출신의 미국 교육자이자 유머 작가인 레오 로스텐(Leo Rosten)의 말을 인용하는 것을 좋아합니다. "유머는 통찰의 다정한 의사소통이다." 지도자들에 대한 유머 연구에서 나는 그들과 유머를 사용했을 때 '애정 어린 조우(遭遇)[8]의 느낌을 경험한 지도자들이 있었다. 대부분의 사람은 지도자의 위치에 있을 때 일반적으로 유머 기술의 레퍼토리가 다양하지 않습니다. 나의 연구에서 많은 지도자는 냉소적인 말과 같은 부정적인 유머를 사용하였는데, 이는 다른 사람들을 통제하고 경계선을 긋거나 다른 사람을 놀려서 창피하게 만들기 위해 사용되는 경우가 많습니다. 유머에 관하여 가장 중요한 것은 그 의도와 이후의 느낌입니다. 이것은 그 사람의 투영이며, 우리는 사람들이 어떻게 얼마나 자주 유머를 사용하는지를 보고 그 사람의 가치와 심리적인 건강에 대하여 많은 부분을 파악할 수 있습니다. 몇 년 전에 나는 아이를 잃은 부모들을 돌본 많은 간호사로 구성된 애도 집단을 이끌었습니다. 그때 우리는 어떤 식으로든 집단에 유머를 가져올 수 있었고, 그들이 목격해야만 했던 모든 슬픔에도 불구하고 구성원은 아주 많이 웃을 수 있었습니다. 우리 상담실에서 들려오는 웃음소리를 들은 슈퍼바이저 중 한 사람은 "저 웃음소리는 애도 집단 같지 않아요. 이 사람들을 더 만나야 할 필요가 있는지 모르겠네요."라고 말했습니다. 분명히 그 슈퍼바이저는 슬픔과 유머의 강력한 유대를 이해하지 못한 것이었습니다.

유머는 나에게 신체적·심리적 에너지를 줍니다. 내가 보다 개방적이고 생동감이 있을 때 나의 웃음은 변화합니다. 나는 지금 뱃속 깊은 곳에서부터 매우 크게 웃는데, 이렇게 하는 게 좋습니다. 생리학적으로 볼 때, 이러한 웃음은 당신의 장기를 내적으로 마사지해 줍니다. 이것은 나의 일상에서 절대적인 부분입니다. 즉흥성을 사용하는 것도 중요합니다. 즉흥성에서 주

---

8 역자 주: '애정 어린 조우(affectionately encountered)'란 따뜻한 정서가 공감되는 참 만남의 의미다.

된 요소는 당신에게 제공되는 것을 거절하지 않는 것입니다. 즉흥성을 통해 당신은 존재하는 것에 대하여 개방적이 되고 주어진 것을 다룰 수 있습니다. 유머를 잘 사용하는 사람들을 관찰해 보세요. 그들은 보통 다른 사람들과 삶 자체를 매우 긍정적으로 대합니다.

논문에서 나는 '앤더슨(Anderson) 유머 모델'이라는 유머 사용 모델을 제시하였습니다. 일부를 소개하면 유머는 인간으로서 자기 자신에게 적절한 것이어야 하고(자아 적절성), 일을 하는 환경에도 적합해야 합니다(생태 적절성). 당신이 산뜻한 대답을 했는데 그것이 당신의 가치와 맞지 않거나, 적절한 때와 장소가 아니라는 것을 깨닫게 된다면 사과하십시오. 당신이 더욱 깨어 있고, 당신의 유머가 정렬되기 시작하였더라도 여전히 위험을 감수해야 합니다. 동시에 우리는 자신의 유머가 어떤 식으로든 억압적이거나 모욕적인 것이 되지 않도록 노력할 필요가 있습니다. 우리는 유머에 담겨 있는 억압을 중단해야 하는 책임이 있고, 지도자의 위치에 있는 사람들은 단체의 정책이 이를 반영하는지 확인할 책임이 있습니다.

술타노프는 우리의 신체적·심리적 면역 시스템을 강화시키는 유머에 대한 위대한 논문을 발표했습니다. 우리는 생화학적으로 유머의 영향을 받게 되고, 웃을 때 면역 글로불린 항체가 배출됩니다. 또한 유머는 심리적 면역 시스템의 재생산을 돕고, 우리가 느끼고 생각하고 행동하는 방식에 변화를 주도록 도와줍니다. 그의 설명 중에서 내가 좋아하는 것은 유머 작가이자 만화가인 제임스 서버(James Thurber)의 표현입니다. "유머는 온화하고 고요하게 과거를 회상하게 하는 일종의 정서적 혼란이다." 서버와 술타노프가 말하고자 했던 것의 예는 "그 때 정말 웃겼어"라는 말을 하게 되는 순간입니다. 유머가 트라우마 상황의 심각성을 감소시키지는 않지만, 술타노프가 말했듯이 그것은 나중에 "트라우마에 대응하는 부담을 가볍게 하고, 조망을 제공하고, 고객의 회복 과정을 도움으로써 치유 과정을 지원합니다".

마지 브라운(Margie Brown)은 미국의 유명한 교사이자 성격적 유머 예술가인데, 유머를 이렇게 묘사했습니다. "유머는 두 세계가 충돌할 때 생긴다. 예상하지 못한 일이 일어나서 당신을 위아래로 움직이게 하고, 정상 패턴을 벗어나게 되면 웃음을 터뜨리게 된다. 유머는 규칙과 놀라움을 연결하는 시냅스다. 우리가 웃을 때마다 우리는 두 세계를 뛰어넘는 것이다."

감사

지금 이 순간 공기가 참 좋다. 완벽하게 느껴진다.

— 허리케인 카트리나 생존자, 텍사스 오스틴으로 대피 후 뉴올리언스로 돌아와서

우리의 생활 속에서 균형 감각을 의식적으로 만들 수 있는 한 가지 방법은 감사의 마음을 함양하는 것이다. 항상 어떤 것에 대하여 감사하는 것은 트라우마 통제의 중요한 부분이다. 우리는 또한 마음챙김을 통해서 우리의 환경을 재구성할 수 있다. 고통이 끝이 없는 것처럼 보일 때 우리가 감사해야 할 것이 무엇인지 기억해 보자. 잘 떠오르지 않을 때에는 보다 창조적인 방법을 시도해 보자. 예를 들어, 8장에서 논의했던 것처럼 우리 삶에서 대하기 불편한 사람들을 트라우마 통제를 위한 탐험의 과정에서 '선생님'으로서 받아들이는 연습을 하는 것이다. 당신과 가장 도전적인 관계에 있는 사람을 당신에게 가르침을 주는 스승으로 보는 것은 절망적인 시기를 견딜 만하게 도와 준다. 이 연습은 또한 우리 자신을 겸손함과 감사에 연결되게 하는데, 이는 거만함과 분개를 느끼는 것보다 훨씬 낫다.

"나는 이제 당신에게 동의하지 않을 수 없어요. 당신의 잔디밭이 더 푸른 것 같아요."

나는 조직의 스태프 미팅에서 감사의 시간을 갖도록 격려한다. 논의하고 요약하는 과정 후에 함께 일하는 사람들이 잘 진행되고 있는 것에 대하여 진정으로 감사하는 시간을 마련하는 것이다. 내가 일한 많은 직장에서는 서로 감사하고 칭찬하도록 하는 공식적이거나 비공식적인 시스템을 만들어서 구성원의 사기를 높게 유지한다. 이러한 시스템은 사람들이 익명으로 붙일 수 있는 게시판, 이 주의 직원에게 선물을 주는 것, 또는 일상적으로 서로 감사를 표현하는 문화를 만드는 것 등을 포함할 수 있다. 아르헨티나 출신의 마르크스 혁명가 체 게바라(Che Guevara)는 이렇게 말했다. "말하자면 터무니없어 보이는 위기의 순간에 진정한 혁명가는 사랑에 대한 강력한 느낌에 이끌립니다."

우리가 우리 자신이 되도록 도와준 사람들에게 감사를 표하는 것은 먼 길을 갈 수 있도록 한다. 작가이자 에이즈 활동가인 알란 거가누스(Alan Gurganus)는 이렇게 말했다. "어느 날 나는 지하철에서 라인홀드 니부어(Reinhold Niebuhr)가 '성자의 자격(Sainthood)'을 정의해 달라는 질문에 '성자의 배우자다'라고 대답했다는 글을 읽었다." 우리가 일터에서 그것을 붙잡고자 노력할 때 우리의 개인적 관계는 친구들, 배우자, 아이들, 또는 다른 가족 구성원과 함께 있는 것에 대하여 괴로워하기 시작한다. 우리의 친밀한 관계를 감사의 영역에 두는 노력을 하는 것은 중요하다.

일터에서도 감사뿐 아니라 우리 자신을 지탱해 줄 수 있는 것은 거의 없다. 멕시코에서 나는 플라야 샌프란시스코(Playa San Francisco) 지역의 바다거북 보존의 책임을 맡고 있는 사람을 만났다. 내가 그에게 자신이 수행한 일에 대하여 희열을 느끼는지 물었을 때 그는 머리를 흔들면서 이렇게 말했다. "글쎄요, 처음 5년 동안 나는 이 일을 이 공동체의 누군가에게 넘겨 주고 다른 일을 하려고 했어요. 그리고 그 다음 5년 동안에는 이곳에 머무르는 것을 받아들였지만 분개하면서 누군가가 와서 이 일을 맡아 주기를 바랐어요. 그리고 마지막 5년간 나는 여기 있는 것을 받아들이게 되었고, 매일매일 하는 일들에 대하여 진정으로 감사해요."

우리의 토론을 위하여 우리는 우리 모두가 하고 있는 일들을 선택했다고 가정할 수 있다. 그렇다면 우리는 그 기회에 대하여 감사하게 될 것이고, 우리가 일을 할 수 있다는 것을 영예롭게 느낄 것이다. 닥치는 대로 서류 작업을 하거나 적대적인 공무원과 협상하는 동안에 감사를 느끼는 것이 멀게 느껴지는 경우에 한 가지 접근은 당신 자신에게 "감사하는 것 외에 다른 무엇을 할 수 있는가?" 라고 묻는 것이다.

불교의 스승들은 생활 속의 가장 자질구레한 일들 속에서도 감사할 수 있는 기회가 매우 많다는 것을 일깨워 준다. 예를 들어, 틱 낫 한 스님은 설거지를 통한 배움을 알려준다. 그는 그릇을 문질러 닦으면서 물이 있음에 감사하고, 음식을 먹을 수 있다는 것과 먹은 음식에 대하여 고마운 마음을 스스로에게 일깨운다. 그는 심지어 "아기 부처님을 목욕시키는 것처럼 그릇을 씻어 보세요. 그렇게 하면 어떨까요?"라고 말한다.

우리가 이러한 관점으로 삶을 바라보도록 자라지 않았다면, 우리의 생각을 바꾸는 데 상당한 에너지가 필요할 수 있다. 하지만 우리가 하고 있는 일에 대하여 명예롭게 여기지 않으면, 결국 우리는 무언가 손해 보는 느낌으로 목적지에 도달하거나, 우리가 받을 자격이 있는 것을 얻지 못하거나, 혹은 우리의 일로 인해 고통을 겪게 될 수밖에 없다. 그리고 이것은 우리가 원하는 삶이 아니다.

물론 우리의 경험과 관련된 개인적이고 제도적인 문제들을 다루는 것은 중요하다. 많은 근로자는 적절한 급여, 다양한 혜택, 그리고 건강한 근무 환경을 포함하여 그들이 받지 못하는 수많은 것들을 받을 자격이 있다. 전 세계적으로 보이지 않는 곳에서 저평가된 일을 수행하는 자원과 자금이 부족한 프로그램들이 많이 있다. 사회운동 단체나 비영리 조직은 일을 더 떠맡는 것을 마다하지 않는 경우가 많으며, 결국 개인 노동자와 단체 구성원에게 엄청난 부담이 전가된다. 바로 여기에서 "현재에 깨어 있으라."는 불교의 가르침이 빛을 발한다. 우리는 때로는 하루에도 여러 번, 만약 우리가 지금과 같은 상황에서 계속 일할 수 있다면, 동시에 우리의 상황을 바꿀 수 있는 더 큰 체계적, 사회적 변화를 위해 일하는 것을 선택할 것인지 여부를 결정해야 한다. 우리는 우리의 진실성과 가치 그리고 윤리를 실천하는 것을 필요한 모든 조건이 이루어진 뒤로 미룰 수 없다. 그런 날은 결코 오지 않을 수도 있는 것이다.

세상이나 직장의 부정과 불공평함이 순식간에 사라질 것이라고 믿을 만큼 우리가 순진하지는 않지만, 우리는 '지금 하고 있는 일에 빛을 비추면서 구체적인 업무를 수행할 수 있을까?'라고 자문해 보아야 한다. 아니면, 이런 상황에서 이 둘(자신의 일에 빛을 비추는 것과 구체적 업무 수행)은 상호 배타적인 것인가? 우리 중 많은 사람이 감사 대신에 끊임없이 지속되는 회피의 느낌을 경험하는 것은 균형 상태가 깨졌다는 의미일 수 있다.

이렇게 해 보세요

1. 일을 시작할 때와 마칠 때, 시간을 따로 떼어 감사한 것을 생각하는 시간을 갖자.

2. 매일매일 당신이 고마운 사람을 생각하고 말로 표현하자. 가까운 사람들부터 시작할 수 있으며, 점차 당신의 인생의 '스승' 모두에게 감사를 전달할 수 있다.

3. 직장에서 당신 자신과 동료들이 서로에게 감사를 표할 수 있는 기회를 마련해 보자. 직원회의 도중에 고마움을 표현하는 시간을 가져도 되고, 감사 메모를 익명으로 붙일 수 있는 게시판을 만들 수도 있다. 솔선해서 다른 사람에게 고마움을 전하자.

다섯 번째 방향:
마음의 중심 잡기를 위한 매일의 연습

　13세의 청소년들에게는 자살하기 위한 많은 방법이 있다. 나는 그렇게 생각했다. 나는 그렇게 창의적인 사람이 아니었지만, 시간이 지남에 따라 획기적인 사고 능력이 부족한 것을 보완하게 되었다. 나는 나의 삶을 어떻게 마칠 것인가에 대하여 오랫동안 생각해 왔다. 나의 어머니가 돌아가시던 해에 내가 잠들 수 있는 유일한 방법은 이러한 생각을 하는 것이었다. 매일 밤마다 **나는 '엄마는 돌아가실 수 없어. 돌아가시지 않을 거야. 엄마가 돌아가실 리가 없어. 제발 살아 있어 주세요. 제발, 제발, 살아 있어 주세요.'**라는 생각과 **'엄마가 돌아가시면 나도 살 수가 없어…. 어떻게 자살을 할까?'**라는 생각을 반복했다. 이것이 내가 매일 밤 잠드는 방법이었다. 나에게는 이러한 재앙을 막기 위한 2가지 가능성이 있는 것으로 보였다. 암 치료제를 발견하거나, 하나님이 나타나서 치료해 주시는 것이다. 나는 암을 치료할 수 있는 방법을 찾는 대신에 하나님이 나타나 주시기를 바랐다. 다른 사람들이 암으로 죽는 것을 알고 있었지만, 나의 어머니만은 그렇지 않을 것이라고 생각했다. 어머니는 나에게 세상의 전부였다. 세상이 하루아침에 사라질 수는 없는 것이 아닌가?

　어머니가 암 진단을 받은지 3년, 그리고 어머니가 사망할 것이라고 했던 시기로부터 2년 9개월이 지나서 어머니가 돌아가셨다. 내가 생각했던 대로 나의 세상도 끝이 났다. 나는 자살을 하지는 않았지만, 절망적인 일과 믿을 수 없는 삶의 변화가 일어났다. 나에게 있던 신뢰와 믿음이 모두 사라졌다. 왜냐하면 나는 어머니의 상태가 아무리 나빠져도 최악의 일은 일어나지 않을 것이라는 믿음에 매달려 있었기 때문이다. 나는 그렇게 믿고, 나의 믿음을 강하게 유지했었다.

어머니가 돌아가셨을 때 나의 모든 신뢰와 믿음은 사라졌고, 나는 머리로만 살기 시작했다. 나의 가슴은 사람이 살 수 없는 곳이 되었기 때문에 나는 나의 이성적인 마음에서 피난처를 찾았다. 나는 끊임없이 경계했다. 나를 둘러싼 모든 것을 통제하는 데 에너지를 집중했다. 나는 매일 살아 있기 위해 노력하면서 나의 새로운 현실을 가까스로 꾸려 나갔다. 나는 완전히 중심을 잃고 있었다. 이와 관련된 경험을 한 사람은 알겠지만, 이는 외부 건축물을 시간에 대한 방탄 기능이 있는 내면의 구조로 대체시키는 것이었다. 오직 시간에 대해서만 방어 능력이 있었다.

19년 후 나는 나의 믿음과 신뢰가 완전히 사라진 것이 아니라 깊고 깊은 땅속에 묻힌 것이라는 것을 깨달을 기회가 있었다. 또다시 나는 반복해서 '**살아 있어 주세요. 제발, 제발, 살아 있어 주세요.**'라고 말하는 나 자신을 발견하게 되었다. 이번에는 태어나는 도중에 3개 팀의 의사들로부터 수술을 받고 있는 첫째 아이에 대하여 간구하는 것이었다. 36시간 동안 진통이 계속되었다. 그때까지 친구들이 출산하는 것을 지켜보는 특권을 가졌기 때문에 나는 진통과 분만 과정에서 무슨 일이든지 일어날 수 있다는 것을 '이성적으로는' 알고 있었다. 그러나 어머니가 돌아가신 후 강력해진 나의 존재의 의지 앞에서 그것은 별로 중요하지 않았다. 나는 **무슨 일이 있어도** 아이를 낳을 수 있다고 매달렸다. 아이를 낳을 수 있다는 것은 아마도 여성들에게 가장 오래된 믿음이지만, 나에게 그것은 전적으로 무의식적인 것이었고, 마음속 깊은 곳에 숨겨져 있었다. 병원 의료진은 훌륭했지만, 내가 실제로 그들의 도움을 받을 일은 전혀 없을 것이라고 생각했다.

그날 밤 극단적으로 밝은 불빛 아래에 큰 대(大)자로 누워 나의 가슴 아래쪽에서부터 무감각해지는 것을 느꼈고, 의사들은 아기를 나오게 하려고 애를 쓰면서 "이제 아기가 나오려고 해요."라고 말하는 소리를 들으며 나는 큰 깨달음을 얻었다. 오직 믿음과 신뢰를 통해 살 수 있다는 것이었다. 믿음과 신뢰! 나는 믿음과 신뢰를 어디에서 찾으려고 했던가? 지난 19년간 나는 나 자신의 밖에서 무엇인가를 추구하면서 모든 평안을 찾으려고 했다. 무엇인가를 통제하려고 애쓰면서! 통제와 믿음은 공존하기 어려우며, 그 상황에서 통제는 작동되지 않는다. 나는 움직일 수 없었다. 심지어 나의 눈물도 다른 누군가—성스러운 마취과 의사에 의해 닦여졌다. 나는 이 사람들을 세밀하게 챙길 수 없었다. 나는 그들의 재능에 대하여 아는 것이 없었다. 나는 명료하게 생각할 수 없었다. 그런 상황에서 무슨 생각을 하겠는가? 이런 상황에서 내가 기여할 수 있는 단 한 가지 일은 내 심장 박동을 유지하는 것이었다. 나는 마음 깊은 곳으로 들어갔다.

　나는 호흡에 주의를 기울이면서 점점 더 깊은 상태로 들어가서 거의 20년간 가두어져 있었던 그 무엇, 내가 믿음과 신뢰를 느낄 수 있는 더 큰 무엇인가가 있다는 느낌이 드는 미지의 장소에 도달했다. 영원히 지속될 것 같은 그 순간에 마음의 중심을 잡는다는 것이 어떤 것인지 기억이 났다. 나는 겸허해졌고, 만일 나와 아기의 생명을 구할 수 있다면 그것은 내가 알지 못하는 다른 사람들의 도움을 받아서였다. 나는 감사함을 느꼈고, 그들의 목소리는 모든 것이 잘되고 있는 것처럼 들렸다. 나는 계속 호흡했다. 나는 매우 오랫동안 겸손과 감사, 믿음 안에 거하지 못했다. 나는 머릿속에서 살아왔고, 나의 가슴은 잠들어 있었다.

　나의 어머니의 죽음과 아이의 탄생을 계속 경험한 것은 아니었지만, 그 유산은 계속되었다. 엄마가 되던 순간에 나는 휘청거렸고, 어느 수준까지 다시 일어서지 못했다. 나는 여전히 세세한 것들을 챙기고, 통제하며, 두려움 속에서 살 수 있다. 그러나 나는 어머니가 돌아가실 때 잃어버렸다고 생각했던 중심을 다시 잡을 수 있었다. 나에게 중심을 잡는다는 것은 겸손, 감사, 그리고 믿음의 장소를 하루에 수도 없이 기억하는 것을 의미했다. 이는 내가 마음챙김 경험을 통해 배운 것이며, 내가 가장 도전을 받을 때 돌아갈 곳이다.

　그리고 이것은 우리를 마침내 다섯 번째 방향으로 이끌었다. 4가지 방향은 궁극적으로 다섯 번째 방향으로 향하는 것이다. 이 방향은 우리를 내면의 가장 깊은 곳—우리가 중심을 잡고, 기품 있게 뒤로 후퇴하여 가장 좋은 모습으로 외부 세상에 관여할 수 있도록 우리를 새롭게 해 주는 곳—으로 이끈다. 우리가 자신의 마음의 집으로 들어갔다가 나오는 빈도는 사람마다 다를 것이다. 나의 바람은 4가지 방향이 당신을 더욱 더, 더욱 더, 더욱 더 다섯 번째 방향, 즉 가장 깨어 있는 자기 자신으로 다가가도록 돕는 것이다. 우리 중 많은 사람은 자신에게 주어진 기능을 수행하고 그럭저럭 살아가는 외적 구조물(external architecture)[1]을 개발하면서 지성에 의존하여 머릿속에서 살아가는 데 익숙하다. 하지만 우리가 지속 가능한 방식으로 자신을 돌보기 원한다면, 다른 사람은 고사하고 우리 자신이 성장하기를 원한다면 우리 자신에게 더 큰 것이 요구된다. 매 순간 우리는 내면의 중심, 즉 깨어 있는 마음으로부터 무엇이 우리를 살게 하는가에 대하여 알아차려야 한다.

역사에 걸쳐서 현인들은 우리가 우리의 진실을 발견하는 방법을 이미 가지고 있다고 말해 왔다. 우리 모두는 매일 자신의 중심에 들어가는 습관을 개발할 수 있다. 이러한 습관은 결국 우리가 현명함과 자원의 풍성함, 그리고 신성함을 느끼는 우리 자신에게 다시 연결되도록 할 수 있다. 이러한 습관은 2분이나 2시간이 걸릴 수도 있는데, 우리 자신이 전념할 수 있는 시간이기를 바란다. 당신의 습관은 시간에 따라 변할 것이다. 중요한 것은 당신이 매일, 또는 하루에 여러 번 자신의 마음의 집에 돌아오는 당신 자신과의 연합을 우선순위에 두는 것이다.

우리 모두가 알고 있는 것처럼, 이것은 행하는 것보다 말하는 것이 더 쉽다. 심지어 우리가 노래하기나 자전거 타기처럼 즐거움을 느낄 수 있는 어떤 습관을 개발할 때에도 지속적으로 헌신해야 하는 때에는 저항을 느낄 수 있다. 퍼스트 네이션(First Nations) 건강센터의 한 의사는 매일의 습관을 기르는 우리의 시도에 대하여 우리가 다음과 같이 말할 것이라고 했다. "나는 지난 몇 년 동안 요가를 했지만, 그리 오래 하지는 않았어요. 나는 요가를 해야겠다고 생각만 했거든요." 한 공동체의 활

---

1 역자 주: 우리가 일상생활을 하면서 자신의 내면을 돌보지 않고 역할과 기능 중심으로 자신의 모습을 만들어 가는 것에 대한 비유로 이해할 수 있다.

동가인 나의 친구는 한 달 동안 왜 스포츠센터에 가지 않았냐는 질문에 이렇게 말했다. "나는 달린다는 **생각**을 하는 게 좋아."

"우리는 사람들이 스스로 구출하도록 격려하고 있어요."

내가 보기에 습관은 건강을 위한 선택일 뿐 아니라 우리의 지속 가능한 삶을 창조하는 최고의 희망이다. 우리가 이것을 상기하면 할수록 우리에게 필요한 훈련을 발견할 가능성이 높아진다. 물론 우리의 헌신이 불안정해질 때가 올 것이다. 우리의 습관이 깊어질수록, 우리가 비틀거릴 때 다시 균형을 잡는 기술이 향상될 것이다.

나는 당신이 습관을 개발하는 첫 단계로서 2가지 방법을 제안하고 싶다. 첫째는 자신의 하루를 위해 의도를 창출하는 것이고, 둘째는 마음챙김의 순간을 개발하기 시작하는 것이다. 이 2가지 방법은 어떤 노력이나 비용이 들지 않고 순식간에 이루어질 수 있다. 이를 피하기 위한 변명을 만들어 내는 것보다 이것을 실행하는 것이 더 쉬운 일이다.

우리는 멈추어서 우리 삶의 어떤 부분에 대해 의도를 창출할 수 있다. 디팩 초프라[2]는 어렸을 때 매일 명상을 위해 새벽에 규칙적으로 모이는 수련생들을 보았다.

___

2 역자 주: 인도 뉴델리 태생의 하버드 대학교 의학박사이자 전 세계 35개국에서 2천만 부 이상

『비밀의 책(The Book of Secrets)』에서 그는 해가 뜰 때 태양에게 인사함으로써 하루에 영향을 준다고 믿었던 명상가들에 대하여 썼다. 그들은 매일 아침 그 날을 맞이하는 의도를 표현하였다. 우리가 의도를 창출하는 것도 우리 앞에 놓인 몇 걸음에 햇빛이 비추도록 하는 것과 같다.

우리는 다음과 같이 말할 수 있다. 나는 오늘 기쁨을 발견하는 한 가지를 알아차릴 것이다. 나는 운동센터에 갈 것이다. 나는 험담을 자제할 것이다. 나는 오늘 조금만 더 천천히 움직일 것이다. 나는 어제보다 오늘 담배를 덜 피울 것이다. 하루의 의도는 기분이나 행동에 초점을 맞출 수도 있다. 우리의 목표는 작을 수도 있지만, 우리의 영성은 클 것이다. 우리는 결국 어디에 도달할지 모른다. 그리고 우리가 어떻게 그곳에 도착하게 될지 확실히 알 수 없다. 그러나 우리가 그 다음의 시간, 만남, 상호작용, 하루에서 무엇을 원하는지에 대한 신중한 의도를 창조함으로써 우리 자신의 중심을 잡는 강력한 과정에 참여하고 있는 것이다.

작은 의도로 시작하면서 우리는 우리 삶의 현실을 인식한다—우리가 얼마나 압도되어 있는지, 그리고 현재 순간에 머무는 것이 얼마나 어려운지. 수년 간의 훈련 후에도 우리는 여전히 우리가 있기를 원하는 곳으로부터 우리 자신을 멀어지게 할 수 있다. 예를 들어, 나는 삶 전반에 걸쳐서 참을성이 없었다. 당신은 아마도 내가 참을성이 없는 것이 나의 삶과 일에 대한 열정을 불러일으키고, 때로는 나의 능력을 유지시키는 연료가 되어 왔다고 말할 수 있다. 그러나 여기에는 대가가 있었다—나의 내면뿐 아니라 나의 삶의 모든 종류의 관계에서. 나는 몇 년 전에 나의 무의식적인 믿음에 대하여 깨닫는 순간에 나의 참을성 없음의 심각성을 처음 알게 되었다. 나는 어머니가 돌아가실 때의 나이인 44세를 넘어서 내가 살아간다는 것을 상상해 본 적이 없었다. 생각들이 연결되어 내가 오랫동안 살 것이라고 기대하지 않았고, 그래서 나는 인생 전체를 억지로 밀어 넣으려고 애썼다는 것을 깨달았

이 팔린 초대형 베스트셀러 작가다. 고대 인도의 전통 치유과학인 아유르베다와 현대 의학을 접목하여 '심신의학(mind-body medicine)'이라는 독특한 분야를 창안한 그는 미국과 유럽 사회에 심신의학 열풍을 불러일으켰다(출처: 네이버 지식백과).

다. 나는 밤낮으로 돌진했고, 그 결과 나는 현재 순간에서 완전히 벗어나게 되었다.

최근 몇 년 간 나는 새로운 스승을 만나게 되었는데, 그들은 나의 이러한 성격적 측면을 알게 해 주었다. 그들은 나의 아이들이었다. 아이들이 성장함에 따라 더이상 그들이 어렸을 때 가능했던 방법들이 통하지 않았고, 나는 여러 가지 일에 대하여 소리를 지르는 일이 기하급수적으로 늘어나는 것을 발견하게 되었다. 나는 어떤 일이 충분히 빠르게 이루어지지 않거나, 내가 생각한 방식으로 진행되지 않을 때 소리를 지르고는 했다. 지금 이 순간으로 돌아와서 문제를 창의적으로 해결하는 대신에 좌절감이 더 커지도록 내버려 두었다.

어느 날 아침, 나는 누가 무엇을 아는가 하는 생각이 시들해지게 되었다. 딸들은 커 가면서 다양한 영적 의식에 젖어 들고 있었는데, 나는 그 날 나의 4살 된 둘째 딸에게서 특히 한 가지가 영향을 주고 있다는 것을 알게 되었다. 나는 명상훈련에 여러 번 그 아이를 데리고 갔는데, 그곳에서는 매우 자주 아름다운 종소리가 울렸고, 그러면 모든 사람이 몇 분간 일을 멈추고는 했다. 이 종소리는 모든 사람이 현재로 돌아올 수 있도록 하기 위해 울리는 것이었다. 나의 딸은 수천 명의 사람이 하던 말이나 움직임, 걸음을 멈추는 것을 보았다. 우리는 이에 관하여 길게 이야기 나눈 적이 없었지만, 이 경험은 딸의 마음 깊이 새겨진 것이 분명했다.

그 날 나의 비난이 최고조에 이르렀을 때 둘째 딸이 입으로 "땡~~~!" 소리를 내는 것을 들었다. 딸은 두 발을 모으고, 두 손을 포개서 위로 올리고, 마치 부처님 상처럼 눈을 부드럽게 감고, 입술에 미소를 머금은 채 서 있었다. 나는 소리 지르는 것을 멈추고 숨을 들이쉬고 내쉬기 시작했다. 나의 어깨는 내려가고 심장박동 수도 느려졌다. 7살 된 첫째 딸도 호흡이 이완되었다. 몇 분이 지나서 우리는 둘째 딸이 최종적인 "땡~~~!" 소리를 내는 것을 들었다. 우리 모두는 눈을 떴다. 나는 현재 순간으로 돌아와서 가야 할 새로운 방향을 발견하였다.

이것은 우리를 두 번째 방법으로 이끌어 준다. 우리를 지금 이 순간으로 돌아오도록 하는 종소리를 듣는 시간을 갖는 것은 트라우마 관리하기를 연습하는 우리의 능력에 매우 큰 영향을 미친다. 나의 딸은 나에게 살아 있는 '마음챙김의 종소리

(mindfulness bell)'로서의 역할을 해 주었지만, 우리는 우리 스스로를 위하여 마음챙김의 종을 울릴 수 있다. 당신의 손목시계에 매 시간 알람을 맞춤으로써 당신이 하던 일을 멈추고 잠시 동안 정지하도록 일깨울 수도 있고, 말을 시작할 때마다 단어를 주의 깊게 선택할 수 있도록 상기시키는 마음의 종소리를 듣기로 다짐할 수도 있다. 그리고 하루를 세 부분으로 나누어 시작, 중간, 그리고 마지막에 몇 분간 '종을 치는 시간(bell time)'을 정할 수도 있다.

세상은 이러한 종소리로 재창조될 수 있다.

우리는 세상의 많은 해악이 우리가 현재에 존재하지 못한 결과라는 것을 알고 있다. 현존하지 않는다면 우리는 말과 행동을 숙고적이고 의도적으로 하도록 하는 이성적인 마음과 우리의 감각이 통합된 상태에 이를 수 없다. 내면이 통합되지 않는 것은 해악을 생성하는 의사결정, 정책, 활동을 위한 길을 닦는 것이다.

연습을 할 수 있는 기회는 거의 무한하다. 마음을 다해 명상이나 요리, 기도하기, 색소폰 연주하기, 역기 들기, 또는 반려견 산책시키기를 하는 매일의 연습은 트라우마 청지기로서의 우리의 일의 기반을 다지는 것이 될 수 있다. 우리의 조직, 공동체, 활동과 우리 자신을 개선하도록 돕는 우리의 역량은 내면의 의도적인 장소에서 각 단계를 시작할 때 근본적으로 바뀔 수 있다. 나는 이것이 우리의 책임이라고 생각한다. 우리가 지원하고자 하는 사람들, 우리가 돕고자 하는 생명체들, 그리고 우리가 지키기 원하는 지구에 대한 높은 관련성을 기억하면 매일 이루어지는 어떤 종류의 연습에 참여하는 것이 우리가 할 수 있는 최소한의 것일 수 있다. 이것이 우리가 하는 일에 최선을 다하는 것이 될 것이다.

미국의 가톨릭 평화활동가인 제임스 포레스트(James Forest)는 이렇게 말했다. "미국의 평화활동가들이 베트남의 평화활동가들에게서 배우는 것은 평화운동이 명상적인 차원에 접어들었을 때 비로소 현실을 인식하고 일어나는 일들을 이해하고 변화시키는 우리의 능력이 제 기능을 발휘할 수 있다는 것이다. 종교적 배경과 언어가 어떻든지 간에 우리는 호흡 자체만큼 우리의 삶과 일에 필수적인 중요한 어떤 것을 간과하게 될 것이다."

• 현직: 하버드 대학교 교육대학원과 하버드 케네디 스쿨 강사
• 전직: 매사추세츠주 사회복지부서의 위원, 뉴욕시 교육부 운영 부국장, 매사추세츠주 파산 관재인, 보스턴 주택 당국의 법원 파산 관재인

2001년 12월, 내가 아동복지 업무를 시작했을 때 나는 처음으로 트라우마 노출을 이해하기 시작했습니다. 내가 위원직을 맡게 되었을 때, 나는 이 분야에 대한 경험이 거의 없는 상태였고, 아동복지에 대한 대부분의 지식은 타블로이드 신문에서 읽은 것이 전부였습니다. 나는 내가 감당하기 어려운 결정을 내려야 하는 엄청나게 복잡한 세계로 들어가고 있다는 것을 깨달았습니다. 나는 나와 사례 관리 담당자들이 정기적으로 요청받았던 결정의 질적 수준을 인식할 수 있었습니다. 나는 그때까지 합리적인 해결 방법을 이끌어 내는 방식으로 문제의 구조를 파악하는 관리자라는 것에 대하여 자부심을 느꼈습니다. 그러나 이곳에서는 내가 내린 결정에 대하여 가능한 집행 규정을 제시할 수 없었습니다. 나는 이러한 결정들을 감당할 수 없는 것에 대하여 망연자실했습니다. 이것이 바로 솔로몬의 지혜에 대한 이야기가 아동복지와 관련된 이유입니다. 아동복지 문제는 솔로몬의 지혜를 요구합니다.

나는 이 결정들의 중요성을 매우 잘 알고 있고, 그래서 아동복지의 병렬적 과정에 대한 강의를 하기 시작했습니다. 당신이 아동복지사로 일하면서 불운하게도 안 좋은 일이 생겨 사례가 악화되면 당신의 잘못이 있든 없든 당신은 해고될 수 있습니다. 그래서 아동복지사들이 직장에서 가장 많이 겪는 문제가 관리 당국에 대한 배신감입니다. 우리는 자신의 인생에서 어른들을 믿을 수 없었고, 관리 당국으로부터 배신을 당했던 아이들을 대상으로

일을 하고 있습니다. 아동복지 분야에서 두 번째로 중요한 병렬적 과정은 압도당할 것 같은 경험을 하는 것입니다. 우리는 아이들이 안전할 수 있도록 노력하지만, 문제는 너무나 크고 자원은 너무 적어서 우리는 압도됩니다. 그래서 원하는 방식으로 아이들을 돌볼 수 없게 됩니다. 우리는 너무 많은 일이 일어나서 어쩔 줄 모르는 가족을 대하면서 일을 하게 되고, 그들의 양육에 대하여 정확히 똑같은 말을 하게 됩니다.

나는 이러한 병행적 과정, 즉 우리의 업무 문화가 우리가 지원하는 가족들의 문화를 어떻게 반영하는지, 그리고 우리가 어떤 동일한 습관과 사고방식을 가지고 있는지에 대하여 생각하기 시작했습니다. 나는 트라우마와 압도당하는 느낌, 그리고 배신감으로 인한 압박감에 대하여 생각하기 시작했습니다.

나는 트라우마를 겪으면서 동시에 트라우마를 유발하는 것이 어떤 것인지에 대하여 생각했습니다. 왜냐하면 한 가정에서 아이를 데려오는 것은 그 아이에게 트라우마를 겪게 하는 것이기 때문입니다. 비록 그 아이가 가족 내에서 경험했던 트라우마보다 가족을 떠나면서 겪는 트라우마가 더 약하기를 바라지만, 그래도 여전히 그 과정은 아이에게 트라우마가 됩니다. 그래서 우리 아동복지사들은 트라우마의 주체(가해자)이기도 하면서 동시에 트라우마의 대상(피해자)입니다. 나는 '우리가 왜 이 불쌍한 사람들에게 이렇게 해야 하지?'라고 생각했습니다.

나는 강연할 때 내가 만약 외부에서 온 이방인이라면 어떨 것 같은지에 대하여 이야기하고는 했습니다. "당신은 아이들을 어떻게 보호합니까?"라고 질문했을 때 누군가 이렇게 대답했습니다. "24세 정도 되는 대졸 사원을 고용해서 한 달 간 훈련을 시킨 다음 우리 사회에서 가장 복잡한 문제를 가지고 있는 가족들을 관찰하도록 합니다. 그들은 가족의 미래를 예측하는 것에 대한 의무를 떠안게 되어 그 예측이 틀리면 그들은 손에 피를 묻히게 되고 공공연하게 십자가에 매달리게 됩니다."³ 만약 내가 그들이 이런 방법으로 아이들을 보호한다고 설명하는 것을 들었다면 나는 제정신이 아니라고 말했을 것입니다.

아동학대는 인간으로서 우리에게 일어나는 가장 충격적인 사건입니다. 소름 끼치는 문화에 대하여 공포를 느껴야 마땅하지만, 우리는 비합리적으로 비난할 대상을 강박적으로 찾게 되며, 그 결과 아동복지 시스템은 항상 가장 가까운 비난의 대상이 되고 있습니다.

우리는 위험 관리에 대하여 잘 알고 있음에도 불구하고, 실패를 용납하지 않습니다. 우리는 시간이 충분히 있었다면 그들이 이해했을 것이라고 생각하지만, 그들은 이해하지 못합니다. 아동학대 문제는 너무나 중요하고, 너무나 심각해서 기자들도 이성을 잃게 됩니다. 이러한 현상이 문화적으로 공유되어 아동학대 사건이 발생하면 대중은 제정신이 아닌 상태가 됩니다.

아동복지 시스템은 근본적으로 정신적 외상을 초래하는 기관이며, 이 조직은 트라우마가 너무 극심하기 때문에 배우지 못합니다. 우리는 트라우마 상태에 있을 때 배우지 못합니다. 그것은 마치 우리가 끊임없이 방어적으로 주저앉아 있는 것과 같습니다. 나는 나 자신에게 '왜 이 시스템은 이런 거지?'라고 물었습니다. 이 업무의 대상이 정치적으로 약하기 때문입니다. 아이들이 '나쁜 부모'를 생각한다면 그에 대한 대안을 요청해야겠지만 그것이 불가능하고, 따라서 더 좋은 시스템을 요구할 수 없는 것입니다.

우리는 트라우마 노출로 인해서 극심한 고통을 겪습니다. 트라우마를 겪고 있는 가족과 트라우마를 경험하는 아이들에게 개입하는 것은 그들 자신이 트라우마의 가해자이면서 동시에 피해자가 되는 것입니다. 그들은 트라우마에 잠겨 있습니다. 인간으로서의 그들에게 매우, 매우 엄청난 충격을

---

3 역자 주: '공공연하게 십자가에 매달리게 된다(They'll be publicly crucified).'는 말은 공개적으로 비난을 받거나 여론의 질타를 받는다는 의미로 이해할 수 있다.

가하는 일이 생기지 않는 한 어쩔 수 없습니다.

나 자신에게 한 첫 번째 질문은 다음과 같습니다. "우리는 왜 그들이 혼자서 일을 진행하도록 하고 있는가? 이것은 미친 짓이다. 우리는 왜 이 일을 팀 단위로 하지 않는 것인가?" 그때 내가 얼마나 순진했는지 아시겠죠. 나는 직원들에게 미국 전역의 아동복지 분야에서 팀 단위로 일을 진행하는 사람들이 있는지, 그리고 그들로부터 노하우를 배울 수 있는지 조사하도록 요청했습니다. 그 결과 팀으로 일하는 경우는 전혀 없다는 답변을 받았습니다. 나는 미국 전역의 50개 주에서 우리와 같은 방식으로 일하고 있다는 것을 알고 경악을 금치 못했습니다.

그러고 나서 우리는 허리케인 카트리나가 오기 전에 트라우마의 중심지였던 뉴올리언스에서 강사를 초대하여 강연을 들었습니다. 그녀는 강연 도중 아동복지 업무는 정신적 외상을 초래하는 일이기 때문에 우리가 팀으로 일을 해야만 이 업무를 감당할 수 있다고 말했습니다. 나는 속으로 생각했습니다. '될 대로 되라. 나는 이것을 꼭 해야겠어.' 우리는 팀으로 일을 진행하는 실험을 시작했습니다.

이에 대한 많은 모델이 있습니다. 업무 부담은 공유되어야 한다는 조직행동 개념이 있습니다. 나는 변호사로서 사람들이 사실에 대한 중요한 결정을 할 때 혼자서 하는 것을 원하지 않는다는 것을 알고 있습니다. 이것이 바로 배심원 제도가 있는 이유입니다. 왜냐하면 사람들은 사건에 대하여 각자 다르게 보고 들을 수 있기 때문입니다. 또한 다양성 이론에서는 한 가지 관점보다는 몇 가지 다양한 관점을 가질 때 상황을 더 잘 이해한다고 말합니다. 아직까지는 전체 시스템에 공식적으로 도입하지는 않았지만, 우리는 실험적으로 몇몇 부서에 팀을 편성하였습니다. 나는 관리자에게 보고하는 과정에서 경험하는 트라우마 노출의 문제를 해결하기 위해 계속 고군분투하고 있습니다. 당신은 계속 진행되는 사건에 대하여 보고할 때 어떻게 토론을 지원합니까? 나는 참으로 이 문제에 대하여 주의를 기울이기 원합니다. 가장 중요한 것은 우리가 이와 관련하여 누구에게도 해를 끼치지 않겠지만, 필수적인 사전 준비 과정 없이 트라우마에 대한 보고를 하게 되면 트라우마가 증가한다는 것입니다. 이것은 내가 해결하고자 고군분투하는 것들 중 하나입니다.

나는 신입 사회복지사들과 그룹으로 만나서 1시간 동안 그들이 앞으로 내려야 할 중요한 결정에 대하여 이야기를 나눕니다. 여러분이 일을 하면서 느끼게 될 고통에 대한 결정입니다. 일반적으로 일에서 경험하는 고통을 다루기 위해서는 2가지 방법이 있습니다.

하나는 '나는 정서적으로 상처를 덜 받기 위해 배워야 한다.'라고 단순하게 말하는 것입니다. 만약 내가 여러 마리의 말에 끌려가는 것처럼 감정에 계속 끌려간다면 심장을 무장시켜야 합니다. 문제는 우리가 아이들과 함께 일하고 있고, 아이들은 우리의 마음 상태를 읽을 수 있는 선천적 능력을 가지고 있다는 것입니다. 왜냐하면 아이들의 생존은 어른들의 정서적 상태를 직관적으로 읽는 것에 달려 있기 때문입니다. 만약 당신이 감정을 닫아 버린다면 아이들은 그것을 알게 될 것입니다. 분위기가 달라질 테니까요. 만약 예측할 수 없고, 위험하고, 마음을 나누지 않는 어른들과의 관계 경험을 가진 아이들을 지원하는 일을 하면서 감정을 배제시킨다면 그 아이들은 당신에게서 최악의 공포를 확인하게 되는 경험을 할 것입니다. 상처를 입는 것은 아이들만이 아닙니다. 당신도 당신 자신에게 상처를 줄 수 있습니다. 그러면 당신은 배우자와 헤어지게 될 수 있고 이러한 습성은 당신의 개인적 삶의 영역에도 영향을 미치고, 삶이 피폐해질 것입니다.

대안은 무엇일까요? 나는 이 일의 고통에 반응하는 두 번째 방법에 대한 이야기를 많이 합니다. 그것은 회복력과 두 발로 지탱하는 능력을 기르는 것입니다. 나는 빌 베어드슬리(Bill Beardsley)에 대한 이야기도 많이 합니다. 그는 회복력에 3단계, 즉 자기 성찰, 인간관계, 그리고 행동의 단계가 있다고 말했습니다. 당신이 일을 하면서 압도될 것처럼 느낄 때, 이렇게 스스로에게 질문해 보세요. '나는 지금 무엇을 하고 있지? 그것으로부터 회복될 수 있니? 아니면 계속 압도될 것 같은 상태로 들어갈 거니?'

회복력에 대하여 이야기할 때 나는 우리가 개입했던 아이가 사망한 경험에 대한 이야기를 합니다. 그 당시에 나는 나 자신의 몸에 연결되지 않은 듯한 믿을 수 없을 정도로 이상한 느낌을 느꼈고, 그것을 떨쳐 버릴 수 없었습니다. 나는 정말로 기절할 것 같았습니다. 나는 자리에 앉아 나에게 무슨 문제가 있는 것인지 의문이 들었습니다. 몇 분 동안 가만히 있으면서 나는 이 커다란 슬픔이 나의 내면에서 올라오는 것을 느꼈고, 강렬한 슬픔을 경험했습니다. 나는 함께 앉아 있던 친구에게 몸을 돌리면서 내가 이 사건에 대하여 어떻게 느끼는지, 얼마나 혼란스럽고, 얼마나 화가 나는지 이야기했습니다. 그 친구는 좋은 친구였고, 나에게 몇 가지 위로의 말을 해 주었습니다. 우리는 그곳에 함께 앉아 있었습니다. 인간관계와 관련해서 중요한 것 중 하나는 의식의 영역을 가득 채운 슬픔과 고통이 사라지지 않더라도 그것을 다룰 수 있게 해 준다는 것입니다. 나의 친구가 증명해 준 것처럼, 세상에는 지지와 돌봄이 있다는 것을 나는 기억합니다. 부정적인 느낌은 사라지지 않겠지만, 적절한 비율로 줄어들 수 있습니다. 나는 이것이 나의 삶의 전체 그림 중 일부이며, 나의 감정을 압도할 것 같은 경향성이 감소한다는 것을 알고 있습니다.

나는 자기 성찰, 인간관계, 행동의 3단계를 통해서 나 자신으로 돌아올 수 있었습니다. 이 단계들을 통해서 나는 내가 괜찮다는 것을 다시 인식하게 되었습니다. 사실상 나는 괜찮습니다. 나는 단지 고통을 느끼는 슬픈 사람인 것입니다. 이것은 슬픔을 없애는 방법이 아니라, 나의 감정을 다루고, 극복하고, 이 강렬한 고통의 감정뿐 아니라 삶 속에서의 다른 모든 것도 경험할 수 있도록 크기를 조절하는 방법에 대한 것입니다.

우리는 아동복지서비스를 받는 가족들이 이를 이해하도록 돕기 위해서 이것을 알아야 합니다. 회복력을 형성하는 능력은 매우 중요합니다. 그것은 우리 자신과 우리가 개입하는 아동복지 가족을 위해서 필요한 것입니다. 우리는 또한 자신에게 이렇게 물을 수 있어야 합니다. '내가 목격한 어떤 트라우마가 나에게 걸려 있는가?' 모든 아동은 정서적 학대나 방임의 경험을 갖고 있습니다. 모든 아동은 보호자가 고함을 치면 정신이 산만해지면서 학대와 방임의 느낌을 경험합니다. 따라서 우리 모두는 학대와 방임의 감정을 알고 있습니다. 우리는 어떻게 트라우마를 경험하게 되는지를 인식할 필요가 있습니다. 이것은 명확하게 다루어져야 합니다. 나는 이러한 경험을 가진 사람들이 괜찮아져서 그것을 인식하게 되기를 바랍니다. 왜냐하면 그렇지 않으면 그것이 당신을 사로잡고는 이리저리 끌고 다니고, 당신은 무슨 일이 일어나는지 모를 것이기 때문입니다. 만약 당신이 어느 정도 인식한다면, 적어도 당신은 대리 경험으로부터 벗어나서 정서적으로 무슨 일이 일어나고 있는지 이해할 수 있습니다. 우리는 자신에게 끊임없이 이렇게 물어야 합니다. "이 고통 안에 있는 어떤 것이 내 안에 있는 것에 연결되고 있는가? 그 근원적인 고통은 어디서 오는 것인가?" 우리 모두는 스스로의 경험을 통해서 이러한 작업을 불균형적으로 하는 사람들이 있다는 것을 알고 있습니다.

첫째, 당신은 자신의 감정이 무엇인지 인식해야 합니다. 이것은 내가 앞에서 이야기한 것과 같은 것입니다. 나 스스로가 슬픔을 느끼게 될 때까지 나는 완전히 제정신이 아닌 사람이었습니다. 고통을 다루는 첫 번째 단계는 그것을 인식하는 것입니다. 그러고 나서 우리는 다른 사람들에게 연결되고 행동을 취할 수 있습니다.

극심한 정신적 외상을 초래하는 조직이 항상 트라우마에서 벗어나기를 원하는 것은 아니라는 것을 인식하는 것이 중요합니다. 치유되기 위해서 당신은 그곳으로부터 벗어나야 합니다. 그러나 때때로 사람들은 그 안에 머물기를 원합니다. 그리고 변화에 대하여 매우 양가적인 태도를 가질 수 있습니다. 상황 속에서 우리는 이러한 양가감정을 느낍니다. 어떤 사람들은 "우리는 하나님의 일을 하고 있어. 어느 누구도 우리를 이해하지 못해. 그러나 하나님이 하실 거니까 괜찮아. 난 그냥 혼자 있겠어."라고 생각합니다. 나는 이렇게 방어적으로 웅크리고 고립된 동료들로부터 2차 트라우마를 경험합니다. 이는 마치 우물 안 개구리의 우화에서처럼, 더럽고 어둡고 좁은 우물 안에 전갈과 뱀들이 가득한데, 개구리는 이 바위에서 저 바위로 뛰어다니면서 두려움 속에서 살아가는 것과 비슷합니다. 어느 날 우물 안 개구리가 위를 올려다보았는데 햇빛이 비치는 우물 꼭대기에서 다른 개구리가 아래를 내려다보며 "얘, 너도 여기로 올라와. 이곳은 아름다워. 백합이 핀 호수가 있고, 파리도 잡을 수 있어서 우리는 하루 종일 먹을 수 있어. 여기 위쪽은 축복된 곳이야." 우물 안 개구리는 이렇게 말합니다. "웃기고 있네. 그것은 현실이 아니야." 노력을 하는 과정에서 우리는 놀라운 수용과 심각한 양가감정, 그리고 현실적인 저항을 경험할 수 있습니다. 이것은 나에게 깜짝 놀랄 만한 발견이었습니다.

우리는 습관화된 이 모든 것에 중독됩니다. 우리가 아무리 불안정한 상황 속에서 살고 있다고 하더라도 우리가 개입하는 가족들에게 동화됩니다. 나로서는 관리자들의 이런 모습을 보는 것이 괴롭습니다. 우물 바닥에서 백합 연못까지 거리가 그리 멀지 않기 때문입니다. 그러나 그들은 환경에 너무 습관화되어서 벗어나지 못합니다. 또한 아동복지를 담당하는 우리는 '가족으로부터 아동을 구출한다'는 환상을 가지고 있는데, 이는 문화적으로 끔찍하게 무섭고 심각한 것입니다. 세상은 아동복지 개입을 지속하기로 결심할 때 무엇을 선택하는 것인지 전혀 모릅니다. 우리가 주 정부에서 하는 일은 분명히 가장 복잡한 일임에 틀림이 없습니다. 사람들은 그것을 이해하지 못합니다.

가족과 함께 일했던 모든 기관에서 나는 문제를 겪었습니다. 당신이 직원들에게 "이 일에 대하여 당신은 얼마나 진지한가요?"라고 물었을 때 당신이 운이 좋다면 직원 중 75%가 자신들이 진지하다고 대답할 것입니다. 아동복지 기관에서는 99%의 직원들이 진지하다고 말합니다. 우리는 이렇게 치열한 논쟁을 해 왔고, 사람들이 그로 인해서 손상을 입으면서도 어느 누구도 "나는 이 일이 진절머리가 납니다. 더이상 개의치 않겠어요."라고 말하지 않습니다. 업무에 대한 헌신도는 매우 강력하고 냉소주의는 찾기 힘듭니다.

나의 경우에 영적 수련은 업무를 지탱하는 데 큰 도움이 되었습니다. 그리고 나의 아내는 조직행동학자로서 나에게 다양한 종류의 집단 역동 작업을 소개해 주었는데, 그중 하나는 티바스톡 연구소(Tavistock Institute)와 AK 라이스 연구소(A. K. Rice-Institute)와의 작업입니다. 이것은 권위적 인물과의 관계를 비롯하여 조직에서의 정서 생활의 변화에 대하여 공부하고 성찰하는 작업입니다. 이 작업은 나의 경우 영적 수련의 주제와 깊게 연결되었습니다. 많은 부분이 자아와 유사 신비 개념과 관련된 것이기 때문입니다. 베셀 반 데어 콜크는 남아프리카의 투투 주교와 함께 작업을 했는데, 그는 인간이 다양한 방법으로 트라우마를 관리하며, 전 세계 대부분의 나라에서 신체적 움직임, 특히 춤과 음악과 관련된 동작을 통해 트라우마를 관리한다고 말합니다. 트라우마를 그런 방법으로 다루지 않는 지구상의 작은 지역은 북서 유럽입니다. 그곳의 전통은 술을 마시는 것입니다. 반 데어 코크는 진실과 화해 위원회 모임에 참가했을 때의 경험을 이야기했습니다. 아침의 소리를 들으면서 깨어나 투투가 노래하면 모든 사람이 노래하는 것으로 시작해서 함께 춤을 추고 나중에 멈추고, 몇몇 목격자가 참을 수 없는 이야기를 나누는 것을 듣고는 투투가 다시 노래하고 춤을 추면서 몇몇 목격자를 데리고 그들이 더이상 참을 수 없을 때까지 발걸음을 간신히 옮기도록 하면서 다시 노래하고 어떤 종류의 신체적 동작을 합니다.

우리는 작업을 할 때 원을 만듭니다. 원을 만들기 시작하면서 영적인 의미를 명백하게 설명하고, 원을 지키는 사람을 정하고, 신성한 공간에 대하여 설명하면 각 사람은 그것이 자신에게 어떤 의미인지 결정하게 됩니다. 우리는 때때로 원형으로 대체관리자 회의를 하고, 가족들과의 만남에서도 원형을 사용합니다. 우리는 사람들이 안전감을 느끼도록 지원하고, 진심으로 말하는 능력을 갖추기 위해서 노력하는 과정을 마무리하면서 원을 만듭니다. 우리 회사에는 캐나다 원주민들의 관습에 기반하여 원형으로 훈련할 수 있는 몇 개의 사무실이 있으며, 청소년 발달 작업을 하는 로카(Roca)라고 불리는 보스턴의 경이로운 단체의 훈련을 받아 오고 있습니다.

나 자신을 돌보는 방법에 관하여 나는 이 작업이 매우 환상적이라는 것을 발견하였습니다. 이전에 경험한 다른 작업들은 내가 얼마나 중심을 잡고 있는지를 확인할 수 없었지만, 이 작업을 할 때에는 내가 중심을 잡고 있지 않으면 바로 넘어집니다. 이 작업은 나의 영적·심리적 상태에 대한 일종의 계기판 역할을 합니다. 나는 당신이 이러한 경험을 영적인 것으로 생각하든, 심리적인 것으로 생각하든 전혀 상관이 없습니다. 영적 성장 또는 심리적 성장이 조직의 리더십에 필수적인 것으로 이해하며, 조직 개발을 위해 노력하는 것에 관심이 있습니다. 자기 성찰이나 성장에 참여할 필요가 있다는 것은 당연한 것입니다. 어떻게 하면 리더십의 가치를 명백하게 간직하고 있는 공공기관을 발전시킬 수 있을까요?

이 작업은 나로 하여금 지속적으로 나의 영적·심리적 내면 세계와 접촉하도록 해 줍니다. 내가 그것을 어떤 식으로 이해하든지 간에 그것은 내가 정신이 나가거나 중심에서 벗어났을 때 나 자신과 접촉하게 해 줍니다. 내가 진정한 나 자신이 되지 못하거나, 조직 내에서 넘어질 것 같은 느낌이 들면 나는 영적, 또는 심리적 수련을 하게 되고, 그러면 나는 다시 중심을 잡습니다. 궁극적으로 그 둘은 불가분의 관계인 것입니다. 또한 나는 캘리포니아에서 리더십 수업을 들었는데, 엄청나게 강력한 개인 심리 프레임을 포함하는 리더십 세미나에 참가했습니다. 이것은 내가 티바스톡 워크숍에서 경험한 매우 강력한 집단 작업과 연합되었고, 나 자신의 영적인 작업과도 통합되었습니다. 나는 이 모든 것 안에서 움직입니다.

만약 내가 영적 수련을 하지 않았다면 나는 제 정신이 아니었을 것입니다. 세상이나 권력을 가진 사람들 둘 중 하나는 미쳤다고 생각했겠지요. 나의 아내는 영적 수련을 하지 않지만, 우리가 사용하는 언어는 다르더라도 우리는 비슷한 영역에서 자신을 발견합니다. 우리 두 사람은 깊은 배움을 중요하게 여기는데, 이것은 영적 수련, 또는 그 무엇이든지 간에 우리 자신을 최선으로 유지하도록 하는 데 필수적인 것입니다. 나의 아내와의 관계는 매우 중요한 것입니다. 우리는 공동의 과제와 공유 과제에 대한 감각을 가집니다.

게다가 우리 가족은 매년 여름 그리스의 작은 섬에 가서 한 달을 보내는 것을 규칙으로 삼고 있습니다. 또한 나는 세상에 대하여 다양한 방식으로 지속적으로 조사, 연구하는 것에 대한 책임이 있다고 믿고 있습니다. 만일 내가 연구만 계속한다면 나는 조직을 이끄는 역할을 크게 줄이고 더 큰 비전을 가질 것입니다. 나는 또한 당신이 사소한 것들에 대한 생각을 멈추게 할 것을 굳게 믿습니다. 당신 자신을 데리고 완전히 다른 장소로 가면 아동복지에 대한 창의적인 해결 방법이 떠오를 것입니다.

나는 바쁩니다. 나 자신을 너무 바쁘게 만듭니다. 나는 과로를 합니다. 나에게는 TV가 없는데, 이것은 나에게 매우 중요합니다. TV는 내면적으로나 외면적으로 대화를 하지 못하도록 하는 경향이 있습니다. 나에게는 11세짜리 자녀가 있고, 꽤 조용한 집이 있습니다. 우리는 집에서 일상적인 일들을 하면서 시간을 보냅니다. 나는 요리가 대단히 치유적이고 도움이 되는 활동이라는 것을 알게 되어서 요리를 자주 합니다. 비정기적으로 명상 수련을 하고, 규칙적으로 요가를 합니다. 나는 의식적으로 일 중독이 되지 않도록 노력합니다.

이렇게 해 보세요

1. 하루를 시작할 때 눈을 감고, 숨을 깊게 몇 번 쉬고 자신에게 물어보자. "오늘 나의 의도는 무엇인가?" 만약 당신이 의식을 깨우기 전에 주의를 요구하는 자녀나 시끄러운 닭을 키우고 있다면 아이에게 음식을 주거나 달걀을 모으는 시간을 가지면서 그 날의 의도를 창조하자.

2. 하루를 마무리하면서 잠들기 전에 자신에게 물어보자. "나는 무엇을 내려놓을 수 있는가? 나는 무엇을 할 준비가 되었는가? 다음 날 가지고 갈 필요가 없는 것은 무엇인가?" 그것을 내려놓고, 다음 날 그것을 다시 집어 들지 말자.

3. 휴식을 위한 날을 정하자. 그 날을 안식일이라고 부르든, 휴일이라고 하든 자신을 위하여 해야 할 일이 없는 날을 계획하는 것이다. 이렇게 하는 것은 우리가 자신에게 진정으로 재연결되고자 한다면 일을 멈추어야 한다는 것을 일깨워 줄 것이다. 휴일은 개인으로서, 그리고 사회의 구성원으로서 우리 자신이 어떤 사람인지를 상기시켜 줄 것이다. 이는 우리가 주중에 일을 통해 생산한 것이 아니라 우리의 가장 깊은 본질에 대한 것이다. 휴일을 계획하는 것에 덧붙여서 매일 자신만을 위하여 어떤 것에도 구속되지 않는 완전히 자유로운 시간을 갖도록 하자. 가능한 만큼 오랫동안 현존하는 것이다. 당신이 의무로부터 자유로울 때 어떻게 느끼는지 알아차리고 그 안에서 중심을 잡도록 하자.

마무리 의도

세상이 무엇을 필요로 하는지 스스로에게 묻지 마라. 무엇이 자신을 살아 있게 만드는지 질문하라. 그리고 가서 그것을 하라. 왜냐하면 세상은 생동감 있게 사는 사람들을 필요로 하기 때문이다.

— 미국의 신학자이자 시민운동 지도자인 하워드 서먼(Howard Thurman)

"참으로 당신 자신만이 스스로에게 '가자!'라고 말할 수 있지."

태평양 연안 북서부에서는 한 해의 특정한 시기에 이른 아침에 밖에 나가면 거미줄이 너무 많이 쳐져 있어서 이 영광스러운 생명체(즉, 거미)와 충돌하지 않고서 움직이는 것이 매우 어렵다. 나는 갑작스럽게 멈추어야 할 때, 우리 모두가 훨씬 더 큰 생명의 그물망[1]의 일부라는 셀스 추장[2]의 통찰을 기억하는 순간을 가지려고 노력했다. 우리가 트라우마 관리의 독립적이지만 연결된 여행을 시작할 준비를 할 때 광대하고, 복잡하며, 우리가 이해할 수 없는 복합적인 방식으로 세상에 펼쳐진 생명의 그물망을 기억하는 것이 도움이 된다.

이 생명의 그물망은 인간이 완전히 알기에는 너무 복잡해서 사람들은 종종 전체가 있다는 사실을 인식하지 못한다. 그러나 전체는 언제나 존재한다. 그리고 거미가 거미줄을 치는 것을 볼 때 가장 가느다란 실이 전체 기적의 그물망 구조의 강도와 지속성에 차이를 만든다는 것은 명백하다. 우리 모두에게도 마찬가지다. 어떤 것도 해치지 않으려고 노력하는 것은 중요하다. 우리의 에너지가 계속 건강하게 움직이도록 노력하는 것은 중요하다. 생명의 힘과 섬세함에 감사하는 것은 중요하다. 거미의 존재 앞에 깨어나서 의도적이고 숙고적인 방식으로 거미와 상호작용하는 것도 중요하다. 그렇지 않으면 우리는 햇빛을 반사하거나 아침 이슬을 모으는 우리 자신의 그물망의 아름다움을 보지 못하고 그냥 지나치게 될 것이다.

스코틀랜드에서 태어난 미국의 동식물 연구가 존 뮤어(John Muir)는 "우리가 어떤 것 하나를 뽑아내려고 할 때, 우리는 그것이 끊어지지 않는 수천의 보이지 않는 선으로 우주의 다른 모든 것에 재빠르게 결속되는 것을 발견했다."고 말했다.

이제 우리는 이 세상에서 고통을 감소시키기 원한다면 그러한 고통과 파괴를 일으키는 사람들과 근본적으로 다른 행동을 배울 필요가 있다. 우리는 돌이킬 수 없는 멸종 위기의 동식물, 학대 가정에서 벗어날 수 없는 아이들, 되돌릴 수 없는 기후 변화, 짧은 시간에 치료할 수 없는 참전용사가 있다는 것을 알게 됨으로써 느끼

---

1 역자 주: 원문의 거미줄(web)을 그물망으로 번역하였다. 개체들이 조직적으로 연결된 것에 대한 비유로 이해될 수 있다.

2 역자 주: 셀스 추장은 북미 원주민의 추장으로서 미국 원주민의 땅에 대한 권리 존중과 생태계에 대한 책임을 주장한 것으로 알려져 있다. 미국의 시애틀주는 그의 이름에서 유래한 것이다.

는 고통에 대하여 마음을 열어야 한다. 또한 우리는 우리가 할 수 있는 한 가지 일을 이해함으로써 얻게 되는 희망에 대하여 마음을 열어야 한다. 우리는 우리 자신의 삶, 다른 생명체의 삶, 그리고 우리 지구의 생명을 위하여 늘 현존할 수 있다. 현존하는 것은 급진적 행동이다. 현존은 트라우마의 영향을 누그러뜨리고, 억압의 효력을 중단시키며, 치유와 변혁의 과정이 시작되게 한다. 무엇보다 가장 좋은 것은 우리가 매 순간 연습을 통해 현존의 질적 수준을 향상시킬 수 있다는 것이다. 우리는 가장 깨어 있는 자신이 되어 우리 삶에서 일어나는 일들을 맞이하게 되며, 이를 통해 우리는 진정으로 변화된 세상이라는 최고의 기회를 맞이하게 될 수 있다.

여행을 계속하는 과정에서 삶의 그물망에서 우리의 역할에 대한 인식이 더 깊어지도록 하자. 우리 자신과 다른 삶들을 잘 보살피자. 이 길을 계속 갈 수 있는 용기는 한 걸음 한 걸음 내딛는 데 있다는 것을 기억하자. 영국의 시인이자 화가인 윌리엄 블레이크(William Blake)는 "선을 행하고자 한다면 세심하고 정교하게 해야 한다."고 말했다. 트라우마 관리하기는 우리 자신의 안녕에 헌신했을 때에만 가능한 방식으로 다른 사람들과 지구를 존중하도록 요구한다는 것을 기억하자. 갈등에서 평화를, 고통에서 기쁨을, 궁극적으로 삶의 과정에서 전혀 근거가 없는 것들 속에서 신뢰를 발견하도록 하자.

5가지 방향

N
물
질문을 위한 공간 만들기

Q. 나는 이 일을 왜 하고 있는가?

Q. 트라우마 통제가 나에게 중요한 요인인가?

Q. 이것이 나에게 효과가 있는가?

W
공기
균형 찾기

직장 밖에서 우리의 삶에 관여하기

에너지를 움직이기

감사

E
불
우리의 초점을 선택하기

Q. 어디에 초점을 맞추고 있는가?

Q. 나의 플랜B는 무엇인가?

소규모 문화를 창조하기

자신과 다른 사람을 위한 온정 연습

Q. 대규모 시스템의 변화를 위해 내가 할 수 있는 일은 무엇인가?

온정과 공동체 세우기
S
땅

후주

인용문의 모든 출처를 정확하게 명시하고자 한다. **트라우마 관리하기**는 미국과 그 외 지역의 현장에서 이루어진 20년의 활동에 기반을 두고 있는데, 어느 누구도 책을 쓰고자 하는 의도가 없었기 때문에, 사람, 시간, 장소의 상세한 설명이 일관성 있게 기록되지 않았다. 우리는 자료의 출처에 대하여 가능한 한 많은 세부 사항을 수집하려고 노력해 왔다. 출처가 누락된 부분은 저자로서 안타깝다. 이 책을 쓰는 과정에서 인터뷰를 진행한 몇 분들은 익명을 요구하였으며, 우리는 그들의 요청을 존중하였다.

■서론

p.18 Seung Sahn: Pipe ceremony experienced by the author, Washington, 2006.

p.19 Newsweek article: Eve Conant with Sarah Childress, "To Share in the Horror," Newsweek, March 19, 2007, 34.

p.19 CNN.com article: Andree LeRoy, M. D., "Exhaustion, anger of caregiving get a name," CNN. com/health, http://www.cnn.com/2007/HEALTH/conditions/08/13/caregiver.syndrome/index. html (accessed 2007).

p.20 Figley: Charles Figley, Compassion Fatigue: Coping with Secondary Traumatic Stress Disorder in Those Who Treat the Traumatized (London: Brunner-Routledge, 1995).

p.20 Pearlman: Laurie Anne Pearlman, KarenW. Saakvitne, Trauma and the Therapist: Countertransference and Vicarious Traumatization in Psychotherapy with Incest Survivors (New York: W.W. Norton & Co, 1995).

p.20 Conte: Jon R. Conte, interview by the author, Seattle, WA, 2006.

p.20 Dictionary: Merriam-Webster OnLine, http://www.merriam-webster.com/dictionary/stewardship (accessed December 2008).

p.20 Journal article: Richard Worrell and Michael Appleby, "Stewardship of Natural Resources: Definition, Ethical and Practical Aspects," Journal of Agricultural and Environmental Ethics 12, no. 3 (2000), http://www.springerlink. com/content/q6x165h4j2276306 (accessed 2006).

p.21 E. B. White: E. B.White, Essays of E. B. White (New York: Harper & Row, 1977).

■1장

p.28 Emerson: Ralph Waldo Emerson, The Complete Works of RalphWaldo Emerson (Boston & New York: Houghton Mifflin, 1903–1904).

p.29 Kabat-Zinn: Jon Kabat-Zinn, Wherever You Go, ThereY ou Are: Mindfulness Meditation in Everyday Life (New York: Hyperion, 1994).

p.29 Siegel: Daniel J. Siegel, The Mindful Brain: Reflection and Attunement in the Cultivation of Well-Being. (New York: W. W. Norton & Co, 2007).

p.29 Suzuki Roshi: Jack Kornfield, dharma talk at Spirit Rock Meditation Center, Woodacre, CA, 2002.

p.31 Anne Frank: Jack Canfield, Mark Victor Hansen, Nancy Mitchell Autio, LeAnn Thieman, LPN, Chicken Soup for the Nurse's Soul: 101 Stories to Celebrate, Honor, and Inspire the Nursing Profession (New York: HCI, 2001).

p.35 Stevie Wonder: Stevie Wonder, in concert, Seattle, WA, July 11, 2008.

■2장

p.37 Gandalf quotation: J. R. R. Tolkien, The Lord of the Rings: The Return of the King (New York: Houghton Mifflin, 1999).

p.40 Golie Jansen: Golie Jansen, "Vicarious Trauma and Its Impact on Advocates, Therapists, and Friends," Research & Advocacy Digest 6, no. 2 (2004).

p.41 Michael Lipsky: Michael Lipsky, Street-Level Bureaucracy: Dilemmas of the Individual in Public Services (New York: Russell Sage Foundation, 1983).

p.42 Street-level bureaucrat: Lipsky, Street-Level Bureaucracy.

p.44 Beth Richie: Beth E. Richie, Ph.D, interview by the author, Seattle, WA, 2006.

p.44 The New York Times Magazine: Benjamin Weiser, "The Wrong Man," New York Times Magazine, August 6, 2000:30–35, 48, 60–63.

p.45 Flateau and Gangi: Benjamin Weiser, "State to Pay in Case of Man Wrongly Held," New York Times, http://query.nytimes.com/gst/fullpage.html?res=9803E0DB1231F930A25757C0A9679C8B63&sec=&spon= (accessed April 13, 2001).

p.47 Structural violence: Johan Galtung, "Violence, Peace, and Peace Research," Journal of Peace Research 6.3 (1969): 167–91.

p.48 Paul Farmer: Paul Farmer, Pathologies of Power: Health, Human Rights, and the New War on the Poor (Berkeley: University of California Press, 2004).

p.49 Caregiver stress: Andree LeRoy, M. D.,"Exhaustion, anger of caregiving get a name," CNN.com/health, http://www.cnn.com/2007/HEALTH/conditions/08/13/caregiver.syndrome/index.html (accessed 2007).

p.49 McFarlane and van der Kolk: Bessel A. van der Kolk, Alexander C. McFarlane, and LarsWeisaeth, eds., Traumatic Stress: The Effects of Overwhelming Experience on Mind, Body, and Society (New York: Guilford Press, 1996).

p.50 Trauma and its challenge to society: Van der Kolk, McFarlane, and Weisaeth, Traumatic Stress.

■3장

p.59 Mo O'Brien: Mo O'Brien, interview by the author, New Orleans, LA, 2006.

p.60 Laurie Leitch: Laurie Leitch, Ph.D., interview by the author, Seattle, WA, 2006.

p.61 Brian Bride: University of Georgia, "Social Workers May Indirectly Experience Post-traumatic Stress," Science Daily, January 10, 2007, http://www.sciencedaily.com/releases/2007/01/070104144711.htm (accessed 2007).

p.61 Ray Suarez interview: Archbishop Desmond Tutu, interview by Ray Suarez, Talk of the Nation, National Public Radio, November 23, 1998.

p.62 Waking the Tiger: Peter Levine, Waking the Tiger—Healing Trauma (Berkeley: North Atlantic Books, 1997).

p.63 Branford Marsalis: Branford Marsalis, interview for film documentary Jazz, produced by Ken Burns and Lynn Novick and written by Geoffrey Ward (Florentine Films and WETA, Washington, D. C., in association with BBC, 2000).

■4장

p.68 Karen Lips: Karen Lips, personal communication, October 2008.

p.69 Victor Pantesco: Victor Pantesco, personal communication, 2008.

p.69 Kirsten Stade: Kirsten Stade, interview by the author, Seattle, WA, October, 2008.

p.71 Garber and Seligman: Judy Garber and Martin E. P. Seligman, Human Helplessness: Theory and Applications (San Diego, CA: Academic Press, 1980).

p.83 Subway ads: New York City Administration for Children's Services, with kind permission, May 8, 2008.

p.84 Luo Lan: Luo Lan, personal communication, October 2008.

p.86 Elaine Miller-Karas: Elaine Miller-Karas, interview by the author, Seattle, WA, 2006.

p.88 Stephanie Levine: Stephanie Levine, personal communication, 2006.

p.89 Alice and the Queen: Lewis Carroll, Alice's Adventures in Wonderland and Through the Looking-Glass (New York: Penguin Classics, 2003).

p.91 X-Files: David Duchovny and Chris Carter,"The Sixth Extinction II: Amor Fati [Love of Fate]," The X-Files, aired November 14, 1999.

p.92 Billie Lawson: Billie Lawson, interview by the author, Seattle, WA, 2000.

p.93 Learned to make my mind large: Maxine Hong Kingston, The Woman Warrior (New York: Vintage Books, 1976).

p.94 Thich Nhat Hanh: "Nomination of Thich Nhat Hanh for Nobel Peace Prize," Martin Luther King Jr., January 25, 1967, http://www.hartford-hwp.com/archives/45a/025.html (accessed 2006).

p.94 Letter from Thich Nhat Hanh: Plum Village Monastery, France, August 8, 2006, with kind permission.

p.104 Kati Loeffler: Kati Loeffler, personal communication, 2008.

p.106 Trauma Center in Boston: The Trauma Center Resources, "Police Stress," Trauma Center at Justice Resource Institute, http://www.traumacenter.org/resources/pdf_files/Police_Stress.pdf (accessed 2006).

p.116 R. Omar Casimire: R. Omar Casimire, interview by the author, post-Katrina, 2005. Page 132

p.118 Newsweek article: Eve Conant with Sarah Childress,"To Share in the Horror," Newsweek, March 19, 2007, 34.

p.120 Holocaust survivor: Rabbi, personal communication, 2002.

p.123 Diane Tatum: Diane Tatum, personal communication, 1999.

p.124 Thich Nhat Hanh dharma talk: Thich Nhat Hanh, Being Peace (Berkeley: Parallax Press, 2002).

p.125 Hafiz: Hafiz, The Gift, Daniel Ladinsky, trans. (New York: Penguin, 1999).

p.126 Dune: Dune, written and directed by David Lynch, from the novel by Frank Herbert (Universal Studios, 1984).

p.126 Star Wars: Star Wars: Episode I—The Phantom Menace, written and directed by George Lucas (Lucasfilm, 1999), http://www.imdb.com/title/tt0120915/quotes (accessed November 18, 2008).

p.126 John Petersen: From teacher, personal communication, 2004.

p.128 When you see the suffering: From teacher, personal communication, 2002.

p.131 Jon Conte: Jon Conte, interview by the author, Seattle, WA, 2000.

p.135 Thomas Merton: Thomas Merton, Conjectures of a Guilty Bystander (New York: Image, Doubleday, 1968).

p.137 Shantideva: Pema Chödrön, dharma talk, Berkeley, CA, 2002.

p.140 Ginny NiCarthy: Ginny NiCarthy, personal communication, 2006.

p.141 Karyn Schwartz: Karyn Schwartz, personal communication, 2006.

■5장

p.145 Chance has never yet:Amy Jacques-Garvey, ed.,"Philosophy and Opinions of Marcus Garvey," 1923, http://www.wordowner.com/garvey (accessed November 18, 2008).

p.146 Pema Chödrön: Pema Chödrön, The Places That Scare You (Boston: Shambhala Publications, 2001).

p.146 Peter Levine: Peter Levine, Waking the Tiger—Healing Trauma, (Berkeley: North Atlantic Books, 1997).

p.148 Jack Kornfield: Jack Kornfield, dharma talk, Spirit Rock Meditation Center, Woodacre, CA, 2002.

p.151 Stress-resistant persons: Bessel A. van der Kolk, Psychological Trauma (Arlington, VA: American Psychiatric Press, 1987).

p.153 Martin Luther King Jr.: Martin Luther King Jr.,Washington State University, Dr. Martin Luther King Jr. Community Celebration, http://mlk.wsu.edu/default.asp?PageID=1481 (accessed November 19, 2008).

■6장

p.161 Abandon any hope of fruition: Pema Chödrön, dharma talk, Berkeley, CA, 2002.

p.163 Peter Levine: Peter Levine, Waking the Tiger—Healing Trauma, (Berkeley: North Atlantic Books, 1997).

p.164 Integrated state: Daniel J. Siegel, interview by the author, Seattle, WA, 2008.

p.164 Charles Newcomb: Charles Newcomb, personal communication.

p.164 Dr. Liu Dong: Dr. Liu Dong, qigong retreat, Seattle, WA, 2006.

p.165 Kenneth Cohen: Kenneth Cohen, The Way of Qigong: The Art and Science of Chinese Energy Healing (New York: Ballantine Books, 1999).

p.168 Dr. Liu Dong: Dr. Liu Dong, qigong retreat, Seattle, WA, 2006.

■8장

p.184 Nietzsche: Viktor Frankl, Man's Search for Meaning (Boston: Beacon Press, 1959).

p.184 Could this be why: John Brookins, personal communication, 2007.

p.195 Although firsthand experience: Bessel A. van der Kolk, Alexander C. McFarlane, and Lars Weisaeth, eds., Traumatic Stress: The Effects of Overwhelming Experience on Mind, Body, and Society (New York: Guilford Press, 1996).

p.196 With love to my: Peter van Dernoot, Helping Your Children Cope with Your Cancer: A Guide for Parents and Families (Long Island City: Hatherleigh Press, 2002).

p.207 James Mooney: James Mooney, personal communication, 1999.

p.210 Al Gore: Al Gore, An Inconvenient Truth (Paramount Classics, 2006).

p.210 Zaid Hassan: Zaid Hassan, personal communication, 2006.

p.211 John Brookins: John Brookins, personal communication, 2007.

p.211 Viktor Frankl: Viktor Frankl, Man's Search for Meaning (Boston: Beacon Press, 1959).

■9장

p.214 The real voyage: Marcel Proust, Remembrance of Things Past: Three Book Boxed Set—The Definitive French Pleiade Edition, C. K. Moncrieff, Terence Kilmartin, Andreas Mayor, trans. (New York: Vintage Books/Random House, 1982).

p.215 Deepak Chopra: Deepak Chopra, The Book of Secrets: Unlocking the Hidden Dimensions of Your Life (New York: Harmony Books, 2004).

p.215 Rubin "Hurricane" Carter: From The Hurricane (Universal Pictures, 1999).

p.216 Mark Lilly: Mark Lilly, interview by the author, Seattle, WA, 2008.

p.218 William James: William James, The Principles of Psychology, Volume 1 (New York: Cosimo Classics, 2007).

p.225 Viktor Frankl: Viktor Frankl, Man's Search for Meaning (Boston: Beacon Press, 1959).

p.226 Rumi: Jan Phillips, Divining the Body: Reclaim the Holiness of Your Physical Self (Woodstock, VT: Sky Light Paths Publishing, 2005).

p.226 Plan B Skateboards: Mike Ternasky, interview by the author, Seattle, WA, 2006.

■10장

p.230 Peter Senge: Peter M. Senge, The Dance of Change: The Challenges to Sustaining Momentum in Learning Organizations (New York: Doubleday, 1999).

p.231 Traumatic Stress: Bessel A. van der Kolk, Alexander C. McFarlane, and Lars Weisaeth, eds., Traumatic Stress: The Effects of Overwhelming Experience on Mind, Body, and Society (New York: Guilford Press, 1996).

p.232 I, for one, believe: Malcolm X, February 14, 1965, from Patricia Robinson, "Malcolm X, Our Revolutionary Son and Brother," in Malcolm X: The Man and His Times, ed. John Henrik Clarke (New York: Macmillan, 1969), 56–63 (Trenton, NJ: Africa World Press, 1990).

p.242 If your compassion: Jack Kornfield, dharma talk at Spirit Rock Meditation Center, Woodacre, CA, 2002.

p.246 Chief Sealth: Chief Sealth, speech to a representative of the U.S. government, 1854.

p.249 Archbishop Desmond Tutu: Archbishop Desmond Tutu, interview by Ray Suarez, Talk of the Nation, National Public Radio, November 23, 1998.

p.250 Jill Robinson: Jill Robinson, interview by the author, Seattle, WA, October 2008.

p.250 Kufunda: Marianne Knuth, interview by the author, Seattle, WA, 2006; Kufunda Learning Village, http://www.kufunda.org/whatandwhy.php?sheet=1 (accessed 2006).

p.250 Architecture for Humanity: Cameron Sinclair and Kate Stohr, interview by the author, Seattle, WA, 2006;Architecture for Humanity, http://www.architectureforhumanity.org/about (accessed 2006).

■11장

p.262 Leonardo da Vinci: Michael J. Gelb, How to Think Like Leonardo da Vinci: Seven Steps to Genius Every Day (New York: Dell Publishing, 2000).

p.263 The Daily Tao: Deng Ming-Dao, 365 Tao—Daily Meditations, http://www.fortunecity.com/roswell/vortex/401/library/365/365date.htm (accessed 2005).

p.266 Peter Levine: Peter Levine, Waking the Tiger—Healing Trauma (Berkeley: North Atlantic

Books, 1997).

p.268 Jack Kornfield: Jack Kornfield, dharma talk at Spirit Rock Meditation Center, Woodacre, CA, 2002.

p.269 Thich Nhat Hanh: Thich Nhat Hanh, dharma talk at Deer Park Monastery, Escondido, CA, 2004.

p.269 The ordinary response to atrocities: Judith Herman, Trauma and Recovery: The Aftermath of Violence—from Domestic Abuse to Political Terror (New York: Basic Books, 1997).

p.269 Richards and Taylor-Murphy: Kimberley Richards and Kanika Taylor-Murphy, personal communication, 2006.

p.273 Clifton Fadiman: Terry L. Paulson, Making Humor Work: Take Your Job Seriously and Yourself Lightly (Los Altos, CA: Crisp Publications, 1995).

p.274 Steven Sultanoff: Steven Sultanoff, personal communication, January 3, 2009.

p.275 Leo Rosten: Ilan Stavans, "O Rosten! My Rosten!" PaknTreger 52 (Fall 2006), National Yiddish Book Center, http://www.yiddishbookcenter.org/pdf/pt/52/PT52_rosten.pdf.

p.276 James Thurber: Max Eastman, Enjoyment of Laughter (New York: Simon and Schuster, 1936).

p.276 Margie Brown: Terry L. Paulson, Making Humor Work: Take Your Job Seriously and Yourself Lightly (Los Altos, CA: Crisp Publications, 1995).

p.279 Che Guevara: Shane Claiborne, The Irresistible Revolution: Living as an Ordinary Radical (Grand Rapids, MI: Zondervan, 2006).

p.279 Alan Gurganus: Alan Gurganus, Plays Well with Others (New York: Random House, 1997).

p.280 Thich Nhat Hanh: Thich Nhat Hanh, dharma talk at Deer Park Monastery, Escondido, CA, 2004.

■12장

p.287 Deepak Chopra: Deepak Chopra, The Book of Secrets: Unlocking the Hidden Dimensions of Your Life (New York: Harmony Books, 2004).

p.290 James Forest: William H. Houff, Infinity in Your Hand (Boston: Unitarian Universalist Association of Congregations, 1994).

■결론

p.303 Howard Thurman:"An Invitation, Not a Threat," sermon preached by the Rev. William McD. Tully, rector, St. Bartholomew's Church, New York, December 2, 2007, http://stbarts.org/images/Sermons_Text/ser120207_11am.pdf (accessed January 4, 2009).

p.304 John Muir: Sierra Club,"The Life and Contributions of John Muir," http://www.sierraclub.org/john_muir_exhibit/ (accessed October 2008).

p.305 William Blake: Jack Kornfield, The Art of Forgiveness, Lovingkindness, and Peace (New York: Bantam Books, 2002).

참고문헌

Cameron, Anne. *Daughters of copper woman*. Vancouver, British Columbia: Press Gang Publishing, 1981.

Canfield, Jack, Mark Victor Hansen, Nancy Mitchell Autio, LeAnn Thieman, LPN. *Chicken soup for the nurse's soul: 101 stories to celebrate, honor, and inspire the nursing profession*. New York: HCI, 2001.

Chödrön, Pema. *The places that scare you*. Boston: Shambhala Publications, 2001.

―――. *When things fall apart*. New York: Shambhala, 1997.

Chopra, Deepak. *The book of secrets: Unlocking the hidden dimensions of your life*. New York: Harmony Books, 2004.

Cohen, Kenneth S. *The way of qigong: The art and science of Chinese energy healing*. New York: Ballantine Books, 1999.

Dalai Lama. *The compassionate life*. Somerville, MA: Wisdom Publications, 2001.

Emerson, Ralph Waldo. *The complete works of Ralph Waldo Emerson*. Boston & New York: Houghton Mifflin, 1903~1904.

Farmer, Paul. *Pathologies of power: Health, human rights, and the new war on the poor*. Berkeley: University of California Press, 2004.

Figley, Charles R. *Compassion fatigue: Coping with secondary traumatic stress disorder in those who treat the traumatized*. London: Brunner-Routledge, 1995.

Frankl, Viktor. Man's search for meaning. Boston: Beacon Press, 1959.

Gandhi, Mohandas K, Mahadev Desai, trans. *Autobiography: The story of my experiments with truth*. Boston: Beacon Press, 1983.

Garber, Judy, Martin E. P. Seligman. *Human helplessness: Theory and applications*. San Diego: Academic Press, 1980.

Herman, Judith. *Trauma and recovery: The aftermath of violence—from domestic abuse to political terror*. New York: Basic Books, 1997.

Hughes, Langston. *The dream keeper*. New York: Alfred A. Knopf, 1932.

Gurganus, Alan. *Plays well with others*. New York: Random House, 1997.

James, William. *The principles of psychology, Volume 1*. New York: Cosimo Classics, 2007.

Kabat-Zinn, Jon. *Wherever you go, there you are: Mmindfulness meditation in everyday life*. New York: Hyperion, 1994.

Kahn, William A. *Holding fast: The struggle to create resilient caregiving organizations*. New York: Brunner-Routledge, 2005.

Kingston, Maxine Hong. *The woman warrior*. New York: Vintage Books, 1976.

Kornfield, Jack. *A path with heart: A guide through the perils and promises of spiritual life*. New York: Bantam Books, 1993.

Levine, Peter. *Waking the tiger: Healing trauma*. Berkeley: North Atlantic Books, 1997.

Lipsky, Michael. *Street-level bureaucracy: Dilemmas of the individual in public services*. New York: Russell Sage Foundation, 1983.

Maathai, Wangari. *Unbowed*. New York: Random House, 2006.

Mandela, Nelson. *Long walk to freedom: The autobiography of Nelson Mandela*. Boston: Little, Brown and Company, 1995.

Merton, Thomas. *Conjectures of a guilty bystander*. New York: Image, Doubleday, 1968.

Moraga, Cherríe, Gloria Anzaldúa. *This bridge called my back: Writings by radical women of color*. Pittsburgh: Persephone Press, 1981.

NiCarthy, Ginny. *Getting free: You can end abuse and take back your life*. Emeryville, CA: Seal Press, 1982.

Pearlman, Laurie Anne, Karen W. Saakvitne. *Trauma and the therapist: Countertransference and vicarious traumatization in psychotherapy with incest survivors*. New York: W. W. Norton & Co, 1995.

Richie, Beth E. *Compelled to crime: The gender entrapment of battered black women*. New York: Routledge, 1996.

Senge, Peter M. *The dance of change: The challenges to sustaining momentum in learning organizations*. New York: Double day, 1999.

Siegel, Daniel J. *The mindful brain: Reflection and attunement in the cultivation of well-being*. New York: W. W. Norton & Co, 2007.

Sinclair, Cameron, Kate Stohr. *Design like you give a damn: Architectural responses to humanitarian crises*. New York: Metropolis Books, 2006.

Thich Nhat Hanh. *Being peace*. Berkeley: Parallax Press, 2002.

————. *The miracle of mindfulness*. Boston: Beacon Press, 1999.

Tolkien, J. R. R. *The lord of the rings: The return of the king*. New York: Houghton Mifflin, 1999.

Tutu, Desmond. *No future without forgiveness*. New York: Doubleday, 1999.

van der Kolk, Bessel A. *Psychological trauma*. Arlington, VA: American Psychiatric Press, 1987.

van der Kolk, Bessel A. Alexander C. McFarlane, Lars Weisaeth, eds. *Traumatic stress: The effects of overwhelming experience on mind, body, and society*. New York: Guilford Press, 1996.

van Dernoot, Peter. *Helping your children cope with your cancer: A guide for parents and families*. Long Island City, NY: Hatherleigh Press, 2002.

White, E. B. *Essays of E. B. White*. New York: Harper & Row, 1977.

찾아보기

인명

A
Alger, H. 222
Alvarado, J. 183, 208
Appleby, M. 20

B
Blake, W. 305
Boesak, A. A. 47
Bride, B. 61
Brookins, J. 211
Brown, W. 108
Burk, C. 93, 227
Bush, G. 94. 209

C
Carroll, L. 89
Carter, R. 196
Chan Khong 170
Chödrön, P. 146, 161, 162
Chopra, D. 215
Cicero, M. T. 89
Cohen, K. 165

D
da Vinci, L. 262
Dalai Lama 244
Desmond Tutu 162, 249

E
Emerson, R. W. 28

F
Fadiman, C. 273
Farmer, P. 48
Forest, J. 290
Frankl, V. 162, 211, 225
Freire, P. 47

G
Galtung, J. 47
Gandhi, M. 33
Garber, J. 71
Garvey, M. 145
Gore, A. 210
Guevara, C. 279
Gurganus, A. 279
Gutiérrez, G. 47

H
Hafiz 125
Hassan, Z. 199
Herman, J. 270
Hooks, B. 244
Hosteen, A. 91

J
James, W. 218
Jansen, G. 40
Jung, C. G. 206

K
Kabat-Zinn, J. 29
King, M. L. 94
Knuth, M. 250
Kornfield, J. 148, 218, 243

L
Lan, L. 85
Lawson, B. 92
Leitch, L. 60
Levine, P. 62
Lipsky, M. 41
Loeffler, K. 104

M
Maathai, W. 162
Mandela, N. 161
Marsalis, B. 63
McFarlane, A. C. 49
Menchú, R. 47
Merton, T. 135
Miller-Karas, E. 86
Mooney, J. 207
Muir, J. 304

N
Newcomb, C. 164
Niebuhr, R. 279
NiCarthy, G. 140
Nietzsche, F. W. 184

O
O'Brien, M. 59

P
Peterson, J. 126
Proust, M. 214

R
Richie, B. 44, 98
Robinson, J. 250
Rosten, L. 275

S
Seligman, M. 71
Senge, P. 230
Shantideva 137
Shiva, V. 47, 210
Siegel, D. 29
Stade, K. 69

내용

저자 소개

🩶 Laura van Dernoot Lipsky

18세부터 노숙자 쉼터에서 근무하며 아동학대, 가정폭력, 성폭력, 트라우마 생존자들을 도왔다. 이후 지속적으로 지역사회단체들과 함께 사회정의와 환경 운동을 하였으며, 30세 무렵 심각한 정신적 고통을 경험한 뒤에 2차 트라우마에 대해 깨닫게 되었다. 이후 2차 트라우마에 대해 알리기 시작하였고, 동물원 관리인, 자연재해 복구 근로자, 지역사회 활동가, 의료인, 전투기 조종사, 소방관, 교사, 비영리 단체 종사자, 정부기관, 도서관, 대안학교, 대학교, 페이스북, 영화사, 방송국 등과 협력하기도 했다. 또한 지구환경단체 International Transformational Resilience Network의 창립 멤버이기도 하다.

2007년 『트라우마 관리하기』를 저술했다. 2011년에는 '트라우마 관리하기 연구소'를 설립하였고, 사회와 환경 정의를 교육하는 스페인어 유치원을 개원하였으며, 다큐멘터리 〈A Lot Like You〉(6개 영화제 수상작)를 공동 제작하기도 했다. 2015년에는 TED 강연을 했다.

저자와 '**트라우마 관리하기**'에 대하여 더 알기 원하는 분은 traumastewardship.com을 방문해 보기 바란다.

🩶 Connie Burk

미국 캔자스에서 25년간 가정폭력 피해자 쉼터에서 근무하였고, 캔자스에 성적 소수자를 위한 가정폭력 피해자 쉼터를 공동 설립했다. 1997년에 워싱턴주 시애틀 학대 피해 성적 소수자를 위한 네트워크 소장으로 취임하였고, 2008년 종교와 학대 학술지에 「Yom Kippur」를 게재했다(2005년 National Sermon Contest 수상). 2011년에는 다큐멘터리 〈A Lot Like You〉를 공동 제작하였으며, 『The Revolution Starts at Home Confronting Intimate Violence Within Activist Communities』를 공동 집필했다.

역자 소개

♥ **김덕일**(Kevin D. Kim)

Argosy University Twin Cities Campus, Doctor of Marriage and Family Therapy
(결혼과 가족치료 박사)
현) 국립 안동대학교 창의융합학부 심리학과 겸임교수
　　결혼과 가족관계 연구소 소장
　　ENRICH KOREA 부대표

<심리검사 및 역서>
질문카드(공동 개발, 인싸이트, 2018)
감정플러스니즈카드(공동 개발, 인싸이트, 2017)
커플 체크업(공역, 학지사, 2011)

<논문>
The Validation Study of Korean PREPARE/ENRICH-CV Couple Relational Satisfaction Inventory(단독,
　　Argosy University TwinCities Campus, 2018)
한국판 PREPARE/ENRICH-CV 소검사 SCOPE의 타당화 연구(공동, 가족치료학회지, 2015)
한국판 PREPARE 검사의 요인구조 분석 및 타당화 연구(공동, 상담학연구, 2012)

♥ **김미숙**(Misook Kim)

중앙대학교 사회 및 문화심리학 박사 수료
전) 서초가족상담센터장
현) 한국산업기술대학교 지식융합학부 조교수(심리학)
　　국제공인 NLP(Neuro-Linguistic Programming) 마스터 트레이너

<역서>
NLP, 그 마법의 구조(공역, 시그마프레스, 2013)

<논문>
수줍음, 사회적 지지와 우울 간의 관계 연구(연세대학교 석사학위청구논문, 1998)

트라우마 관리하기
– 타인과 자신을 함께 돌보는 연습–

Trauma Stewardship:
An Everyday Guide to Caring for Self While Caring for Others

2021년 1월 25일 1판 1쇄 인쇄
2021년 1월 30일 1판 1쇄 발행

지은이 • Laura van Dernoot Lipsky · Connie Burk
옮긴이 • 김덕일 · 김미숙
펴낸이 • 김진환
펴낸곳 • ㈜ **학지사**
          04031 서울특별시 마포구 양화로 15길 20 마인드월드빌딩
대표전화 • 02)330-5114   팩스 • 02)324-2345
등록번호 • 제313-2006-000265호

홈페이지 • http://www.hakjisa.co.kr
페이스북 • https://www.facebook.com/hakjisa

ISBN 978-89-997-2322-3 03180

정가 19,000원

출판 · 교육 · 미디어기업 **학지사**

간호보건의학출판 **학지사메디컬** www.hakjisamd.co.kr
심리검사연구소 **인싸이트** www.inpsyt.co.kr
학술논문서비스 **뉴논문** www.newnonmun.com
원격교육연수원 **카운피아** www.counpia.com